Bauwelt Fundamente 61

Herausgegeben von Ulrich Conrads
unter Mitarbeit von Peter Neitzke

Beirat:
Gerd Albers
Hansmartin Bruckmann
Lucius Burckhardt
Gerhard Fehl
Herbert Hübner
Julius Posener
Thomas Sieverts

Heinrich Tessenow

Geschriebenes

Gedanken eines Baumeisters

Herausgegeben von Otto Kindt

Friedr. Vieweg & Sohn   Braunschweig/Wiesbaden

CIP-Kurztitelaufnahme der Deutschen Bibliothek

Tessenow, Heinrich:
Geschriebenes: Gedanken e. Baumeisters / Heinrich
Tessenow. Hrsg. von Otto Kindt. — Braunschweig;
Wiesbaden: Vieweg, 1982.
 (Bauwelt-Fundamente; 61)
 ISBN 3-528-08761-7
NE: GT

1982

© Friedr. Vieweg & Sohn Verlagsgesellschaft mbH, Braunschweig 1982

Umschlagentwurf: Helmut Lortz
Umschlagbilder: Einfamilien-Kleinhäuser für die Stadtgenossenschaft Hohensalza in der
Provinz Posen; Wiederaufbauplan für Neubrandenburg, 1946
Satz: C. W. Niemeyer, Hameln
Druck und Verarbeitung: Lengericher Handelsdruckerei, Lengerich

Alle Rechte an der deutschen Ausgabe vorbehalten. Printed in West Germany

ISBN 3-528-08761-7

Inhalt

Vorwort

1 **Wohnen und Wohnhausbau** 11
   Wie Adam Baumeister wurde 12
   Unsere Wohnung 14
   Über Arbeiter- und Kleinbürger-Wohnungen 21
   Vom Hausbau 23
   Kleinwohnungsbau 26

2 **Die gewerbliche Arbeit, ihre materiellen
   und schöpferischen Elemente** 29
   Formwandlungen 30
   Bauelemente und Bauformen 31
   Die technische Form 32
   Normierungen 33
   Die Ordnung 34
   Die Regelmäßigkeit und besonders die Symmetrie 36
   Die Sauberkeit oder die Reinheit der gewerblichen Arbeiten . 37
   Empfindsames über das Teilen und Verbinden 40
   Das Ornament 41
   Die äußere Farbe unserer Häuser 45
   Handwerkerarbeit und Fabrikarbeit 52
   Die gewerbliche Arbeit und das Bürgerliche 55

3 **Europäische Siedlungsfragen** 59
   Über Straßen und Plätze 60
   Die Siedlungen: Dorf, Stadt und Großstadt 69
   Menschliche Welten und Gemeinschaften 72
   Gemeinschaftssiedlungen 74
   Die Großstadt 83
   Die Entwicklungsgrenze des Großstädtischen 91

4 **Kulturerscheinungen und Kulturentwicklungen** 101
   Natur und Kultur 102
   Mittelalter und Nachmittelalter
   oder das Vertikale und das Horizontale 105
   Anfangs- und Endzustände der einzelnen Kulturwelten 112
   Revolution und Reaktion 121

5 Deutsche Fragen nach den Kriegen 129
   Von Handwerk und Kleinstadt 130
   Die Handwerker-Gemeinde in Hellerau 133
   Das unglückliche Land in der Mitte, eine Aufgabe 139
   Über den Aufbau nach 1945 147

6 Allerlei vom Lehren und Lernen und vom Menschen 153
   Kinder und Schulen 154
   Kunstschulen – Handwerkerschulen 157
   Hoffnung auf neues Leben – eine Utopie von 1909 159
   Der harmonische Mensch 165

Nachwort: Über Heinrich Tessenow und seine Schriften 173
Lebensdaten 186
Ehrungen 186
Quellen 187

Vorwort

Heinrich Tessenow gehört nicht zu den in der breiten Öffentlichkeit bekannt gewordenen und bewunderten Architekten, obgleich er in fachlichen Kreisen als ,,einer der Pioniere dieses Jahrhunderts"[1] angesehen wird. Hier ist der Einfluß bekannt, den er als Baumeister und Lehrer auf die Entwicklung der Baukunst in den ersten Jahrzehnten unseres Jahrhunderts gehabt hat. Darstellungen dieser Zeit sind ohne Beiträge von ihm nicht denkbar; in ihnen kommt besonders der wegweisende Theoretiker zu Wort.

Tessenow hat während seines ganzen Lebens geschrieben; so ist, neben dem baulichen, ein umfangreiches schriftliches Werk entstanden. Nachdem bereits 1976 zum Gedenken an Tessenows 100. Geburtstag das ,,Gebaute" gewürdigt wurde[2], soll mit dem vorliegenden Band das ,,Geschriebene" Tessenows zusammenfassend vorgestellt werden. Es ist seinen verschiedenartigen Äußerungen entnommen; aus den Büchern und Zeitschriften wurden Auszüge gewählt, aus dem Nachlaß eine Auswahl getroffen. Alle vorgenommenen Kürzungen waren nur des Buchumfanges wegen notwendig. Sie ergaben sich nicht aus der Frage nach der Zeitgebundenheit der Gedanken.

Aus den nachgelassenen Schriften ist bereits 1961 eine Auswahl erschienen[3]; sie fand hier keine Berücksichtigung. Der Nachlaß wurde aufs neue durchgesehen; es ergab sich eine in der Form andere, im Inhalt weitergehende Zusammenstellung.

Die Texte Tessenows umfassen im ganzen genommen einen Zeitraum von nahezu fünfzig Jahren; in ihnen spiegeln sich wesentliche Teile der Kulturgeschichte der ersten Hälfte des 20. Jahrhunderts. Die ausgewählten Schriften sind nicht zeitlich nach ihrer Entstehung, sondern inhaltlich geordnet. Der Leser wird feststellen, daß es unwesentlich ist, ob sie vor dem Ersten Weltkrieg, zwischen den beiden Kriegen oder danach geschrieben wurden; die jeweilige zeitliche Situation spielt immer nur als Anlaß in die Gesamtdarstellung hinein. Bei den Äußerungen erscheint wesentlich: das Zusammenhalten aller Gedankengänge durch eine unveränderte, durchgehende Grundeinstellung und das stetige Bemühen, über das Zeitgegebene hinwegzukommen, es zu durchstoßen, sich Fundamenten zu nähern.

Tessenow begann mit dem Schreiben etwa 1903, als Mitarbeiter einer Architekturzeitschrift[4]. Die ersten Beiträge sind bescheidene Kritiken an eingesandten Entwürfen, denen er gezeichnete Gegenvorschläge hinzufügt. *Zimmermannsarbeiten*, eine Folge von vier zwischen 1905 und 1907 erschienenen Heften, ist das erste Buch; es folgen *Der Wohnungsbau* (1909), *Hausbau und dergleichen* (1916), *Handwerk und Kleinstadt* (1919) und 1921 *Das Land in der Mitte*. Mit Ausnahme des letztgenannten Buches wurden alle anderen neu aufgelegt, zuletzt *Handwerk und Kleinstadt* (1972) und *Hausbau und dergleichen* in italienischer Übersetzung (1972).

Der schriftliche Nachlaß besteht aus 21 Heften und 3 Zettelsammlungen; sie enthalten Skizzen, Entwürfe, einzelne Gedanken, aber auch ,,Reinschriften". Die Hefte tragen eine willkürliche Numerierung, die mit einer zeitlichen Folge nichts zu tun hat. Es kann angenommen werden, daß das früheste Heft um 1925 herum begonnen wurde und daß die letzten Eintragungen aus der Zeit kurz vor Tessenows Tod Ende 1950 stammen. Gedanken über die europäische Siedlungsentwicklung mit ihrem kulturgeschichtlichen Ursprung nehmen darin den größten Teil ein. Tessenow dachte hier an ein neues Buch, für das ihm auch bereits Titel wie *Gedanken eines norddeutschen Baumeisters* oder *Europa siedelt* vorschwebten.

Die hier vorgelegte Auswahl aus dem Nachlaß umfaßt sowohl geschlossene – wenn auch nicht endgültig beendete – Aufsätze als auch Einzelgedanken. Es gibt keinerlei Anhalt für eine folgerichtige Zusammenstellung, wie Tessenow sie vielleicht gesehen hat; im Gegenteil: Es gibt ,,Reinschriften" ungefähr gleichen Inhalts, deren Gedankengang einmal in die eine, ein anderes Mal in die andere Richtung weitergeführt wird. Die vorhandenen Texte konnten deshalb nur frei zusammengestellt werden. Alle Texte, auch die hier mit ,,Reinschriften" bezeichneten, sind im Sinne Tessenows als vorläufig zu betrachten. So erklären sich gewisse Unvollkommenheiten, die sich in der Sprache und in Wiederholungen zeigen. Die Wiederholungen haben ihren Grund darin, daß Tessenow die gleichen Themen über Jahre hinweg behandelte, daß ihm einzelne Erkenntnisse besonders wichtig waren und so wiederholt zu Ausgangspunkten von Betrachtungen wurden. Hier schien es richtig, Wiederholungen zu kürzen oder zu streichen. Der jeweilige Originaltext erscheint mit nur geringsten sprachlichen und grammatikalischen Änderungen, die sich auf Satzzeichen und Wortschreibungen beziehen.

Bedauerlicherweise läßt sich für die einzelnen Aufsätze des Nachlasses ein Entstehungsjahr nicht angeben. Der Leser wird aber auch darüber hinwegkommen können; denn – es wurde bereits gesagt – alle Betrachtungen Tessenows, seien es die früheren aus den Büchern oder die späteren aus dem Nachlaß, fügen sich zu einem großen Gedankengebäude zusammen.

Die Sprache Tessenows ist immer bildhaft, manchmal ausladend, aber in der sachlich-vernünftigen Art immer treffsicher. Wie bei seinen Zeichnungen jeder einzelne Strich seine Bedeutung hat, so gibt es kein überflüssiges Wort. Erreicht die Sprache nicht die Eindringlichkeit, mit der Tessenow etwas sagen will, so verwendet er Wortschöpfungen oder ungewöhnliche Worterweiterungen wie *denkerisch, Toriges, Friedhofliches, straßigste Straßen* usw.. Diese Worte klingen fremd, sind von ihm aber absichtsvoll gebildet und haben ihre eigene Aussage. **Das** oft gebrauchte Wort *großgesellschaftlich* geht inhaltlich über den Begriff des **Sozialen** hinaus.

Mit Begriffspaaren wie Natur – Kultur, Trennen – **Verbinden**, Platz – Straße usw. ist er auf der Suche nach dem Verbindenden und Verbindlichen, zur Mitte, zur Synthese des Gegensätzlichen hin und damit zu dem, was ihm immer besonders am Herzen gelegen hat.

Die angestellten Vergleiche sind von eindringlicher Bildkraft. Sie verbinden oft Gebiete miteinander, die weit auseinander zu liegen scheinen. Hier wird eine Grundauffassung Tessenows erkennbar, nach der ein unmittelbarer Zusammenhang zwischen allem besteht, was menschliches Leben ausmacht. So führt bei ihm zum Beispiel das Betrachten von Hausfarben auf kurzem Gedankenwege zum ,,großgesellschaftlichen" Leben und steht der Sinn der reinen Form neben der Sauberkeit des Denkens.
Der eindringliche, mahnende, fast hoffnungsvoll-flehende Ausdruck in der Sprache steigert sich im Laufe der Jahre des Schreibens. Die Äußerungen der Anfangszeit klingen dagegen fast schwärmerisch-unwirklich. In allem Geschriebenen steckt ein einfaches Sehen von Dingen und Zusammenhängen, das es kaum noch gibt und das Bemühen, eine folgerichtige Ordnung herzustellen, die nichts verwirft, aber alles an seinen Platz rückt.

Für die Hilfe bei der Auswahl und Zusammenstellung der Texte möchte ich den Herren Hans Gelhausen, Klaus Lange und Kurt Schifferdecker danken. Bei allen technischen Arbeiten, vor allem bei denen, die mit dem Original zusammenhängen, hat Frau Ruth von Bülow dankenswerterweise außerordentlich geholfen.
Die Heinrich-Tessenow-Gesellschaft und die Heinrich-Tessenow-Stiftung unterstützten die Herausgabe des Buches.

Hamburg, im Frühjahr 1981 Otto Kindt

---

1 Äußerung von Kay Fisker.
2 Die Dissertationen von Gerda Wangerin und Gerhard Weiss sind in dem Band *Heinrich Tessenow, Ein Baumeister 1876–1950, Essen 1976*, zusammengefaßt.
3 Teile aus dem Nachlaß Tessenows wurden unter dem Titel ,,Die große und kleine Stadt", Nachdenkliches von Heinrich Tessenow, gesichtet und geordnet von Hans Hasche, 1961 (München) veröffentlicht.
4 Tessenow begann mit seinen Architekturkritiken und Beiträgen bei der bautechnischen Zeitschrift, Weimar, und anderen.

Lebendigste, „menschlichste" oder vornehmste Fragen sind immer derart, daß sie sich zwar nicht so ohne weiteres, aber schließlich doch immer verständlich beantworten lassen.

1 Wohnen und Wohnhausbau

Wie Adam Baumeister wurde

Wir sogenannt erwachsenen Menschen, wir wissen es schon, wir mögen der Welt gegenüber stehen, wie wir wollen, so restlos einverstanden sind wir nie mit ihr; und mag uns schon einmal alles wundervoll zu sein scheinen, es dauert nicht lange, und wir finden es schon wieder nicht mehr so ganz wundervoll. Soviel wir uns selbst dann auch im stillen schelten mögen und uns selbst verprügeln möchten, es hilft das alles nichts; wir kommen nicht darüber hinweg, unsere himmlische erste Kinderstube, das Paradies, liegt uns zu tief im Blute. Das Paradies, durch das alle Menschheit die Welt zuerst kennenlernte, zuerst mit der Welt verbunden wurde, hat eben doch einen gewaltigen Eindruck gemacht, und so schön es heute auch sein mag, alles was recht ist, es ist doch auch alles erheblich anders geworden.
Jedenfalls im Paradies ging die Geschichte los. Wir lagen da auf dem Rücken in Blumenwiesen wie das Baby in den Daunen, ließen stillvergnügt alles laufen wie es laufen wollte; die wildesten Löwen waren uns freundlich wie Onkel und Tante dem jüngsten Neffen, und überhaupt alles lächelte uns zu und bewunderte uns, und wenn's uns gerade so paßte, dann schliefen wir und wenn wir erwachten, dann kam diese paradiesische Natur, kam unsere Mutter und nährte uns und strahlte, wie es uns mundete. Aber wie gesagt, es ist nun alles ganz anders geworden. Wir mußten hinaus. Paradiesisch dümmlich, wie wir dort waren, hockten wir so herum. Natürlich, ein Paradies wird nicht besser dadurch, daß wir Menschen in ihm mit Schöpfermiene herumwerkeln; und also jedenfalls wir mußten hinaus und sollten doch lieber zunächst einmal etwas Ordentliches lernen und uns umsehen in der Welt oder so ähnlich.
Das hatten wir uns anders gedacht. Jetzt waren mit einem Male zum Beispiel die Löwen gar nicht mehr freundlich, und überhaupt alles war nun plötzlich wie umgewandelt; wir sprachen manchmal stirnrunzelnd vom Chaos, das nun regierte, wo wir das Paradies hinter uns hatten; ringsum fast nur Unverständlichkeiten und Bosheiten und Gefahren und selten einmal ein nötigster Schutz, um ein wenig ruhen zu können; und kaum hatten wir so halb ausgeschlafen und waren wir fröstelnd dabei, uns in aller Bescheidenheit ein paar armselige Früchte zu suchen, dann drohte schon wieder irgendwo etwas Grimmiges um die Ecke und jagte uns weiter fort.
Aber trotz und trotz für den Mann ging das noch; nur für Eva, für die war alles ganz besonders scheußlich. Friedrich Schiller sagt auch: ,,Der Mann muß hinaus usw.", aber die Frau? Adam fand nach einiger Zeit alles gar nicht weiter schlimm. Jugendlich gesund und lebenslustig war er immer mit Hallo hinter irgendetwas her und konnte sich herrlich austoben. Aber Eva, die hockte dann mit den Kindern unter einem Baum und biß melancholisch an einem Grashalm herum, träumte mit offenen Augen vom Paradies und wartete ängstlich, daß ihr Kavalier wieder zurückkommen möchte. Sie war nun eben doch so ganz anders als er, und so war auch für sie alles so unvergleichlich viel schwerer, und ob nun mehr Schuld oder nicht, das mag schon sein, immerhin, jedenfalls ruhe- und schutzbedürftig wie sie war, hatte sie ihn schon früher gelegentlich schüchtern gefragt, ob es nicht besser wäre, statt immer wieder zwischen

den Abenteuern herumzuängstigen, irgendwo seßhaft zu bleiben; aber er wollte nicht; ihm war es nun inzwischen gerade so recht, dies in den Fernen wildern, bis sie immer dringlicher quälte, es sei ein Unsinn, solches ewige Herumirren und Herumtoben in der Weltgeschichte und immer ängstlicher bat, er möge doch suchen, vielleicht finde er in der Nähe einen freundlicheren Platz, als sie augenblicklich so zufällig erwischt hätten, und dort wollten sie dann bleiben und sich ein kleines bescheidenes Einfamilienhaus bauen, vielleicht mit bequemen Anbaumöglichkeiten, – aber dies hat sie vielleicht auch nicht gesagt, – jedenfalls er solle bauen. Schließlich, schließlich hat er's dann auch getan, aber sehr ungern hat er's getan. Sie hat fleißig zugeschaut und war vorsichtig ziemlich still und sagte immer wieder: nun, sie fände alles ganz großartig; und eines Tages, es war schon ziemlich alles fertig, während er sein Mittagsschläfchen machte, da hat sie mit den Kindern zusammen eine Blumenkrone gebastelt und hat die oben hineingesteckt.

Also, er war gerührt und wollte nun plötzlich alles immer noch schöner machen und war kaum wiederzuerkennen dort, wo die „Lehr- und Wanderjahre" zu Ende waren, wo er anfing, an die Familie und an die Träume der mütterlichen Frau zu glauben und seßhaft wurde und anfing, Baumeister zu werden, ein Zentrum seines Lebens und Treibens zu suchen und zu festigen, eine Welt auszubauen und zu schützen, die ihm werklich gehöre, die ihm untertan, in der er König sei, die ihn bewundere und ihm zulache, ähnlich wie dies uranfänglich im Paradies schon war.

So wie die Menschheit nach einer unbewußten oder traumhaften Vorgeschichte, tief innerlich erfüllt durch ein paradiesisches Weltbild, sehr lange in wildester Natur umherirrte, so kommt immer wieder neu jeder einzelne Mensch, nachdem er die Kindheit verlassen hat, in eine Welt rätselvollster Natur, voller gärender Unruhe, voller Fragen und voller männlichster Eitelkeit oder Selbstsucht.

*

Das menschliche Leben beginnt nicht mit Adam und Eva; sie symbolisieren den an und für sich unbegreiflichen *Ursprung* der Menschheit. Nicht der Mensch überhaupt, sondern nur sein unbegreiflichstes innerstes Wesen, dem kein Löwe etwas tun kann, ist aus dem Paradies.

Je mehr wir der Meinung sind, daß in der Welt „alles unverständlich und durcheinander" ist und je mehr uns ein solcher Zustand quält und wir suchen, uns zu verständigen, zu einigen usw., um so wichtiger müßte uns eigentlich unsere Wohnlichkeit sein.

Unsere Wohnung

Jede zuverlässige Menschheitsgeschichte ist immer in höchstem Maße auch eine Geschichte der zugehörigen Wohnungen, wo sie keine stärkere Bedeutung mehr haben, dort hört die Geschichte eigentlich auf; oder die Menschheitsgeschichte beginnt erst dort, wo die menschliche Wohnung mehr oder weniger in den Vordergrund tritt ganz ebenso, wie unsere persönliche Lebensgeschichte erst dort so recht losgeht, wo wir anfangen, uns unsere eigene Häuslichkeit zu erbauen.

Unsere Wohnung ist wie durch unendlich viele Fäden mit aller Welt verbunden, hat zu den verschiedenartigsten nahen und fernsten Welten unmittelbare Beziehungen. Zum Beispiel das Holz unserer Fußbodenbretter oder auch unserer Möbel: Wo wuchsen die Bäume, von denen das ist und auf welchen Wegen kam es zu uns her? Wer waren die Menschen, die es fällten und bearbeiteten? Wer mauerte das Fundament unserer Wohnung, wer zimmerte ihr Dach und wer deckte es und wer machte die Ziegel? Woher ist der Kalk unserer Wände, das Glas unserer Fenster? Wer webte die Gardinen, wo wuchs der Hanf, aus dem sie sind? Wer arbeitete den Schlüssel unserer Tür, wie kam er zu uns, wo ist das Bergwerk, in dem sein Eisen viele tausend Jahre ruhte; wo wird er einmal enden?

Es gibt in der Welt kaum ein Material, das nicht auch in unserer Wohnung wäre; und es gibt kaum eine Form – etwa gerade Linie, krumme Linie, ebene Fläche, hohle und erhabene Fläche usw. –, die wir nicht auch in unserer Wohnung hätten; wir werden in ihr so ungefähr sämtliche Farben mit reichen Nuancen finden können.

So betrachtet gibt es zwar überhaupt nur wenig Dinge, die uns Menschen persönlich nicht nahe angehen und uns nicht mit mehr oder weniger nahen und fernen Welten verbinden würden; aber nur die menschliche Wohnung, und zwar fast jede Wohnung fast jedes Menschen, hat diesen unendlichen Reichtum an Verbindungen mit aller Welt.

Unsere Wohnung ist als Ganzes – auch wenn sie nur klein und ärmlich ist – ein Werk, an dem sehr viele Menschen werklich mit beteiligt sind und besteht aus fast unzähligen Dingen, die mit einer ältesten weltlichen Vergangenheit und mit verschiedenartigsten Weltteilen ganz unmittelbar verbindlich zu tun haben und im Hinblick auf die Zukunft den blauesten Phantasien den weitesten Spielraum geben.

Und das alles ist uns sehr persönlich zugehörig. Die unzähligen Fäden, die von unserer Wohnung aus überall hinführen, zeigen sich umgekehrt so, als seien sie alle mit tausend Verknotungen und größten Mühen endlich doch ganz extra zu uns hergeleitet.
Die Wohnung hat die verschiedenartigsten großen und kleinen und kleinsten Dinge nebeneinander und gegeneinander, ganz so, wie überhaupt die Welt die Dinge hat; sie berücksichtigt unsere gröbsten und unsere weniger groben Bedürfnisse bis zu unseren verschwiegensten Eigenheiten und fordert dafür von uns entsprechende Gegenleistungen, ganz so, wie auch die große Welt es tut; sie ist wie diese ebenso gut voller allgemein bekannter Dinge wie voller Eigenartigkeiten usw. und ist – hin und her – die ganze Welt im Kleinen und ist dies in besonders einfach oder besonders leicht verständlicher Weise. Und soweit es darauf ankommt, daß wir die Welt gut verstehen, gibt es kaum etwas Vernünftigeres, als daß wir unsere eigene Wohnung oder die Art unseres Wohnens gut ansehen oder daß wir suchen, sie gut zu verstehen, zu ihr ein wirklich lebendiges Verhältnis zu bekommen.
Wir sind der Welt gegenüber notwendig um so unsicherer und fragender oder unser eigenes Leben und Treiben ist notwendig um so unverständlicher und fragwürdiger, je unwohnlicher wir sind oder je weniger wir unsere Wohnung beachten oder je weniger wir unsere Wohnlichkeit pflegen und verbessern.
Die Wohnungskultur ist so etwas wie die Antwort auf die allermeisten, allerwichtigsten Fragen und umgekehrt sind die Fragen, die wir der Welt gegenüber haben, um so zahlreicher und quälender, je unwohnlicher wir sind.

Für alles das, was wir mit menschlicher Hochkultur begreifen, ist die hochwertige Wohnlichkeit das Allerwichtigste; in dem Maße, in dem sie uns fehlt, sind sowohl unsere Erkenntnisse wie unsere Willensrichtungen oder Triebkräfte und Lebensformen wie auch unsere greifbaren Leistungen im wesentlichen nicht viel anders, als sie schon bei den nomadisierenden Menschen der ältesten und dunkelsten Menschheitsgeschichte waren, sind unsere Erkenntnisse und Willensrichtungen usw. im allgemeinen niedrigster oder ganz primitiver Art.
Eine starke Unwohnlichkeit ist der gefährlichste Feind jeden menschlichen Besitzes oder jeder menschlichen Vornehmheit, während umgekehrt die kultivierte Wohnung und ihre Pflege wie ein ewiger Quell menschlicher Hochschulung und menschlichen Reichtums ist.
Unsere Armut, soweit sie nicht eine Armut an Wohnlichkeit ist oder uns nicht hindert, die Wohnlichkeit zu genießen, ist so gut wie überhaupt keine Armut; und unser Reichtum, der nicht ein Reichtum an Wohnlichkeit ist oder diese betontermaßen fördert, können wir gut entbehren.
Die Wohnung ist in aller Welt für die Beurteilung unserer Menschlichkeiten die entscheidende Stelle. So wie unsere Wohnung ist, so sind wir am meisten; zum Beispiel ist sie sauber, so ist es sicher, daß wir im großen Ganzen zu den reinlichen Menschen ge-

hören; oder soweit unsere Wohnungsart besonders eigenartig ist, sind zuverlässig auch wir selbst besonders eigenartig; oder auch dies: Nur in dem Maße, in dem ein Volk sehr allgemein eine hochwertige Wohnlichkeit hat, ist es großweltlich gut begreiflich überhaupt hochwertig oder auf menschlich hoher Stufe.

Wir können mit einigem Recht so im stillen wohl zu jedem Dinge, zu jedem Menschen, zu jedem Volke, zu jedem Zeitabschnitt usw. sagen: ,,Zeige mir irgendeine Einzelheit, die dir zugehört, und ich will dir sagen, wer du bist". Das heißt, es kann uns alles auch alles erklären; aber unsere Wohnung oder Wohnart erklärt uns das Wichtigste am besten oder ist für die Beurteilung der menschlichen Welt der beste Maßstab.

Was wir auf Kosten unserer Wohnlichkeit haben, ist ein fragwürdigster Besitz, während die Verbesserung unserer Wohnlichkeit die zuverlässigste und auch begreiflichste Verbesserung unseres ganzen Lebens und Arbeitens ist.

Die Unwohnlichkeit ist in der gesamten Menschheitsgeschichte etwas Uranfänglichstes oder besser, ist sozusagen prähistorisch. Als Kain seinen Bruder Abel erschlagen hatte, da hieß es gegen Kain: ,,Unstet und flüchtig sollst du sein dein Leben lang". Die dauernde Unwohnlichkeit ist so unmenschlich wie Kain war, und daß wir uns in ihr menschlich edel behaupten oder erweisen, ist die denkbar schwerste Aufgabe.

Die Unwohnlichkeit ist ganz eigentlich etwas Wildes. Mit ihr befinden wir uns dauernd in einer Welt, die uns ebenso unverständlich ist wie sie uns unmittelbar angeht. Wo wir unwohnlich oder wo wir ,,nicht zu Hause" sind, sind wir in einer Welt, der gegenüber wir nicht wissen, was wichtig und was unwichtig oder was richtig und was unrichtig ist; wir sind dort in einem höchsten Maße auf Zufälligkeiten angewiesen.

Die Unwohnlichkeit ist der beste Boden für die ,,unbegrenzten Möglichkeiten", während die Wohnlichkeit in allen Hinsichten etwas sehr Begrenztes ist; sie ist voller Abgemessenheit oder voller Maß oder voller Gesetze.

Statt ,,mäßig" können wir gut auch den Ausdruck ,,gewöhnlich" nehmen; und tatsächlich führt er vom ,,Gewöhnlichen" aus über ,,gewohn-lich" in gerader Linie zum Wohnlichen. Und so leicht oder so sehr verlockend wie es immer ist, mit Ungewöhnlichem zu trumpfen, so leicht und verlockend ist es immer auch, in die Unwohnlichkeit oder in das Chaotische hineinzukommen. Und so schwer es ist und so undankbar es zu sein scheint, das Gewöhnliche wichtig zu nehmen, so schwer und scheinbar undankbar ist es auch, die Wohnlichkeit wichtig zu nehmen und betontermaßen zu pflegen.

Die Weltgeschichte der letzten Jahrhunderte hat mehr und mehr dahin geführt, daß Mäßige oder das Gewöhnliche oder Wohnliche als etwas Verächtliches oder bestenfalls als etwas Nebensächliches anzusehen. Wir haben sehr allgemein – wenn auch vielleicht sehr unberechtigt – vor dem eigentlich Wohnlichen immer eine gewisse Angst, die darauf beruht, daß das Wohnliche oder das Ge-wohnliche oder das Gewöhnliche

oder das Mäßige oder das Gemessene oder das Begrenzte immer auch etwas Einengendes ist, das uns gerne bedroht, uns zu ersticken.
Wir Menschen alle sind immer – ob wir das besonders wollen oder nicht – darum bemüht, alles wohnlich zu haben oder uns Welten zu bilden, in denen wir sehr „zu Hause" sind, oder wir sind sehr natürlicherweise immerfort bemüht, für unser Leben und Treiben bestimmte Grenzen auszubauen und zu befestigen; aber gleich hinterher und ebenfalls sehr natürlicherweise bekämpfen wir dann auch immer wieder solche Grenzen oder suchen wir, sie zu erweitern oder zu zerstören.

Alles, was wir mit allgemeinen höchsten menschlichen Tugenden begreifen – zum Beispiel tiefe, stille Innerlichkeit, Mütterlichkeit oder Meisterlichkeit oder das unmittelbare Nebeneinander von Gemeinschaftssinn und kleinweltlicher Geruhsamkeit oder der lebendige Sinn für das ganz Allgemeine unmittelbar neben dem lebendigen Sinn für das persönlich Eigene –, tritt bestenfalls nur sehr flüchtig in die Erscheinung, sofern wir nicht eine starke Wohnlichkeit haben, oder sofern sie uns nicht sehr beschäftigt.
Der sehr unwohnliche Mensch bewegt sich in einer Welt, in der er nicht so recht weiß, was er eigentlich soll, oder die er nicht recht versteht, oder die für ihn auf Schritt und Tritt etwas sehr Sinnloses oder Fragwürdiges hat.
Die Sinnlosigkeit unseres Lebens und Treibens hat ganz unmittelbar ebenso viel mit unserer Unwohnlichkeit zu tun, wie die Wohnungskultur ganz unmittelbar abhängig ist davon, daß wir allerwichtigste Lebens- und Arbeitsfragen handfest zu beantworten wissen. So führt jedes förderliche Bemühen um die Wohnlichkeit sehr zwangsläufig zu einem Bemühen um höchste Lebens- und Arbeitsgesetze, wie umgekehrt alle solche Gesetze immer auch ohne weiteres eine sehr wohnliche Wohnlichkeit erwirken; und soweit dies nicht zutrifft, sind die Gesetze, die unser Leben und Treiben bestimmen, zuverlässig minderwertige Gesetze.
Es ist in unseren ältesten Gesetzen oder tief in unserer Natur begründet, daß wir Menschen die Unwohnlichkeit sehr fürchten oder daß wir sie allenfalls nur vorübergehend gut sein lassen können; aber wir können unmöglich großgesellschaftlich die Unwohnlichkeit wollen.

Daß wir Menschen uns um Wohnlichkeit bemühen, ist so triebhaft natürlich wie unser Bemühen um unser Essen und Trinken und um unsere Kleidung oder gehört in das Gebiet allermeister Selbstverständlichkeiten. Daß wir aber unsere Wohnung als sehr wohnlich erbauen und erhalten und ins Wohnliche hinein entwickeln, gehört zu den allerschwersten Aufgaben oder zu den höchsten Leistungen oder hat unmittelbar damit zu tun, daß unser Leben und Treiben durch und durch gesund oder voller Großartigkeit sei.
Es gibt Wohnungen, die – materiell gesehen – „sehr armselig" sind und doch eine höchste Wohnlichkeit haben, und es gibt „sehr reiche" Wohnungen, die völlig un-

wohnlich sind. Darum ist der materielle Reichtum nicht ohne weiteres der Wohnlichkeit hinderlich und ist die ,,Armseligkeit" der wohnlichen Kultur nicht ohne weiteres förderlich. Sie kann durch alles behindert und durch alles gefördert werden. Für sie ist – sehr leicht verständlich – das eine so wichtig oder unwichtig wie das andere, und gerade deswegen ist es so unendlich schwer, unsere Wohnungsart zuverlässig planmäßig in das immer Wohnlichere hinein zu entwickeln.

Soweit wir hier von betont groben Zuständen, groben Aufgaben, groben Fragen und Erwägungen und überhaupt von betonten Grobheiten absehen, kann alles, was wir für eine Kultivierung unserer Wohnlichkeit sagen oder sonst tun, immer nur sehr bedingungsweise richtig sein; und soweit wir stark dahinter her sind, überall immer wieder so etwas wie ,,handgreifliche Wahrheiten" zu erwischen, wird unsere gegenseitige Verständigung über die Wohnlichkeit notwendig immer unmöglicher. So kommt es auch, daß wir in der neueren Weltgeschichte mit unserem vielen ,,gesunden Menschenverstand" dem Interessengebiet der Wohnungskultur sehr uneinig, sehr unsicher oder sehr ratlos gegenüberstehen, trotzdem wir uns ganz allgemein sehr viel um sie bemühen. Wir haben aus der früheren Geschichte und haben auch bei mehreren noch lebenden Menschen und Völkern, die etwas abseits der großen Heerstraße ,,moderner Lebensart" wohnen, unzählige Beispiele hoher und höchster Wohnungskultur, der gegenüber wir sehr aufmerksam sind. Aber das alles hilft uns gar nichts: Die allgemeine Wohnlichkeit, soweit es sich mit ihr nicht nur um rein zivilisatorische Dinge oder Verbesserungen handelt, ist im Verlaufe der neueren Weltgeschichte tiefer und immer tiefer gesunken und scheint in diesem Niedersinken unaufhaltbar zu sein. Diese Weltgeschichte hat für die Wohnlichkeit nur eines erreicht: einen beispiellosen Reichtum an Kräften und Dingen oder Möglichkeiten und Hoffnungen, überhaupt Wohnungen erbauen zu können. Alle diese Hilfsmittel aber sind weit davon entfernt und scheinen sich immer weiter davon zu entfernen, die Wohnlichkeit unserer Wohnungen zu steigern oder der Wohnungskultur zugute zu kommen.

Es scheint sehr so zu sein, daß wir Menschen, nachdem unsere Wohnlichkeit längere Zeit hindurch eine sinkende Bewegung hatte, überhaupt nicht mehr so recht eine höhere Art des Wohnens erreichen können, bevor wir nicht zunächst eine sehr tiefe Stufe des Wohnens gründlich kennenlernten.

Die niedrige Wohnungsart steht aber immer in unmittelbarer Verbindung mit den sogenannten Grundfragen unseres Lebens und Arbeitens und läßt sich zunächst nur in dem Maße heben, in dem wir imstande sind, sehr elementare Lebens- und Arbeitsfragen gut zu beantworten.

Jede sinkende Bewegung unserer Wohnlichkeit oder Wohnungskultur beweist, daß wir sozusagen die Spitzenfragen unseres Lebens und Arbeitens besser beantworten oder mehr bearbeiten als die Grundfragen und ist im Hinblick auf das große Ganze unserer Menschlichkeiten immer eine deutlichste Degenerationserscheinung.

Das große Ganze dessen, was wir mit neuester Weltgeschichte begreifen, ist voller Fragen und voller grober Unruhe und Unsicherheiten und voller grober Wandlungen,

und folglich ist es sehr zwangsläufig so, als werde die Welt mehr und mehr wie ein einziges Zigeunerlager. Es ist leicht, an diese Entwicklung zu glauben, denn sie hat sehr viele und große, sehr leicht erkennbare Verdienste, nur müssen wir ihretwegen mit einer mehr und mehr zigeunerischen Unwohnlichkeit fürliebnehmen. Wenn wir das sehr allgemein gern getan haben und tun, so ist das wohl verständlich; denn die eigentlichen Werte oder Verdienste der kultivierten starken Wohnlichkeit sind sehr stiller Art, liegen sehr unter der Oberfläche oder sind sehr schwer gut zu begreifen oder gut zu erklären. Diese Verdienste haben wir sehr auf Kosten unserer Seßhaftigkeit, die immer geringer geworden ist, oder die wir mehr und mehr als etwas nur Nebensächliches werten. Die Seßhaftigkeit aber ist das eigentliche Fundament aller Wohnungskultur, und da es uns im allgemeinen an diesem Fundament sehr fehlt, so haben wir unsere Wohnlichkeit mehr und mehr in das Hotelmäßige oder Gasthausmäßige hinein entwickelt, so daß uns die hotel- oder gasthausmäßigen Einrichtungen und Wohnlichkeiten – vielleicht ohne daß wir es wissen – als außerordentlich vorbildlich gelten, soweit wir uns überhaupt um Wohnlichkeit bemühen. Wenn wir die Wahl hätten, so würden wir innerhalb unserer neuesten Weltgeschichte unsere eigene Wohnlichkeit in 100 Fällen neunzig Mal ohne weiteres Bedenken gegen die Wohnlichkeit vertauschen, die uns ein gutes Hotel oder Gasthaus bieten kann und die betontermaßen für Reisende, Unstete oder flüchtige Menschen eingerichtet ist.
Die stärksten Willensrichtungen oder wichtigsten Entwicklungslinien der neueren Weltgeschichte, die uns besonders auch alles Großstädtische und Großindustrielle so sehr verherrrlichen lassen, verbieten eigentlich jedes private Bemühen um privaten Wohnungsbau und fordern sehr deutlich für alle Menschen eine genossenschaftlich-kommunistische Besitzlosigkeit und für alle Menschen Hotelwohnungen.

Die Schwierigkeit, planmäßig das Wohnliche zu gestalten oder zu steigern, zu pflegen oder zu kultivieren, hat außerordentlich viel damit zu tun, daß es so schwer ist, das eigentlich Wohnliche zu erklären. Es gibt viele Menschen, die sich ernst um Wohnlichkeit bemühen und für solches Bemühen allerlei handfeste Mittel haben und doch immer unwohnlicher werden, und so zum Beispiel ist auch speziell die deutsche Geschichte der letzteren Jahrzehnte voller reichbemittelter Bemühungen um Wohnlichkeiten, ohne daß wir vernünftigerweise von einer neuen deutschen hohen Wohnungskultur sprechen könnten. Man könnte – im Gegenteil – sehr wohl behaupten, unsere Wohnlichkeit habe zunehmend einen beispiellosen Tiefstand erreicht.
Wie sehr unbegreiflich oder unerklärlich die Wohnlichkeit ist, können wir besonders gut auch daran erkennen, daß uns die gleiche Wohnung in ungefähr gleichem Zustande das eine Mal als sehr wohnlich und das andere Mal als sehr unwohnlich erscheinen kann. Dies heißt auch, daß wir uns über das Wohnliche gar nicht verständigen können, ohne daß wir die immer wechselnden ganz persönlichen Zustände mit in Betracht ziehen. So wird zum Beispiel das Wohnliche für den sehr klugen Menschen immer etwas sehr anderes sein als für den sehr dummen Menschen und für den sehr empfindsamen

etwas ganz anderes sein als für den stumpfsinnigen und für den Millionär etwas ganz anderes sein als für den Tagelöhner usw.

Wenn wir aufmerksam hinsehen, so können wir leicht erkennen, daß die merkwürdige Fruchtlosigkeit unseres Bemühens um das Wohnliche im Verlaufe besonders der letzteren Jahrzehnte unmittelbar damit verbunden ist, daß wir uns im Verlaufe dieser Zeit vornehmlich oder mit den besten Kräften um solche Wohnungen bemühten, die für *sehr* reiche oder *sehr* empfindsame, sehr individualistische Menschen oder – sehr entgegengesetzt – für sehr auf das Genossenschaftliche oder uniformiert eingestellte Fabrikarbeiter bestimmt waren.

Wir können uns bestenfalls nur in dem Maße über das Wesen des Wohnlichen verständigen oder können es bestenfalls nur in dem Maße planmäßig entwickeln oder kultivieren, in dem es uns gelingt, uns sozusagen dort hinzustellen, wo ungefähr die Mitte ist zwischen dem sehr Reichen und dem sehr Armen oder dem sehr Eigenartigen und dem sehr Herdenmäßigen, oder zwischen dem Nurpraktischen und dem ganz Unpraktischen usw., oder wo wir uns immer wieder um das überhaupt Mittlere oder Vermittelnde bemühen.

Unsere Wohnung ist ihrem ganzen Wesen nach – ob wir es wollen oder nicht – etwas Mittelständiges, und so ist alles, was nach letzten Möglichkeiten schmeckt oder alles, was sehr extremer oder sehr spitzfindiger oder sehr spezialistischer Art ist, immer ohne weiteres auch etwas sehr Unwohnliches.

So wie fast jede Wohnungseinrichtung – ganz einfach betrachtet – die verschiedenartigsten Dinge, etwa Tisch und Stuhl und Bett, Kochtopf und Nähnadel, Bürste und Wassereimer, miteinander verbindet, so ist in allem Bemühen um das Wohnliche immer das Nebeneinander von Verschiedenartigkeit und Verbindlichkeit das elementar Wichtigste und folglich ist eine Wohnung immer um so wohnlicher, je verschiedenartiger oder gegensätzlicher die Dinge sind, welche die Wohnung bilden und je friedlicher diese Dinge nebeneinander wirken.

Da die Männer im allgemeinen viel mehr als die Frauen zu Einseitigkeit neigen und folglich auch die besten Spezialisten ergeben, so sind die Männer im allgemeinen auch viel unwohnlicher als die Frauen es sind. Das Wohnliche wird durch die Frauen im allgemeinen viel höher gewertet als durch die Männer; aber sie können die Wohnlichkeit in besonderem Maße nur erhalten oder kultivieren, soweit es sich mit ihr gewissermaßen um etwas Kleinweltliches handelt. So wie für die Wohnungskultur etwa die Hausmauern ebenso wichtig sind wie die Häkeldecken, so beruht jede Wohnungskultur ebenso sehr auf einer Kultur des wesentlich Großweltlichen wie auf einer Kultur des wesentlich Kleinweltlichen.

Die Männer tun mit ihrer Männlichkeit viel wichtiger oder betonen die Männlichkeit viel lieber, als die Frauen das Frauliche betonen, aber da alle Betonungen unwohnlich sind, so ist die Wohnlichkeit durch die Männer immer viel mehr gefährdet als durch die Frauen; insofern ist die Frau der bessere Teil; nur, wir können uns nicht auf sie verlas-

sen, soweit wir mit unserer Wohnlichkeit von den sehr großweltlichen Zuständen abhängig sind. Mit ihrer Gestaltung handelt es sich immer um hauptsächlich männliche Aufgaben. Und da die Gestaltung der großweltlichen Zustände im Verlaufe der jüngeren Weltgeschichte immer wichtiger geworden ist und besonders auch im Hinblick auf die Wohnungsfragen eine allergrößte Wichtigkeit bekommen hat, so handelt es sich mehr und mehr auch für die Verbesserung unserer Wohnlichkeit um Aufgaben, die in erster Linie die Männer zu lösen haben.
Und sozusagen der Generalnenner dieser großweltlichen Aufgaben, die den Männern gestellt sind, heißt ungefähr: ,,Tut nicht so wichtig mit Eurer Männlichkeit" oder ,,Sucht, daß Ihr das Frauliche höher zu werten versteht"; oder die Lösung dieser großweltlichen, männlichen Aufgaben läuft darauf hinaus, daß die Männer sich ersichtlicher als bisher den Frauen zuneigen, oder aber, daß die Ehen besser werden, oder daß Mann und Frau, so verschiedenartig sie sind, sich besser als bisher verbinden. Nicht die Frau und nicht der Mann, sondern die Verbindung beider ist hier das allgemein Entscheidende und ist das ganz besonders auch für unsere Wohnlichkeit.

Über Arbeiter- und Kleinbürger-Wohnungen

Wenn ich in dem Text über die Arbeiter- und Kleinbürger-Wohnungen immer wieder das Rein-Praktische voranstelle, so möchte ich mithelfen, daß für die Beurteilung unseres augenblicklichen Hausbaues (und was gleich zu ihm gehört) ein mehr fester Maßstab geschaffen wird. Einen absolut festen Maßstab können wir hier natürlich nicht gewinnen; denn erstens ist ja schon das ,,Niedrig-Praktische" durchaus nichts Festes; und vor allen Dingen wollen wir auch jede Zweckarbeit ,,verklären", veredeln, wollen letzten Endes mit jeder niedrig-praktischen Arbeit unseren *ganzen* Menschen, also nicht nur unser Denken, sondern auch unser Empfinden zur Geltung bringen, und soweit dies Empfinden in Frage kommt, ist ja eine völlige Einigung unter uns Menschen ein Unsinn.
Aber auch angenommen, daß jedermann bei seinem Hausbau neben der Erfüllung der ersten praktischen Forderung auch sein eigenes Empfinden ausdrücken soll, so unterscheidet sich der einzelne hierin doch nicht so gänzlich von seinem Mitmenschen (und soweit wir's auf diesem Gebiet mit Wandlungen zu tun haben, gehen diese doch viel langsamer vonstatten), als daß dies heutige Durcheinander der Meinungen über gutes oder schlechtes Bauen eine einfache Folge unserer Empfindungsverschiedenheiten sein kann. Dieses entsetzliche Durcheinander der Meinungen über gutes oder schlechtes Bauen hat vielmehr seinen Grund darin, daß wir uns uneinig sind über das Einfach-Niedrig-Praktische, und doch ist hier schließlich eine Einigung weitgehend möglich. Eine solche Einigung wurde uns dadurch erschwert, daß plötzlich sehr viel Neues unsere Lebensverhältnisse modelte: z. B. unsere völlig neuen, für unsere Lebensführung ungeheuer bedeutenden Verkehrsverhältnisse und eine große Reihe an-

dere bedeutende Erfindungen, mit dem allen wir noch nicht unbefangen sicher umzugehen wissen; dies alles der wirklichen Bedeutung entsprechend unserm Leben einzuordnen, erfordert allein schon sehr große Mühe. (...)
Der Hausbau ist ja eine durch und durch ernste Arbeit, die eigentlich alle Menschen direkt angeht; diese Arbeit erfordert einen so gewaltig großen Teil unserer gesamten Arbeitskraft und unseres Materialbesitzes, daß es für uns alle von größtem Werte ist, wenn mit dieser Arbeitskraft, mit diesem Materialbesitz richtig gewirtschaftet wird.
Da es sich bei dem Hausbau in erster Linie darum handelt, niedrig-praktische Bedürfnisse zu befriedigen, so ist es auch richtig, daß wir suchen, alle verfügbaren praktischen Mittel zu benutzen; diese Mittel an sich mögen zu verurteilen sein (z. B. Maschinenarbeit); aber wir dürfen uns mit solchen Kritiken nicht lange aufhalten, wenn wir in der eigentlichen Arbeit des Hausbauens selbst tüchtig sein wollen. Die Kritik solcher Mittel ist erst in *zweiter* Linie die Aufgabe des Hauserbauers.
Hier läßt sich einwenden, daß unser Hausbau das allgemeine Denken, Empfinden usw. beeinflussen, veredeln kann; aber an dies „Veredeln" können wir doch erst dann denken, wenn wir die erste Aufgabe des Hausbauens, die niedrig-praktische Seite dieser Arbeit gut bewältigen; und diese erste Aufgabe, diese Arbeit ist heute so unendlich groß, daß wir alle Ursache haben, vorerst mit dem Künstlertum bei dem Hausbau wenigstens sehr bescheiden zu sein.
So wie wir heute nun einmal sind, so wie unsere Lebensverhältnisse usw. sind, muß uns bei dem Hausbau reine Sachlichkeit schon sehr viel, in der Regel als das einzig Erreichbare gelten.
Schließlich ist es aber auch – ganz abgesehen von der ersten niedrig praktischen Aufgabe, die mit dem Hausbau zu lösen ist – ein Unding, mit jedem Haus das besondere Empfinden des einzelnen zum Ausdruck zu bringen; denn es handelt sich hier nicht um die Arbeit eines einzelnen, sondern um die Zusammenarbeit vieler Menschen, und soll dabei etwas Tüchtiges herauskommen, so ist eine gewisse Selbstverständlichkeit in der Arbeit überhaupt und also auch eine gewisse Selbstverständlichkeit der „Formen" zu erstreben.

*

Die übliche oder normale bauliche Raummasse einer Kleinwohnung ist viel bestimmter als die normale bauliche Raummasse sonstiger Wohnungen, und soweit wir... um eine Verbesserung der Kleinwohnungen bemüht sind und dabei an das wirksamste Mittel, an die Vergrößerung denken, kann allermeistens nur eine Vergrößerung des *nichtumbauten* Raumes oder eine Vergrößerung der Wohnungs*abstände* in Frage kommen.

Vom Hausbau

Wenn wir uns heute ein neues Haus bauen oder eine Wohnung neu einrichten oder uns überhaupt um irgend etwas ernst bemühen, das einen einigermaßen dauerhaften Wert haben soll, so werden wir finden, daß das eine merkwürdig schwierige Geschichte ist; wir raten hin und her, und es will uns doch so gar nichts eigentlich richtig sein; wir kennen und lieben beinahe alles, das ganz Alte so wie das ganz Neue, das Dicke wie das Dünne usw. und schwanken sehr.

Um das große Ganze unseres heutigen Lebens und Arbeitens und damit auch besonders unser gewerbliches Arbeiten, unser Hausbauen und dergleichen einigermaßen richtig zu beurteilen oder um es zu bessern, wird es sich empfehlen, daß wir die drei großen Zeitabschnitte unterscheiden, die sich immer wieder in gleicher Reihe folgen: Erstens die Zeit des Vielerlei, des Hin und Her, des Drunter und Drüber, des Durcheinander: Bleisoldaten, eine Laterna magica, ein Butterbrot, ein junger Hund, der Vollmond, ein Stück weißes Papier oder sonst irgend etwas, das Lyrische, das Komische, das Heldische, die Schweizerhausvilla, die englische Behaglichkeit, die griechischen Säulen, oder was uns sonst irgendwie einfallen mag, alles ist uns gleich wichtig dort oder gleich unwichtig, wie es gerade trifft; dort ist uns alles schnell lebendig, aber auch alles ebenso schnell wieder tot, es mangelt uns dort die Fähigkeit, das eine zu dem andern in dauernde Beziehung zu bringen; wir sind dort nicht überhaupt unschöpferisch, ein Kind ist sehr wohl schöpferisch; aber seine Schöpfungen haben nur Augenblickswert. Es klingt vielleicht anmaßend, zu sagen „nur Augenblickswert"; aber es ist nicht böse gemeint; vielleicht ist das Kindliche wirklich das Beste, vielleicht sind die Augenblickswerte gerade das ganz Richtige, jedenfalls haben wir dann den Trost, daß die letzteren Jahrzehnte unseres Arbeitens – entgegen unserer sonst häufigen Meinung – sehr richtiger Art waren; wir haben uns während dieser Zeit, durchaus kindlich, ohne nennenswerte Hemmungen für alles interessiert, haben wirklich alles hergenommen und alles wieder liegengelassen, uns war beinahe nichts mehr heilig, auch das größte Kind kann es nicht besser machen; das war vielleicht eine schöne Zeit; aber sicher ist, daß das Kind nie Kind sein will; zum Beispiel, wenn die Kinder Familie spielen wollen, so ist dabei die schwierigste Aufgabe, daß sie sich darüber einigen, wer eigentlich notwendig das Kind sei, und diese Abneigung gegen das Kindliche wird um so größer, je mehr wir an die Kindheitsgrenze kommen, zum Beispiel wir kränken einen Jüngling mit nichts so sehr wie damit, daß wir ihn als Kind behandeln, und so werden wir uns auch immer mehr oder weniger dagegen wehren, daß man unsere Arbeit als eine kindliche Arbeit anspricht; wir werden immer bemüht sein, etwas zu arbeiten, das anders oder reifer ist als das, was ein Kind arbeiten kann.

Wir meinen wohl gelegentlich, daß die letzteren Jahrzehnte unseres Lebens und Arbeitens durchaus nicht kindlicher Art waren; indem wir an gewisses Spitzfindiges oder ähnliches denken, das diese Zeit bildete, haben wir sie sehr oft sogar als greisenhaft bezeichnet; aber dann ist zu beachten, daß das Greisenhafte dem Kindlichen in vieler Hinsicht sehr ähnlich ist; ganz zuerst bezeichnend für das Wesen des Kindes ist das

Vielerlei der Wünsche, das geringe bildende Können bei immer neuem Wollen, und von diesen Artikeln hatten unsere letzteren Jahrzehnte doch eigentlich erstaunlich viel; wenn wir trotzdem einiges sehr folgerichtig und ernst entwickelten, so beweist das noch nicht, daß wir nicht kindlich waren; ein Kind kann gelegentlich sehr erwachsen tun und kann doch sehr kindlich sein.

Wir loben das Kindliche sehr hoch, und so loben wir auch die Zeit, die uns eben voraufgegangen ist; aber wir können nicht hindern, daß wir älter werden; (...) wir stehen mit unserm Leben und Arbeiten sehr an einem Anfang, an dem Anfang einer Zeit, in der uns das Bedingte unseres Könnens sehr handgreiflich klar sein wird, in der wir nicht mehr so leicht alles wollen, in der wir nicht mehr so leicht daran glauben, daß wir alles können, einer Zeit, in der ein gewissermaßen einfach schulmäßiges oder handfestes Können hohen Wert haben wird, einer Zeit starker Gemeinschaften, starker Uniformen und mit dem allen auch an dem Anfang einer Zeit starken und gesunden handwerklichen oder überhaupt gewerblichen Arbeitens. – Wir werden uns mehr als bisher sagen, daß wir nichts Reifes arbeiten können, oder daß unser Leben und Arbeiten nicht schön sein kann, ohne daß wir handwerklich oder gewerblich stark sind; das haben wir uns auch bisher schon gesagt, aber doch immer nur so zwischendurch und sehr leise; wir sind da immer gleich wieder zurückgeschreckt, sobald wir die eigentlichen Forderungen starken gewerblichen Arbeitens erkannten, sobald wir erkannten, daß da die Ordnung, der einfache Fleiß, einfaches Denken und Leben, einfache Tüchtigkeit und dergleichen ganz unerläßlich sind. – Wir schätzten bisher das Gewerbliche gleichermaßen zu hoch und zu niedrig, zu hoch, indem wir so oft forderten, es solle unser Leben ganz ausfüllen, und zu niedrig, indem wir so oft übersahen, daß für alles reife Leben und Arbeiten allein das Gewerbliche oder Handwerkliche das notwendige praktische Fundament ist. Wir wollen mehr als das Fundament, aber wir wollen das Fundament zuerst.

Wenn wir uns bisher um die Förderung des Gewerblichen besonders mühten, so handelte es sich in hundert Fällen neunzigmal um irgendwelche Feinheiten oder Eigenheiten, wir glaubten dann gerne, sehr unschuldig, als sei alles notwendige Erste oder Grobe schon sehr gründlich und schön erledigt; aber gerade dort fehlte es uns; wir hatten überall kleine Fundamente und bauten überall Kleines darauf, sozusagen bei uns hatte jeder sein kleines Privatfundament. Heute aber suchen wir das breite und starke Fundament zu bilden, das unser Gesamtarbeiten trage, damit es sich zu einem Großen und Hohen ausbaue. Und damit beginnt uns eine zweite Periode des (...) Arbeitens, und erst nachdem wir uns da hineingelebt haben werden, kann uns das immer wieder ersehnte dritte oder künstlerische Zeitalter kommen; unser gelegentlicher Wunsch, ein solches Zeitalter möge allernächstens kommen, wird uns nur sehr mäßig erfüllt werden, ein solches Zeitalter gibt es nicht, ohne daß ihm ein sehr reifes handwerkliches oder gewerbliches Können voraufgeht, oder ohne daß wir vorher nicht nur stark kindlich, sondern auch stark männlich waren. – Wir werden sehr viel erfahren, daß uns die Zeichen betrogen haben, die uns in jüngerer Zeit viel Künstlerisches oder Großkünstlerisches versprachen; das Trügerische liegt hier sehr nahe, weil alles Künstlerische unter anderem auch sehr kindlich ist, und da wir heute sehr viel Kindliches zu sehen bekommen, so ist es sehr leicht, an viel Künstlerisches zu glauben, um so leichter, da wir es so gerne haben möchten; aber wenn auch das Künstlerische immer sehr kindlich ist, so ist doch das Kindliche nicht immer sehr künstlerisch, sondern ist – wie alles andere – nur ein Teil der Kunst. – Für uns kommt es so ungefähr darauf an, überhaupt keine Kunst, sondern nur Handwerkliches oder Gewerbliches zu wollen; wir wollten bisher, sehr kindlich, sehr viel Kunst und möglichst kein Handwerk; aber solch krampfhaftes Kunstwollen ist der sehr unangenehme Beweis dafür, daß wir zu der Kunst zwar ein sehr freundliches, aber auch ein sehr unfruchtbares Verhältnis haben. Wir können die Kunst locken oder sonst allerlei Freundliches für sie tun; aber im Grunde genommen kommt sie selbstverständlich oder sie kommt überhaupt nicht; nur das Handwerk, das zuerst nennenswerte Schaffen, ohne das uns die Kunst nicht sein kann, kommt nicht selbstverständlich, sondern will sehr gewollt sein, will sehr gelernt sein, fordert das Verständliche, den Verstand ganz extra; überall, wo wir suchen, daß wir uns verständigen, können wir unmittelbar nur Handwerkliches meinen, und da wir heute ungeheuer viel suchen, daß wir uns verständigen, so wollen wir heute auch ungeheuer viel Handwerkliches. Ob uns dann nach dem vielen Handwerklichen auch die große Kunst folgen wird, ist allerdings so unsicher wie es unsicher ist, daß ein ungestümer und mutiger Jüngling ein großer Mann wird, beweisen läßt sich das nicht, hier kann uns nur unsere Hoffnung trösten. (...)

Es läßt sich nicht beweisen, ob das stark Gewerbliche uns letzten Endes segnen, oder ob es uns verderben wird; wir sind entweder ein sehr gottbegnadetes oder ein sehr erbarmungswürdiges Geschlecht; entscheidend ist uns allein, daß wir nicht an das Verderben oder an das Erbarmungswürdige glauben. Wir wissen, daß mit dem stark Gewerblichen auch viel Quälendes auf uns wartet; aber wir wissen auch, daß wir das Höchste nicht sozusagen hinter dem Ofen ausbrüten können, wir wissen, daß dem Höchsten immer etwas vorangestellt ist, das uns nicht so ohne weiteres verlockend ansieht. Vor dem Hohen steht immer die Kraft.

Wir mögen unser Leben und Arbeiten ansehen, von welcher Seite aus wir wollen, so werden wir letzten Endes immer wieder finden, daß das Handwerkliche oder überhaupt das Gewerbliche uns am nächsten liegt, und am meisten zusteht, oder daß wir im Kampf mit ihm mehr als in irgendeinem anderen Kampf das finden, was wir ein starkes und gesundes Leben und Arbeiten nennen.

Die besten oder maßgebenden Arbeiten heute werden ganz notwendig etwas ausgesprochen Anfängliches haben, und zwar Anfängliches im männlichen, nicht im kindlichen Sinn, zum Beispiel wir werden ein Haus im besten Fall gewissermaßen vorsichtig kastenartig ausbilden; unserm kindlichen Sinne nach muß das Haus heute notwendig bunt werden; ein Kind nimmt ziemlich alles, was es bekommen kann, und bei uns ist heute sehr viel zu bekommen; aber ein männliches, handwerkliches Können und Verstehen wird uns sagen, daß wir alle Hände voll zu tun haben, um auch nur unsere drin-

gendsten Forderungen gewissenhaft und einigermaßen haltbar zu erfüllen und wird alle Buntheiten als oberflächlich, dilettantisch oder unzünftig ablehnen.
Wir wollen es so ungefähr weder gerade noch krumm, weder klug noch dumm, wollen es weder grob noch fein, es soll uns alles zusammen sein; so können wir von allem aber nur das ganz knapp Wesentliche oder das ganz eigentlich Wichtige haben, um das möglichst richtig zu finden, werden wir uns genötigt sehen, überall sehr gründlich zu sein; nichts wird uns so sehr entgegen sein als Oberflächliches, wir werden uns immer wieder sagen: Wenn es sein muß, dann wenig, aber unter allen Umständen gründlich.

*

Die weitverbreitete und meistens gern geglaubte Behauptung, die Architektur sei im Verlaufe der jüngsten Geschichte besser, edler, zielsicherer oder so ähnlich geworden, ist ebenso haltlos wie etwa die Behauptung, daß inzwischen überhaupt alles viel besser und zukunftsreicher geworden sei. Es ist alles zwar viel anders, aber gleichzeitig auch viel problematischer geworden.

Kleinwohnungsbau

Der Kleinwohnungsbau, so wie er mit der jüngeren Baugeschichte mehr und mehr verstanden wird, steckt noch durchaus in den Kinderschuhen, er ist – soweit wir mit ihm zunehmend eine besondere Wohnungsart begreifen – etwas völlig Neues, bezieht sich auf wichtigste Angelegenheiten größter Menschenmassen und hat damit auch eine mächtigste Stoßkraft und – sehr wahrscheinlich – eine „größte Zukunft" in sich.
Es ist so gut wie sicher, daß er zukünftig die Musik oder – wenn man so will – den Spektakel des gesamten Baulebens entscheidend beeinflussen wird und daß mehr und mehr alle gewichtigen Bauprobleme sehr offensichtlich mit den Fragen des Kleinwohnungsbaues unmittelbar zusammenhängen werden.
Aber die Wichtigkeit des Interesses, das wir neugeschichtlich für den Kleinwohnungsbau haben, greift weit über das Nur-Baufachliche hinaus. Eine Entwicklung des Kleinwohnungsbaues, die den bisherigen beispiellosen Anfängen ungefähr entsprechen wird, wird ohne weiteres auch eine größte Veränderung der bisherigen großgesellschaftlichen Lebens- und Arbeitsformen bedeuten.
Die sogenannten einfachen Arbeiter, zu denen in aller Welt die weitaus meisten Menschen gehören und auf deren Wohnlichkeit oder Unwohnlichkeit die modernen Kleinwohnungsfragen sich in erster Linie beziehen, waren bisher zum weitaus größten Teil ohne jeden nennenswerten materiellen Besitz und waren ebenso größtenteils ohne eine nennenswerte Wohnlichkeit.

Und es ist nur nötig, dies zu bedenken und es mit den Willensrichtungen zu vergleichen, die in dem neugeschichtlichen Kleinwohnungsbau stecken oder durch ihn lebendig werden, dann begreifen wir hier das Werden einer sozialen Veränderung größten Stils.

Wir sehen dann, daß allergrößte Menschenmassen (...), wie mit amtlichen Berechtigungsscheinen in den Händen, mehr Raum mit mehr Wohnlichkeit fordern; und wenn solche Forderungen zunächst auch nur sehr schrittweise erfüllt werden oder erfüllt werden können, so sind sie doch bereits unabweislich geworden, so daß ihnen vernünftigerweise gar nicht mehr anders begegnet werden kann als mit dem bestimmten Willen für weitestgehende Erfüllung.

In solchen Hinsichten sind die bisherigen rein baufachlichen Leistungen des neueren Kleinwohnungsbaues nur nebenbei interessant; unvergleichlich viel beachtlicher, als sie hier sind, ist dies, daß durch die neueren und immer planvolleren Bemühungen um den Kleinwohnungsbau dieser sozusagen aus dem Hintergelände oder aus den Schlupfwinkeln baulicher Interessen hervorgeholt und mitten in den Kreis vornehmster Bauaufgaben gestellt wurde.

Im übrigen ist auch mit dem neueren Kleinwohnungsbau mehr und mehr für sämtliche vorhandenen Kleinwohnungen ein ganz allgemein anerkannter Maßstab geschaffen worden, dem gegenüber die älteren Kleinwohnungen sich größtenteils nicht mehr als vollgültige Wohnungen behaupten können.

Und so drängt hier überhaupt alles auf gewichtigste Veränderungen hin, und so harmlos-kindlich der Kleinhausbau uns gelegentlich auch noch ansehen mag, mit ihm oder mit der großgesellschaftlichen Einstellung auf ihn handelt es sich sehr wahrscheinlich um ein allerwichtigstes, entwicklungsreichstes Ergebnis der gesamten neueren Geschichte.

Wenn man sucht, die neuere Geschichte der letzten 50 oder 100 Jahre kurz zu charakterisieren, so kann man am besten wohl sagen, sie sei betontermaßen eine Geschichte harter und intensiver Arbeit.

Und soweit wir für die Entwicklung dieser Geschichte nicht mit allerlei Wundern rechnen wollen, ist wohl leicht herauszubuchstabieren, daß die nähere Zukunft sehr viel mit der Herrschaft schwieliger Hände, einfacher, unkomplizierter Gedanken und ungeschnörkelter, kurzbündiger und auch wohl grober Formen zu tun haben wird; oder die allgemeine, d. h. besonders auch die *bauliche* Formensprache, die in der neueren Geschichte wurzelt, wird wahrscheinlich sehr so sein, als sei sie in erster Linie von sehr einfach arbeitlichen oder für sehr einfach arbeitliche Menschen gebildet.

Soweit es uns überhaupt interessiert, über den Stumpfsinn alltäglichster Stundenpläne hinaus, nachforschend die Formen zu finden, die der Eigenart der neueren Geschichte sehr entsprechen, werden wir hier in der Nähe sogenannt einfachster Arbeiter allermeistens das Allerbeste finden.

Wir können als sehr zuverlässig damit rechnen, daß eine starke Entwicklung unseres neugeschichtlichen Kleinwohnungs- oder Arbeiterwohnungsbaues oder daß unsere andächtige Beschäftigung mit ihm in einem höchsten Maße fruchtbar sein wird, soweit es uns auf die Bildung wirklich überzeugender Bauformen ankommt.

2 Die gewerbliche Arbeit, ihre materiellen und schöpferischen Elemente

So wie der deutlichste Verfall der baulichen Kultur in Europa seit Ausgang des vorigen Jahrhunderts bis heute her begleitet wurde und begleitet wird durch eine allgemein betonte Hochschätzung des Eigenartigen, des Auffallenden, des ,,Übergescheiten`` usw., so sind alle auffälligen Neuerungen oder Eigenartigkeiten immer unbaumeisterlich, und soweit es uns unmittelbar um Baumeisterlichkeit zu tun ist, können wir die alltäglichsten, simpelsten Fragen kaum genug beachten; ihre zuverlässige Beantwortung ergibt das allein tragfähige Fundament aller Baukultur.

Formwandlungen

Die Formen und ihre Wandlungen bilden wohl eigentlich das Thema aller Weltbetrachtung. Wir können der Welt gegenüber kaum einigermaßen andächtig sein, ohne sie überall in ununterbrochener Wandlung oder in ununterbrochener Veränderung oder Entwicklung zu sehen. Wir wissen, daß jede Form, jedes Ding, jede Erscheinung oder daß überhaupt alles und jedes sich ununterbrochen wandelt, verändert oder entwickelt und wir wissen auch, daß es vor allem die aufmerksame Betrachtung dieser Wandlungen ist, die uns Menschen befähigt, die Welt einigermaßen gut zu verstehen und ihre Entwicklungen oder ihren zukünftigen Verlauf einigermaßen im voraus schon erkennen zu können. Diese Tatsache nun hat für uns heute eine um so größere Bedeutung, als wir heute ganz allgemein der Welt und besonders auch der Zukunft gegenüber immer wieder voller unruhigster, ernstester und auch wohl quälendster Fragen sind.

Die ununterbrochenen Formwandlungen oder überhaupt die ununterbrochenen Veränderungen der Welt – so wichtig es für uns Menschen auch sein mag, sie immer aufmerksam zu betrachten – interessieren uns im allgemeinen immer nur dann besonders, wenn sie, so wie wir das heute überall erleben, sehr heftig sind. Ruhige, stetige Formwandlungen oder überhaupt weltliche Veränderungen interessieren uns Menschen im allgemeinen so wenig wie etwa das lebendige gesunde Herz in unserer Brust; erst wo es erkrankt oder wo es sich betont – also wo es nicht mehr ist, wie es eigentlich sein soll –, beginnt es, uns auch betont zu interessieren. Das besondere oder betonte Interesse für die Dinge oder Formen und ihre Veränderungen ist an und für sich meistens schon ein bester Beweis dafür, daß sie anders sind, als sie eigentlich sein sollen.

Praktisch genommen haben wir Menschen zwar fast immer nicht mit den Formwandlungen überhaupt, sondern in reichem Maße immer auch mit deren Betonungen zu tun. Aber das ändert nichts daran, daß alle Betonungen der Dinge wie alle ihre betonten Veränderungen immer so etwas wie Krankheitsäußerungen unserer Welt sind. Der Hinweis auf diese Tatsache berührt uns gerade heute meistens sehr befremdend. Und doch wird sie gerade durch unsere heutigen großweltlichen Lebenszustände besonders eindringlich bewiesen.

Soweit wir unsere allgemeinen Lebenswelten überhaupt als kranke und gesunde Welten unterscheiden dürfen – und das dürfen wir gewiß tun –, dürfen wir unsere heutigen modernen Lebenswelten dem großen Ganzen nach als todkranke bezeichnen. Dieses Kranksein ist als solches auch seit langer Zeit schon dermaßen eindeutig, daß alle Entwicklungen unserer modernen Welt seit langer Zeit schon im Grunde genommen, ob bewußt oder nicht, nur noch dahin zielen, daß sie gesunden möge. Für die moderne Kultur geht es seit langer Zeit schon nicht mehr eigentlich darum, daß sie eine „höhere" sondern eine gesundere Kulturwelt werde.

*

Wir sind heute in allem Arbeiten, in allem werklichen Gestalten außerordentlich übel dran, wir sehen uns heute überall, soweit wir es mit unserem Arbeiten einigermaßen ernst nehmen, endlosen Fragen gegenüber, die uns eigentlich so recht überzeugend niemand beantworten kann.
Wo wir einmal glauben, es richtig gemacht zu haben und uns freuen, endlich den Weg gefunden zu haben, der uns verspricht, glatt voranzukommen, erweist sich nach wenigen Schritten schon wieder, daß wir uns irrten.
Was uns heute als etwas hell Strahlendes begeistert, scheint uns morgen schon wieder sehr fragwürdig und übermorgen schon ausgemacht „dummes Zeug" zu sein. Dieser Zustand ist in der Welt nicht neu. Wir haben in der Menschheitsgeschichte viele Beispiele dafür, daß die Menschen mit ähnlichen oder gleichen Zuständen zu kämpfen hatten.

Bauelemente und Bauformen

Wenn man so will, dann kann man mit vielem Recht behaupten, daß alle Haus- oder Architekturbilder nur sehr ausdrucksarm seien. Zum Beispiel sind etwa der Ziegelstein oder die Senkrechte und die Horizontale oder die rechteckig begrenzte ebene Fläche usw. so ohne weiteres jedenfalls nicht gerade vielsagender Art, und doch bilden sie fast in jeder Bauwelt die weitaus vorherrschenden Formenelemente, so daß etwa schon der einfachste Zirkelbogen oder etwa ein nur ungefähr eigenwilliger Türenholm oder Ähnliches meistens schon weit aus dem Rahmen des allgemein Üblichen herausfallen.
Man kann hier einwenden, daß auch das Abc an und für sich sehr ausdrucksarm sei, aber doch reichste Ausdrucksmöglichkeiten biete und daß überhaupt auf *allen* Gebieten menschlichen Gestaltens die Gestaltungs*elemente* ohne weiteres immer nur wenig oder nichts ausdrücken könnten. Aber die Architektur ist hier doch insofern besonders eigenartig, als sozusagen ihr Abc außerordentlich wenig Buchstaben hat und zwar – und das ist hier das Entscheidende – immer um so weniger, je großartiger sie ist. Zwar ein Haus kann sehr formenarm und kann gerade seiner Formenarmut wegen ein niedrigstes Bauwerk sein; aber dies ändert nichts an der Tatsache, daß höchste Architektur notwendig sehr formenarm sein muß, um höchster Art sein zu können.
Und darum tendieren auch ihre zukunftsreichsten Entwicklungen immer, ganz gleich, inwieweit dies den einzelnen Kulturwelten bewußt ist oder nicht, geradenwegs nach simpelsten oder – richtiger vielleicht – nach einer höchsten Kultivierung simpelster Bauformen hin.
Alle ausgesprochen reichen Bauformen haben eine nur kurze Entwicklungsbahn und zwar nicht, weil sie so etwas wie letzte Möglichkeiten architektonischen Gestaltens sind, sondern weil reiche Bauformen zutiefst der Baukunst widersprechen. Sie hat mit ihnen *zutiefst* oder im Grunde genommen wenig oder nichts zu tun.

Die technische Form

Wenn wir an ein reiches, aber besonders leeres Ornament denken und daneben an einen Kupferdraht mit großer elektrischer Spannung, so haben wir zwei entgegengesetzte Formen menschenmöglichen Arbeitens: in dem einen Fall sehr viel Form, ohne daß eigentlich etwas dahinter steckt, und in dem andern Fall beinahe keine Form, und es steckt ungeheuer viel dahinter; wir verneinen letzten Endes beides gleichviel und suchen statt dessen immer die Form, die in allen ihren Teilen lebendig ist, die aber auch ebenso alles Lebendige voll zum Ausdruck bringt. Wir verneinen das Ornament ebensosehr wie den Kupferdraht mit der großen Spannung, die mit ihm nicht zum Ausdruck kommt, beide Formen sind als solche gleich minderwertig; aber vor dem Kupferdraht haben wir heute allgemein die größere Achtung, er interessiert uns mehr, wir haben innerlich mehr mit ihm zu tun, er hat unsere größeren Hoffnungen; denn er hat mehr als das Ornament mit dem Verstand zu tun, und unsere heutige Welt nötigt uns ganz besonders viel, das Verstandliche hoch zu schätzen; denn in ihr ist es in einem besonderen Maße bunt und durcheinander; wir fragen sicher nicht umsonst so viel nach dem ,,Warum", trotzdem wir wissen, daß es einigermaßen dumm ist, überall so zu fragen; aber wir suchen nach dem Zuerst- oder nach dem Einfach-Notwendigen, und so sind wir formenfeindlich und so stehen wir mit der Technik oder auch mit der Maschine weitgehend im gleichen Wollen; es ist durchaus nicht die technische oder die maschinenmäßige Form selbst, die wir lieben; wenn es auch eine Menge eigentlich nackte technische Formen gibt, die uns als solche unmittelbar sehr zu Herzen gehen, etwa die Form einer Segelyacht, eines Fahrrades und dergleichen, so schätzen wir die einfach technische Form doch ganz überwiegend der wirtschaftlichen Werte wegen, die sie uns bildet; zum Beispiel wir können die technische Form schon sehr hochschätzen und werden doch nicht die Wasser-Leitungsrohre auf unseren Zimmerwänden sichtbar haben wollen, und so tausendfach; oder wenn uns die Form der Dynamomaschine auch nicht ganz gleichgültig ist, so sagt das ohne weiteres noch nicht viel; denn schließlich ist uns überhaupt nichts ganz gleichgültig.

*

Es wäre schöner, wir würden uns menschlich mehr verbinden, wenn wir unsere Kümmernisse und Freuden oder die Leitungsrohre unserer Häuser und Straßen usw., alles was uns menschlich angeht, offen zeigen könnten; aber es fehlt uns das Können, alles so zu zeigen, daß die Offenheit nicht uns und andere geniert oder kränkt, und so müssen wir viel verstecken.
Wer viel bekennen darf, ist sehr begnadet.

Normierungen

Unmittelbar praktisch genommen oder mit Rücksicht darauf, daß im heutigen Bauleben die rein wirtschaftlichen Fragen eine höchste Geltung haben, scheinen uns hier die Normierungen wohl unbedingt wichtiger zu sein als die Detailverbesserungen; aber sobald wir von unsern neugeschichtlichen speziellen Wirtschaftsnöten absehen, ist die Frage, ob besser Normierung oder nicht, durchaus nicht einfach zu beantworten, weil die hierhergehörigen Grundgedanken auf den beiden widerstreitenden Seiten wohl gleich respektabel sind.

Jeder Verbesserungstrieb, d. h. auch *Veränderungs*trieb einer bestimmten Konstruktion oder Form gegenüber widerspricht deren Normierung, so daß wir mit dieser immer auch viele eigentlich natürlichste Verbesserungsmöglichkeiten ausschalten.

Mit dem Normieren oder Stabilisieren unserer Formen handelt es sich immer um ein wissentlich betont planmäßiges oder wissentlich betont gesetzvolles Gestalten, das wir immer um so höher werten, je mehr es uns um solche Ordnungen zu tun ist, die großgesellschaftlich leicht verständlich sind im Gegensatz zu den natürlichen oder naturvollen Ordnungen, die wir immer nur schwer verstehen können.

Unsere Normierungen sind immer eine wichtigste Angelegenheit unserer *großgesellschaftlichen* Lebens- und Arbeitspraxis, die ohne leichtverständliche Ordnungen oder ohne weitgehende Normierungen überhaupt nicht zur höchsten Auswertung oder zu höchstmöglichen Leistungen kommen kann; so z. B. gibt es auch keine großgesellschaftlichen Hochkulturen ohne weitgehendste Normierungen oder – was diesen gleich ist – ohne auffallende Stilreinheiten; aber in allen weitgehenden Normierungen oder Stilreinheiten steckt immer eine gefährlichste Feindschaft gegen alles einfach natürliche Verbesserenwollen und dann mehr und mehr auch wohl gegen jede natürlich-urwüchsige Kraft, so daß alle großgesellschaftlichen Höchstkulturen hinsichtlich der arbeitlichen Energien schließlich immer in ein sehr Erkünsteltes, Lahmes, Müdes oder Blutleeres mündeten.

So wie ohne weitgehende Ordnungen oder Normierungen oder einfach-verständliche Gesetzmäßigkeiten ein Großgesellschaftliches überhaupt nicht bestehen oder gedeihen kann, so ist andererseits durch sie das Großgesellschaftliche außerordentlich bedroht, sobald sie sehr betont werden.

Oder: so wie die besten Gesetze immer nur *beiläufig* Gesetze sind, ganz ebenso sind alle Normierungen (...) immer um so besser, je mehr es nur *ungefähre* Normierungen sind.

*

Es sei Maß überall; es sei nichts zu viel und nichts zu wenig, nichts zu groß und nichts zu klein. Aber auch die Angst vor dem Maßlosen sei nicht zu groß.

Die Ordnung

Friedrich Nietzsche hat so wunderschön gesagt, „es müsse Chaos sein, damit ein Stern geboren werde"; danach dürfen wir nun von dem großen Ganzen unseres Lebens und Arbeitens einen allerschönsten und allergrößten Stern erwarten; das nötige Chaos hat sich bei uns auf das allerbeste entwickelt.

Die Ordnung ist mehr oder weniger immer armselig; dem unvermeidlich nächsten Neuen gegenüber versagt sie schon, oder wir müssen unsere Welt einigermaßen grob auffassen, so daß wir dann das Neue dem früheren Ähnlichen zuordnen können. Mit unserem Bemühen, die Welt zu ordnen, bekennen wir, daß wir nicht die Kraft haben, die Welt in ihrer Ganzheit zu fassen und daß wir uns mit gewissen Grobheiten bescheiden wollen.
Das gewerbliche Arbeiten, das Bauen unserer Straßen und Brücken und Häuser und Möbel usw. ist immer in einem besonderen Maße grobes Arbeiten und so ist ihm die Ordnung besonders gemäß oder notwendig.

Das wirksamste Bildungsmittel für die Ordnung ist die Uniform, und ebensoviel wie ein Gedeihen des gewerblichen Arbeitens die Ordnung fordert, ebensoviel fordert oder bildet es die Uniform.
Bei einem vorsätzlich uniformen Arbeiten kommen unsere feineren Bildungskräfte zur Wirkung, die einem ganz Neuen gegenüber versagen würden; darin liegt die Wohltat, welche die Anerkennung der Ordnung oder der Uniform für alles einfache Können hat.
Um bei der Uniform mit unserer Welt fertig zu werden oder sie zu erkennen, müssen wir unsere Sinne notwendig auf Feinheiten einstellen; zum Beispiel ein Schäfer, der in seiner großen Herde grauer Schafe diese untereinander zu erkennen sucht, muß notwendig die feinen Unterschiede beachten, die im Aussehen der einzelnen Schafe liegen, und er kann das; soweit wir nicht Schäfer sind, sehen uns alle Schafe gleich aus, weil unsere Augen da den Feinheiten gegenüber stumpf sind.
Die Uniform bildet feine Sinne aber einseitig; denn wir müssen das Ähnliche viel empfinden, um seine feinen Unterschiede zu erkennen; darin liegt die Beschränkung, die derjenigen entspricht, die auch in der Ordnung ist.
Je mehr wir für unser Arbeiten die Uniform anerkennen oder je weniger wir fordern, daß unsere Arbeiten als Ganzes neu seien, um so feiner müssen sie in ihrer Durchbildung sein (...).

Eine weitgehende Gleichheit unserer Arbeiten überall dort durchgeführt, wo uns das Einfach-Nützliche sehr leicht erkennbar maßgebend wichtig ist: Unser weitgehendes gegenseitiges Verstehen im Zusammenarbeiten dann, unsere Riesenarbeitskraft und die Feinheiten unserer Arbeiten, alles das zusammen dann wird so etwas wie der Stern sein, der dem Chaos entspricht, in dem heute unser großes und vieles Können und Wollen sind.

Eine weitgehende Gleichheit unserer gewerblichen Arbeiten ist nicht so gewaltsam, wie es uns heute bei unserer großen Gesamtunordnung gelegentlich erscheint; alles frühere gewerbliche Arbeiten spricht für eine solche Gleichheit und beweist praktisch, daß sie möglich ist.

Wir haben heute die Gleichheit unserer Arbeiten zum Beispiel in den Normalmaßen unserer I-Eisen und unserer Bau- und Tischlerhölzer, sie ist in unseren Eisenschrauben und Eisennägeln und in sehr vielem Kleingerät, zum Beispiel in den Werkzeugen, in unseren Suppentellern, Eßbestecken, Tür- und Fensterbeschlägen, in den Glühbirnen unserer elektrischen Lampen, in unseren Straßenbahn- und Eisenbahnwagen usw. und in ungeheuer großem Maße in allen unseren militärischen Ausstattungen; aber wir werden nicht sagen, daß uns solche Gleichheiten irgendwie nennenswert bekümmern.

In einem gesunden oder starken Arbeiten sind die Feinheiten nie das Zuerst-Wichtige, und so sind sie es auch nicht in bezug auf die Wahl unserer Arbeitsmittel; wenn die Uniform uns auch notwendig Feinheiten bildet, so anerkennen wir die Uniform doch zuerst des Einfach-Nützlichen wegen, zum Beispiel unsere Straßenbahnwagen sind uniform, weil sie, verschiedenartig gearbeitet, teurer wären; die angenommene Uniform hemmt ihre Entwicklung, wir werden die Uniform, wenn wir sie erst haben, nicht so ganz leicht wieder los, sie bürgt uns immer weitgehend dafür, daß sie berechtigt ist, sie fordert so wenig die Kritik, zum Beispiel, wenn wir einen Straßenbahnwagen sehen, so kommen wir kaum darauf, ihn zu bemängeln, er hat für uns sehr weitgehend etwas Selbstverständlich-Richtiges, auch als Erscheinung, trotzdem er in dem Straßenbild verhältnismäßig sehr auffallend ist; und solche Wirkung, welche die Uniform für unser Empfinden hat, sichert dann ihren Bestand möglicherweise noch mehr, als es die wirtschaftlichen Erwägungen tun, nach denen wir die Uniform zuerst bildeten; so haben wir dann mit ihr sehr oft etwas, das einem großen Wollen und Können größte und möglicherweise unüberwindliche Schwierigkeiten entgegenstellt und solches Wollen und Können vielleicht überhaupt unfruchtbar sein läßt; aber das hilft nicht, wir werden keine Lebens- oder Arbeitsform bestimmen können, mit der alle Arbeits- oder Bildungsenergien restlos wirksam werden; auch mit den besten Bildungsmitteln, die wir nennen können, kommen wir einmal an einen Punkt, wo sie feindlich sind. Wir haben die Mittel letzten Endes immer „trotzdem".

Die Starken und Reichen wiederholen nicht gern; die Wiederholung ist das Mittel der Einfachen. Nun meinen wir oft, wir möchten mit einer starken Wiederholung einen armen Ausdruck bilden; aber das ist nicht ohne weiteres so; der Ausdruck, den die Wiederholung gibt, ist unter Umständen sehr reich und sehr stark (...).

Soweit es uns um Mittel zu tun ist, unsere Empfindungen auszudrücken, gehören die gewerblichen Arbeiten nicht zu den besten oder nicht zu den bequemsten, sondern zu den sehr spröden oder sehr einfachen Mitteln, und so werden wir im gewerblichen Arbeiten bei starkem und reichem Empfinden immer gerne die Wiederholung als Ausdrucksmittel zu Hilfe nehmen, (...)

(...) der besondere Ausdruck, den jede gewerbliche Arbeit hat, ist immer sehr stark unbewußt entstanden; im starken gewerblichen Arbeiten sind es immer nur ganz allgemeine Empfindungen, die mit dem Arbeiten bewußt zum Ausdruck kommen; das ist besonders einleuchtend, wenn wir uns erinnern, daß in Zeiten starken gewerblichen Arbeitens – etwa im Mittelalter – die gleichen Formen und also im großen ganzen der gleiche Ausdruck immer wiederkehren. Das starke gewerbliche Arbeiten schätzt nirgends das Besondere hoch; wir schätzen es heute im Grunde genommen auch nicht hoch; aber wir fürchten es auch sehr wenig (...).
So ist eine starke Uniform etwa unserer Häuser oder Möbel usw. nicht ohne weiteres gut; es kommt natürlich darauf an, daß wir ein Wesentlich-Richtiges wiederholen; das zu erreichen ist heute sicher sehr schwer; hier sei nur wichtig, daß wir im gewerblichen Arbeiten von der Furcht verlieren, die wir hier so oft vor der Ordnung oder vor der Wiederholung oder vor der Uniform als solcher haben; sie gehören hier in jeder Hinsicht zu den ganz gesunden und ganz starken Arbeitsmitteln.
In einem gesunden gewerblichen Arbeiten fürchten wir das Eigenartige, aber nicht das Gewohnte oder die Wiederholung, die ist uns dort immer sehr selbstverständlich.

Die Regelmäßigkeit und besonders die Symmetrie

Es ist möglicherweise sehr lächerlich, über eine Notwendigkeit des Gesetzmäßigen im Alltag oder in der gewerblichen Arbeit viel zu sagen; wir anerkennen sie praktisch ohne weiteres; aber um so merkwürdiger ist die plötzliche Furcht, die wir immer wieder haben, wenn wir uns im gewerblichen Arbeiten um Praktisch-Gesetzmäßiges bemühen; wir beweisen dann gerne gleich wieder, daß das Gesetzmäßige doch nicht so ganz gut sei; aber wir bemühen uns nicht um das Absolut-Gute, sondern immer nur um das Bessere; und im Allgemeinen oder im Alltag oder im gewerblichen Arbeiten ist das Gesetzmäßige oder das Regelmäßige immer besser als das Unregelmäßige.
Das, was nicht gewissermaßen einfach oder grob regelmäßig oder bestimmbar oder verständlich ist, mag sehr tief gedacht oder empfunden oder mag sehr schön sein; aber wenn wir es auf die Straße bringen oder überhaupt – was wir mehr oder weniger mit jeder gewerblichen Arbeit tun – in die größere Gemeinschaft bringen, so wird es leer, sinkt möglicherweise zur bloßen Form herab und ist uns nicht wertvoller als irgendein Stück Holz, das uns dort im Wege liegt. Jedenfalls enthält alles starke gewerbliche und besonders alles starke bauliche Arbeiten immer auch das stark Gemeinschaftliche und damit auch ohne weiteres eine hohe Schätzung für das Einfach-Gesetzmäßige; und so bestimmt sich auch der hohe Formenwert, den alle einfache oder elementare formale Gesetzmäßigkeit oder Regelmäßigkeit, zum Beispiel die Gerade, das Rechteck, der Kreis, der Neunziggrad-Winkel, die Waagerechte, die Senkrechte usw. für alles gewerbliche Arbeiten hat (und hier besonders für alles bauliche Arbeiten; denn es ist im Gewerbe am meisten gemeinschaftlich).

Zu der einfachen formalen Regelmäßigkeit gehört auch die Symmetrie, und wir sind nicht stark im gewerblichen Arbeiten, ohne daß wir die Symmetrie sehr lieben. Wenn wir suchen, einen Hausgrundriß in allen Teilen nach einfach-praktischen Gesichtspunkten zu zeichnen, die einzelnen Räume nach solchen Gesichtspunkten zu bestimmen und aneinander zu reihen, die Fenster dorthin zu setzen, wo sie uns den besten Lichteinfall geben usw., so wird dies Haus nachher ganz sicher in allen Teilen unregelmäßig oder auch asymmetrisch erscheinen; und das gleiche gilt von unendlich vielen und zuletzt wohl von allen anderen Arbeiten. Wo uns ein gewisses quälendes Denken überall das Praktische und Vernünftige suchen läßt, da werden wir alles krumm und schief denken.

Bei der Symmetrie dreht es sich in jeder Hinsicht um die Mittellinie oder um die Symmetrieachse und sozusagen, diese weiß das auch, bewirkt jedenfalls immer, daß wir uns für sie besonders interessieren (ebenso wie uns unter anderem auch der Kreis immer bemüht, daß wir seinen Mittelpunkt suchen); wenn wir eine Fläche symmetrisch behandeln und nicht ordentlich aufpassen, so werden wir nachher immer beachten können, daß wir mit unserem Zeichnen usw. von der Mitte oder von der Achse eigentlich gar nicht fortgekommen sind, und das ist der Grund dafür, daß die Symmetrie so oft das unangenehm Starre hat. (...)
Die Symmetrie ist um so besser, je schwerer man ihre Achse findet.

Die Sauberkeit oder die Reinheit der gewerblichen Arbeiten

Wenn wir nach den Eigenschaften suchen, die wir heute weitgehend gleichartig für gut oder für erstrebenswert halten, so steht vielleicht die Sauberkeit obenan; wir sind uns sehr uneinig darüber, wie weitgehend unsere Umwelt etwa lustig oder traurig, krumm oder gerade usw. sein soll; aber wir wollen eigentlich immer, sie möge so sauber sein wie nur irgend möglich. Es gibt wohl sehr viele Gesichtspunkte, von denen aus die Sauberkeit nicht weiter etwas besonders Großartiges ist; aber wir werden dagegen nur sehr selten oder gar nicht das Unsaubere als Ziel gut sein lassen.
Wir werden überall solche Arbeiten besonders lieben, die einer Forderung nach äußerer Sauberkeit entgegenkommen, ganz gleich, ob es sich dabei um eine Straßenpflasterung oder um unsere Möbel oder Kleider oder um unser Kochgeschirr oder um sonst etwas handelt. Und überall, wo wir in einem Zusammenleben und Zusammenarbeiten mit andern Menschen die Sauberkeit fordern, bejahen wir uns diese Forderung gegenseitig als sehr selbstverständlich gut. Danach ist die Sauberkeit ein besonders gutes Mittel, uns über das Was und Wie unserer alltäglichen oder gewerblichen Arbeiten zu verständigen.
Wenn wir diese Stellung, die wir heute der Sauberkeit gegenüber einnehmen, bei dem Bilden unserer gewerblichen Arbeiten mehr vorsätzlich beachten und festhalten, so

werden diese ohne weiteres ganz natürlich sehr weitgehend etwas Allgemein-Richtiges oder Selbstverständlich-Gutes haben. Ein Bemühen um das Gedeihen unseres gewerblichen Arbeitens, ein Suchen nach gegenseitigem Verstehen dort usw. müssen uns heute notwendig die Sauberkeit hochschätzen lassen; wir schätzen sie auch hoch, nur, wenn es uns im Augenblick bequemer geht, so schätzen wir irgend etwas anderes höher; zum Beispiel unsere Möbelbezüge: Unserm Verhältnis entsprechend, das wir zur Sauberkeit haben, ist anzunehmen, daß noch jeder, der sich einigermaßen ernstlich irgendwie mit Möbelbezügen beschäftigte, suchte, diese so herzurichten, daß sie bequem abnehmbar und waschbar oder überhaupt bequem zu reinigen sein möchten; im Laufe des Nachdenkens usw. kommt man dann aber, wie überall anderswo auch, an den bekannten unangenehmen Punkt, wo es anfängt, schwierig zu werden oder wo es nicht weitergehen will, und dann dauert es gar nicht besonders lange, und wir erinnern uns, daß es ja außer der Sauberkeit auch sonst noch sehr viel anderes gibt; schließlich denken wir überhaupt gar nicht mehr an den abnehmbaren und waschbaren Bezug, und wenn alles fertig ist, dann ist es ein schöner bequemer sozusagen altdeutscher Eichenholzsessel mit Rindsleder, und ringsherum sind Messingknöpfe. Da unser Wollen so sehr zersplittert ist, kommt es nicht so viel zu dem, das uns das Wichtigere ist, als zu dem, das wir bequemer erreichen.

Ebenso wie uns sehr allgemein die materielle Sauberkeit wichtig ist, ebenso wichtig ist uns allgemein auch die Sauberkeit oder die Reinheit unseres Denkens und Empfindens. Dem würde es entsprechen, daß wir nachhaltig forderten, ,,unsere Alltagsarbeiten oder unsere gewerblichen Arbeiten sollen nicht nur materiell, sondern sie sollen auch ihrer ganzen Art oder auch ihrer Form nach sauber sein"; vielleicht ist die formale Sauberkeit einer gewerblichen Arbeit nur schwer begreiflich oder nur schwer greifbar zu bestimmen, ebenso wie auch die Reinheit des Denkens und Empfindens vielen Spielraum zuläßt; aber schließlich wissen wir hier zwischen einem Reinen und Unreinen doch sehr gut oder sehr weitgehend zu unterscheiden.
Die reinere Form zu bilden, mag nicht immer leicht sein; aber unsere gewerblichen Arbeiten würden formal doch sehr viel reiner sein, wenn wir uns unserer hohen Wertschätzung der reinen Form nur mehr bewußt wären (...).
Wir können irgend etwas von unseren Straßen oder Brücken oder Möbeln usw. ansehen, und wir werden nur sehr selten finden, daß man bei dem Bilden derselben irgendwie besonders bemüht war um eine reine Form. Für die formale Sauberkeit sind noch besonders die Überschneidungen der verschiedenen Körper zu beachten (das heißt, die Nebenformen, die dadurch gebildet werden, daß dort, wo mehrere Körper hintereinander stehen, die vorderen Körper die hinteren teilweise verdecken und von ihnen nur irgendwelche sozusagen abgeschnittene Formteile sichtbar lassen).
Die Körper im einzelnen und in der Zusammenstellung so auszubilden, daß die überschnittenen Figuren sehr rein sind oder von allen Standpunkten aus immer sehr das Gewollte haben (im Gegensatz zu dem Unerwünschten oder Willkürlichen), ist allerdings eine der schwierigsten Aufgaben alles Körperbildens; so wird auch der hohe

Wert einer Plastik immer weitgehend dadurch mitbestimmt, daß sie ,,von allen Seiten her gut aussieht"; und die gewerblichen Arbeiten hinsichtlich der möglichen Überschneidungen gut auszubilden ist noch deshalb so besonders schwer, weil die Umgebung des einzelnen Körpers hier ganz besonders bedingt oder unbestimmt in der Hand des Bildners liegen, zum Beispiel wenn wir ein freistehendes Haus bauen, so kommt dann vielleicht nach einiger Zeit in die Nachbarschaft ein neues Haus, über dessen Entstehen wir keine Macht haben, das aber durch die Überschneidungen mit unserem Hause für dessen Bildwirkung sehr wichtig ist; oder auch: die einzelnen Körper hier wechseln ihre Stellungen sehr oft, durch welche die Überschneidungen bestimmt werden, zum Beispiel die Formen, die durch Überschneidungen gebildet sind, wenn ein Stuhl vor einem Tisch steht, wechseln, wenn wir den Stuhl verschieben.

Die unvermeidlichen und starken und so besonders unbestimmbaren Überschneidungen, die für das Formen der gewerblichen Arbeiten zu beachten sind, bilden einen besonderen Grund, daß wir für sie nach möglichst neutralen oder nach verwandten Formen suchen (...).

Wenn wir auch formal sehr Unreines als solches nicht besonders kritisieren, so können wir doch immer beachten, daß wir dem formal Reineren, wenn es uns begegnet, immer besonders zugänglich sind. Die größere Formenreinheit hat für uns immer etwas sehr Wohltuendes; sie ist zum Beispiel in einem Zimmer, das verhältnismäßig wenig Möbel enthält, die möglichst an den Wänden placiert sind und die Zimmermitte frei lassen; dadurch, daß die Möbel nicht oder nur sehr vereinzelt hintereinander stehen, sind von vornherein die möglichen Überschneidungen nur in kleiner Zahl, so daß dann in der Regel formal sehr reine Einzelbilder entstehen.

Vielleicht ist zu befürchten, wir könnten mit der fortwährenden Reinlichkeit schließlich überhaupt alles wegputzen, so daß dann ganz gewiß alles schön rein wäre. Es ist schon so, daß die Forderung, unsere gewerblichen Arbeiten möchten formal reiner sein, auch die Forderung einschließt, sie möchten formal weniger oder einfacher sein; aber soweit wir an so etwas wie an eine ideale Lebensart denken, werden wir ja wohl auch immer finden, daß dabei die größere Einfachheit für uns eine reichlich wichtige Rolle spielt; man möchte sagen: das Einfache ist nicht immer das Beste; aber das Beste ist immer einfach; im übrigen aber werden wir uns über die Einfachheit weniger gut verständigen können als über die Sauberkeit; wenn wir überlegen, wie weitgehend unsere Umwelt sauber sein darf, so antworten wir fast ohne Bedenken, sie solle nur immerfort so sauber sein, wie es überhaupt möglich ist; dagegen werden wir für eine Forderung nach Einfachheit gleich einen Haufen grundsätzliche Bedenken haben. Das, was wir alltäglich rein nennen, muß nicht notwendig einfach sein; nur das Einfache begünstigt das Reine (das in jeder Hinsicht Reine), und so wird dessen Hochschätzung auch wohl immer die Einfachheit (die Einfachheit in jeder Hinsicht) in der Folge haben, und umgekehrt ist das Reiche oder das Vielfache dem Reinen immer eigentlich ungünstig und hat mit ihm ursprünglich nicht viel zu tun; wir haben dafür ein besonders gutes Beispiel mit der formal so reichen Rokokozeit: Da gab es die vielen Schnörkel überall und dazu die vielen Puderperücken und Zöpfe und überall die Schminke

39

usw. und die Reifröcke und Volants und die vielen Spitzen; und auf jedem Bild sieht man, daß die Dame ein kleines langhaariges Hündchen auf dem Schoß hat, und die Waschschüsseln sollen auch nur sehr klein gewesen sein, und eine Badewanne soll es selbst bei dem König nicht gegeben haben usw. Die Reize solcher Welt braucht man nicht besonders zu nennen, sie sind ganz offenbar; aber so wie wir heute nun sind, haben wir mit dem allen nicht mehr zu tun, als daß wir in der Ferne gelegentlich einmal gerne daran denken; unsere Ideale aber führen uns einen ganz anderen Weg.
Es scheint manchmal, als sei die Einfachheit mit der Armut verwandt; aber diese beiden haben praktisch ohne weiteres noch nichts miteinander zu tun; unsere Einfachheit kann gewiß ebensogut größter Reichtum sein wie unsere Vielheit größte Armut sein kann.

Empfindsames über das Teilen und Verbinden

„Das Teilen und Verbinden" oder das Gliedern und Zusammenordnen ist schließlich ein unendliches Kapitel; so kann es sich hier nur darum handeln, darüber einiges Wesentliche oder einiges für das gewerbliche Arbeiten sehr Naheliegende auszuführen. Es gibt letzten Endes keine Teile so wie es nichts Ganzes gibt, oder jeder Teil bildet ein Ganzes wie jedes Ganze einen Teil bildet; so können wir beide Begriffe nur in einem einfach alltäglichen Sinne gebrauchen (...).
Je vielfacher wir teilen und verbinden können, um so besser; darin wird uns die Natur immer das Vorbild sein; sie gliedert überall bis in das Feinste und verbindet alles; aber die Natur ist kein Handwerksmeister; man könnte sich das Ziel nehmen, die Möbel eines Zimmers so herzurichten, daß sie, sowohl dem Material als den Hauptformen und den Farben usw. nach, sehr verschieden seien; das ist ein Ziel; aber es liegt zu fern, wir werden es nicht treffen. Wenn wir einen Zimmerschrank sehr aufmerksam ansehen, so werden wir finden, daß er für sich ein anderes Holz und eine andere Farbe usw. fordert als der Stuhl, ebenso wie etwa die Weide andere Blätter hat als das Schilf, das neben ihr im Wasser steht; aber wir müssen vorsichtig sein: Wo wir trennen, sollen wir auch verbinden und mehr verbinden, oder es wird schließlich aussehen bei uns wie vor dem ersten Schöpfungstag. Zwischen einem unmöglichen Feinen und einem unnötigen Groben ist immer eine Grenze, die es zu finden gilt. (...)
Das Pflaster des Gartenweges, der auf das Haus führt, ist seiner Natur nach naheliegend etwas anderes als die Hauswand; wir beachten danach den Eigenwillen der beiden und behandeln das Pflaster und die Hauswand getrennt, etwa indem wir beide dem Material, der Farbe usw. nach verschieden ausbilden, während daneben das Verbindende etwa darin besteht, daß die beiden Farben in einem gleichen Grundton zusammenklingen und daß die Unterteilungen der Flächen in den Linien verwandte Figuren bilden. Es gibt sehr viele beste Arbeiten, denen solche Gliederungen fehlen, zum Beispiel alte Turmbauten, deren Dächer und Wände und umgebende Pflasterun-

gen im gleichen Material ausgeführt sind; und wir loben dann wohl gelegentlich ein Wuchtiges oder auch ein gewisses Pathos, das solche Arbeiten haben und mühen uns wohl, daß wir es auch erreichen; aber die Wucht und die Plumpheit oder das Pathos und die Dummheit liegen sehr unangenehm dicht zusammen. (...)
Angenommen, wir könnten die Einheiten unserer Arbeiten immer sehr umfassend durchbilden, so brauchten wir uns um die Verbindungen kaum noch besonders zu sorgen, ebensowenig wie um die Trennungen; die sehr reife Einzelarbeit verbindet sich mit „dem anderen" immer fast ohne weiteres, sie hat alles Wesentliche einfach zusammen oder hat zu allem andern Wesentlichen lebendige Beziehung, ohne aber die Selbständigkeit aufzugeben oder ohne sich im andern zu verlieren; aber unser alltäglich praktisches Leben läßt es zu solchen Einzelheiten nur sehr selten kommen, und so werden wir hier auch immer sehr genötigt sein, das Gliedern und Verbinden als eine besondere Aufgabe zu behandeln oder gewissermaßen grob durchzuführen. Dabei wird uns das Verbinden mehr bemühen als das Gliedern; das Verbinden war wohl schon immer das Schwierigere; es war wohl schon immer schwieriger, etwa aus Scherben einen Topf als aus einem Topf Scherben zu machen; aber für uns heute hat es mit dem Verbinden ganz besondere Not; wir kommen heute im allgemeinen ganz besonders viel leichter dazu, sehr Eigenartiges oder sehr Trennendes zu bilden als sehr Verbindliches; wir ordnen sehr viel zusammen, das sich wesentlich feindlich ist, oder wir bilden besonders viel das Unharmonische; das mag in der Ordnung sein; das sehr Feindliche kann unserm Zustand ja sehr gemäß sein oder nützlich; es fragt sich nur, ob wir es nicht sehr stark bilden gegen unser Wollen oder gegen ein besseres Können. (...)

Denn es gilt schließlich überall, daß das Große, das wir arbeiten, nicht besser ist als das Kleine; aber so gilt auch überall, daß wir mit dem Kleinen notwendig oder ohne weiteres auch das Große bessern.

Das Ornament

Das Ornament oder das Ornamentale ist überall; aber es ist um so besser, je weniger wir es wollen, oder ist uns um so freundlicher, je gleichgültiger wir es behandeln; es ist in unserem Arbeiten etwa das gleiche, was in unserem Sprechen die Redensarten sind; sie sind unvermeidlich, werden durch unser Zusammenleben ganz notwendig herausgebildet, aber wir dürfen sie nicht wichtig nehmen, oder sie werden unangenehm. Wir werden das Ornament notwendig um so mehr bilden, je mehr wir die Voraussetzungen erfüllen, die ein bestes gemeinschaftliches Leben oder ein bestes gewerbliches Arbeiten fordert, zum Beispiel wenn wir in der Ordnung, im einfachen Fleiß, in der Hochschätzung eines Einfach-Notwendigen usw. eine Ziegelsteinmauer ausführen, so zeigt diese dann notwendig stark das Ornamentale; aber wir haben es dort gebildet, ohne daß wir es bilden wollten. Sozusagen: Das Ornament überstrahlt im besten Fall ein männliches Arbeiten mit einem unwillkürlichen halben Lachen.

Das Ornament äußert auf unserem Lebens- und Arbeitswege das Müde oder Resignierte, das immer in uns ist; und so bekämpfen wir das Ornament mit der gleichen Notwendigkeit, mit der wir alles Halbe oder Müde, Resignierte oder Zufriedene bekämpfen.

Das beste am Ornament ist das Abstrakte, das Dumme oder das Unbegreifliche. (Wir werden in Zeiten sehr reifen Arbeitens Naturmotive, ornamental verwendet, entweder überhaupt nicht oder nur in sehr starker Übersetzung finden, so daß dort alles Begriffliche immer möglichst ausgeschaltet ist). Das Ornament hat – ganz ängstlich gesagt – das Damenhafte, kann ganze Welten äußern, aber hat immer eine sehr große Scheu, das zu tun oder ist im Ausdruck immer sehr unbestimmt oder fordert immer starke Übersetzungen; es mangelt dem Ornament am Tatwillen, und das unterscheidet es von dem, was wir so gewöhnlich große Arbeit nennen; wenn wir etwas sogenannt Bedeutendes arbeiten, so ist immer von uns gefordert, daß wir uns stark auf unser Arbeiten konzentrieren; das Ornament aber ist gegen das Stirnrunzeln, will im Arbeiten spielen; so müßten wir Götter sein, wenn wir mit dem Ornamentieren selbst etwas Rechtes fertigbringen könnten.

Es ist voraufgehend schon mit den Ausführungen über die technische Form diese mit dem Ornament verglichen, was hier noch einmal wiederholt sei: Auch die technische Form (damit sie selbst uns etwas sei) fordert starke Übersetzungen; bei ihr geschieht die nötige Übersetzung besonders durch unser Wissen, bei dem Ornament besonders durch unser Sehen; wir schätzen beide Übersetzungsarten gleich hoch, oder wir schätzen die technische Form als solche so hoch oder so niedrig wie das Ornament; aber ungefähr: Wenn wir von dem Ornament die Form subtrahieren, bleibt nichts mehr übrig; während wenn wir von der technischen Form die Form subtrahieren, noch das Technische bleibt.

Ein Mann hatte einmal den ganzen Tag über in der Weltgeschichte herumgewirtschaftet und hatte nun Feierabend gemacht und hatte eben sehr gut gegessen und getrunken und saß nun so da, sehr zufrieden, und erzählte sich allerlei mit seiner Frau, und diese mußte dann nachher die Kinder zu Bett bringen, und inzwischen hat dann Papa, so halb fleißig und so halb auch faul, am Bogenpfeil herumgeschnitzt. – So ungefähr wird es mit dem absichtlichen Ornamentieren zuerst gewesen sein; es war so halb ein Spielen, und so halb war es ein Arbeiten. Wäre dieser Mann an dem Abend nicht schon etwas müde gewesen, so ist anzunehmen, daß er gesucht hätte, den Bogenpfeil, statt ihn zu ornamentieren, seinem Wesentlichen, etwa seiner Flugkraft oder dergleichen nach, besser zu machen.

Das Ornament ist immer ein Beweis dafür, daß es uns im Arbeiten an der nötigen geistigen Lebendigkeit oder Kraft fehlte, das eigentlich Wesentliche oder Erste unserer Arbeit sehen oder verbessern zu können, ist sozusagen immer eine halbe Arbeit vor einem Schlafengehen.

Es liegt uns oft nahe, anzunehmen, das Ornament sei ein Anfang oder sei so etwas wie der Keim zu höherer bildender Arbeit, und so benutzen wir es in sehr großem Maße, das Zeichnen zu schulen; aber das Ornament ist nicht ein Anfang, zum Beispiel wir können es uns kaum vorstellen, daß der genannte Mann sich am andern Morgen, frisch gewaschen und munter, niedersetzte, um dann ganz still und bedachtsam weiterzuschnitzen; sondern am Morgen interessieren den Herrn ganz gewiß andere Dinge.

Es sind ausgesprochen unsere Nebenkräfte, die das Ornament bilden, es ist im Alltag immer etwas durchaus Nebensächliches, ist immer etwas Letztes, weshalb wir auch mit aller Mühe Ornamentales nicht besser machen können, als irgendwelche uralten oder wilden Völker es schon gemacht haben.

Unser Denken und Empfinden, das uns absichtlich ornamentieren läßt, ist, wie gesagt, müde oder so ähnlich, ist nicht ernst; so ist das Ornamentieren auch nichts für Kinder; es ist durchaus unkindlich; ein Kind nimmt sein Arbeiten immer ernst, meistens sogar sehr ernst; wenn es müde ist, dann arbeitet es möglichst überhaupt nicht mehr und legt sich schlafen; das Kind will das Sinnliche, und so könnte das Ornament dem Kinde angenehm sein; aber es will auch ebensoviel das Sachliche, zeichnet etwa ein Haus mit sehr rotem Dach oder einen Baum mit sehr grünen Blättern oder eine Dame, die an jeder Hand ihre fünf Finger schön deutlich beisammen hat; aber das Kind wird aus ursprünglich eigenem Antrieb niemals ornamentieren wollen oder wird – unverbildet – niemals das Ornament als solches lieben, ganz im Gegenteil: Alte gesetzte Herrschaften lieben das Ornament, Menschen, die so halb und halb mit der Welt fertig sind, alte Kulturen oder überhaupt alle, denen es am Weiterkommen fehlt oder die an ein Weiterkommen nicht glauben, aber doch arbeiten. Wir heute aber stehen mit dem großen Ganzen unseres Wollens viel mehr im Kindlichen oder in einem Anfänglichen, als wir so gewöhnlich meinen; wir glauben stark an ein Besserwerden, und so ist uns das absichtliche Ornamentieren besonders zuwider.

Das Ornament ist uns um so hinderlicher, je tiefer unsere Trauer oder je größer unsere Freude oder je lebendiger unser Vorwärtswollen ist; das tiefe Ergriffensein will kein Nebenbei.

Während das sehr lebendige und starke Können die grobe materielle oder die Tatsachen-Welt hernimmt und so auszubilden sucht, daß sie uns nicht nur nicht mehr belästigt, sondern uns im Gegenteil sehr angenehm ist, sucht das Ornament das grob Tatsächliche zu verschleiern oder wegzulächeln, zum Beispiel wenn wir das reiche Ornament einer Haustür ansehen, so sollen wir darüber die Haustür als solche vergessen: Das starke Können dagegen nimmt die Haustür und macht sie ihrer Anordnung, ihren Abmessungen, ihrer Technik usw., überhaupt ihrer ganzen Art nach so sehr gut, bejaht überall mit einem so sehr frohen Herzen auch die groben Forderungen, daß es uns ein Vergnügen ist, die Haustür als solche zu benutzen oder zu arbeiten und daß wir uns sehr darüber freuen, daß in dieser Welt Haustüren nötig sind; dort wird dann gewiß auch das Ornamentale sein; aber es wird dort sein, ohne daß wir es wollten oder ohne daß es uns interessiert.

Das Ornament ist immer viel mehr ästhetisch als künstlerisch; ihm genügt immer in hohem Maße die Form als solche im Gegensatz zu der Form eines sehr Lebendigen, hat mit der Kunst das viele Empfindungsmäßige gemeinsam, aber kümmert sich nicht weiter viel um den Wert oder um die Art des Empfindens. Während die Kunst immer ein sehr bestimmtes Empfinden trifft oder zu treffen sucht, mangelt es dem Ornament immer sehr, Empfindungen zu unterscheiden; die Empfindungen, die es auslöst, sind immer sehr unbestimmt oder zufällig. Wie schon angedeutet: Die eigentlichen Werte des Ornamentes liegen dort, wo auch die eigentlichen Werte des Damenhaften liegen: Es ist besonders wirksam im stillen Lachen (die Dame kann es nicht laut tun), im Spotten (sie ist immer überlegen, aber kann das Bessere nicht greifbar nennen), im Träumerischen (sie träumt immer und fürchtet das Reale) usw.

Das eigentlich Damenhafte – in dem bestimmten Gegensatz zu dem Frauenhaften – finden wir heute nur selten; es fehlt uns dafür an der notwendigen Schätzung, ist unserer Zeit nur sehr wenig gemäß und hat darum für uns nur selten das Überzeugende. Und genau das gleiche gilt von dem Ornament; wir haben es zwar auch viel, aber wir haben es nicht notwendig; wir machen es mehr nur, etwa weil man es früher machte, es ist bei uns so viel absichtlich, will ernstgenommen sein, und darunter leidet es, es fehlt ihm bei uns das Gesunde oder das Selbstverständliche.

Die Liebe zu der gewerblichen Arbeit enthält immer auch die Liebe zu dem Ornamentalen, kann es durchaus nicht ablehnen; aber es ist in unserem gesunden Arbeiten, etwa wie unser Pfeifen und Singen dort, oder wie das Ornament der Ziegelsteinfläche, das wir zwar nicht erstreben, das nun aber doch einen so merkwürdigen Schein über unsere nüchterne Arbeit legt, oder ist wie im Kornfeld der Mohn, in der großen breiten Nützlichkeit ein zweites Lachen, das wir zwar nicht wollen, aber das wir auch nicht ganz vermeiden können, so sei es möglichst still, sehr „nebenbei" und schüchtern.

Die äußere Farbe unserer Häuser

Den folgenden Aufsatz habe ich anläßlich einer halbamtlichen Begutachtung geschrieben, mit der es sich darum handelte, eine möglichst objektive Einstellung zu gewinnen gegenüber den stark farbigen Hausanstrichen, die im Laufe der Nachkriegsjahre etwas Mode geworden sind und wohl ebensoviel helle Begeisterung wie düsteren Widerstand auslösten.
Und dieser Aufsatz nun, der inzwischen bereits durch einige Fachzeitschriften veröffentlicht wurde, hat hier und dort den Eindruck hinterlassen, als ob ich ein heftiger Gegner aller munteren und klaren Hausfarben sei; ich schließe hieraus, daß ich mich mit diesem Aufsatz mangelhaft ausdrückte, und so würde ich ihn nun gerne in den Papierkorb tun; aber so hin und her glaube ich schließlich, daß die hier erörterten Fragen sich völlig eindeutig und doch zuverlässig überhaupt nicht beantworten lassen, und so mag auch das Zweideutige, das in meinen folgenden Antworten zu liegen scheint, als etwas Unvermeidliches stehen bleiben; ich bitte aber allenfalls noch besonders, daß man, soweit man diesen Aufsatz überhaupt lesen mag, auch die Stellen mitlese, mit denen ich die Farbe für unsere Hausaußenseiten empfehle.

,,Die Farbe hat als Gestaltungsmittel wohl ungefähr die gleiche Kraft, die gleiche Bedeutung, gleiche Geltung oder Wichtigkeit wie die Form. Jeder Mensch, soweit er sich mit der Gestaltung unserer Erscheinungswelt besonders beschäftigt, wird neben der Form immer auch, wie ganz selbstverständlich – wenn auch vielleicht sehr unwissentlich – die Farbe berücksichtigen; und man kann mit vielem Rechte behaupten, etwa: Soweit die Form mehr gilt als die Farbe oder – umgekehrt – die Farbe mehr gilt als die Form, hat das Ganze nicht seine Richtigkeit, und dies heißt ungefähr auch: Viel Form will viel Farbe, und wenig Farbe will wenig Form.
Große Farbenfreudigkeit ist nie ohne große Formenfreudigkeit; die eine wie die andere ist etwas sehr Natürliches oder Naturhaftes oder hat sehr viel mit dem natürlichen Triebleben zu tun, oder unsere betonte Liebe zu reichen Formen und starken Farben beweist immer, daß wir nahe mit der Natur verbunden sind; so zum Beispiel liebt der eingewurzelte Landbewohner – sagen wir, der Bauer – nirgends einfache oder ärmliche Formen oder stille, zurücktretende, ,,dezente" Farben, sondern immer reiche Formen und viele und kräftigste Farben.
Die einfachen und stillen Formen ganz ebenso wie die stillen, zurücktretenden Farben sind immer etwas wesentlich Städtisches, oder sind – wenn man so will – immer etwas sehr Soziales; unsere Liebe zu ihnen setzt immer voraus, daß wir die Welt nicht nur als etwas einfach Natürliches, sondern auch als etwas kompliziert Unnatürliches begreifen, oder setzt immer voraus, daß uns nicht nur der urwüchsige Naturwille, sondern daß uns auch die *allgemein*-menschlichen Willensrichtungen interessieren, die dem einfach Natürlichen immer insofern entgegen sind, als sie auf eine Beherrschung der Natur hinzielen.
Dieser menschliche Herrscherwille der Natur gegenüber ist die stärkste Triebkraft dafür, daß wir Menschen uns immer wieder großgesellschaftlich verbinden und Städte

bauen, oder ist letzten Endes die einzige Rechtfertigung für unseren Glauben an das Städtische oder an das menschlich Großgemeinschaftliche, das uns immer zwingt, unseren natürlich persönlichen oder individualistischen Willen zugunsten des Großgemeinschaftlichen zurückzudrängen, oder uns immer wieder zwingt, mit unseren *natürlichen* Triebkräften, *persönlichen* Meinungen, Geschmacksrichtungen usw. zurückzuhalten und sie in das Uneigenartige oder Allgemeine hinein zu entwickeln oder hinein zu neutralisieren.

So hat der Bauer allermeistens viel mehr als der Städter mit Eigenbrödelei zu tun, die für den Städter und besonders für die städtische breite Öffentlichkeit immer eigentlich unerlaubt ist; für ihr Gedeihen ist es hervorragend wichtig, daß alles Natürliche, Persönlich-Eigenartige zurücktrete. Und so werden auch die Formen wie die Farben, die wir innerhalb der großen Gemeinschaften oder innerhalb der menschlichen breiten Öffentlichkeit zeigen, notwendig um so unauffälliger, bekannter oder neutraler sein, je mehr wir das Städtische lieben oder je besser unsere menschlichen großmassigen Gemeinschaften funktionieren.

Und wenn wir in jüngster Zeit sehr oft die städtischen Häuser mit sehr auffälligen Farben anpinseln, so kann das als ein guter Beweis dafür gelten, daß unser Gemeinschaftsleben sehr krank ist.

Die Gesundheit unseres Lebens und Treibens ist immer dann in besonders großer Gefahr, wenn wir soeben einen großen Gewinn oder einen großen Verlust hatten. Jeder große Sieg, ganz ebenso wie jede starke Niederlage, ergibt uns auch eine starke Veränderung unseres Lebens und Treibens oder stellt uns sogleich vor neue größte Aufgaben; je größer und vielfacher aber unsere Aufgaben sind und je plötzlicher sie sich vor uns hinstellen, um so natürlicher oder häufiger ist es, daß wir zunächst viele und große Dummheiten machen.

Und so steht zum Beispiel die dumme, unbeholfene oder unkünstlerische Art unserer deutschen nachsiebziger Häuser ebenso unmittelbar in Beziehung zu unserem siebziger Siege, wie die vielen neugeschichtlichen Mißgestaltungen in aller modernen Welt so etwas wie eine sehr natürliche Frucht unserer neugeschichtlichen großen Erfolge sind, die wir in aller Welt auf zivilisatorischem Gebiete haben, und genau ebenso stehen unsere neuesten auffälligen Hausanstriche in unmittelbarer Beziehung zu der starken politischen Niederlage, die unser Gemeinschaftsleben in eine große Unordnung gebracht hat, so daß wir uns plötzlich vor großgesellschaftliche Fragen gestellt sehen, die innerhalb des *gesunden* Gemeinschaftslebens so gut wie überhaupt nicht als besondere Fragen auftreten und die sich als solche kaum beantworten lassen.

Die großgesellschaftliche Frage, ob wir viel Form oder viel Farbe, oder wenig Form oder wenig Farbe nehmen sollen, ist eine sehr unglückliche oder sehr unheimliche oder sehr drohende Frage; sie beweist, daß unser sogenannter schöpferischer Instinkt sehr gelitten hat, oder daß uns großgesellschaftlich ein Übermaß unserer arbeitlichen Aufgaben beschreit, so daß wir sehr allgemein nicht mehr gut verstehen können, was unsere ,,innere Stimme" uns zuflüstert.

Man behauptet gelegentlich wohl: Größte, vorbildlichste Menschenwerke seien immer auch etwas Still-Einfaches; man kann – ganz anders herum – ebensogut wohl behaupten, größte Menschenwerke seien immer außerordentlich formen- und farbenreich; und also letzten Endes kann man viel Form und viel Farbe wohl ebensogut rechtfertigen, wie man wenig Form und wenig Farbe rechtfertigen kann; aber ganz sicher ist viel Form und viel Farbe, ohne daß ein besonders großes gestaltendes Können oder ohne daß eine hohe gesellschaftliche Kultur dahintersteht, immer wie des Teufels.

Die auffallenden, hier besonders interessierenden städtischen Hausanstriche bedeuten betontermaßen eine Abwehr gegen eine gewisse stumpfsinnige Unfarbigkeit, in die unsere Straßenbilder mehr und mehr hineingeraten sind. Man kann sehr vernünftigerweise die Meinung betonen, wir hätten innerhalb der jüngeren Baugeschichte bei der Gestaltung unserer Hausansichten die Farbe vernachlässigt; aber wenn wir hier nun aus vielem nichtssagenden Grau heraus plötzlich alles mit Farbe zu überschreien suchen, so rennen wir damit von einem Extrem ins andere; ein solches Hin und Her ist sicher eine moderne Bewegung, aber gehört zu der Modernität, die heute die ganze Welt zu zermürben sucht.

Was jeder Wichtigtuer gerne tut und leicht tun kann, ist immer übel; und unsere gelegentlichen allerneusten Hausanstriche sind so, als seien sie ganz extra für die Gesellschaft der Wichtigtuer bestimmt.

Wir Menschen alle glauben gern an ein Leben und Treiben, das überall auch voller reichster Formen und stärkster Farben sei, und gewissermaßen, um diesen Glauben immer wieder zu bekennen, hängen wir unsere Festtage voller Fahnen und Girlanden und können wir im Karneval die Formen kaum wild und die Farben kaum stark genug bekommen und opponieren wir gelegentlich überhaupt gern gegen alles, was grau oder neutral oder mürrisch ist, und es ist wohl sehr schön, wenn die Farbigkeit unserer seltenen Festtage auch in das unvermeidlich viele Grau unseres Alltags hinüberstrahlt. Es gehört zu den selbstverständlichsten Liebenswürdigkeiten, wenn wir suchen, unserer Hausansicht eine gewisse lächelnde Freundlichkeit zu geben; es ist immer wie eine stille Hilfe oder wie ein stiller Trost, wenn im vielen grauen alltäglichen Mühen und Sorgen die Menschen oder Dinge uns freundlich grüßen; und solches Grüßen hat hinsichtlich unserer Hausbilder sehr viel auch mit einer gewissen Farbigkeit, aber hat hier ebensoviel auch mit einer gewissen stillen verbindlichen Zurückhaltung zu tun.

So wie in hundert Fällen etwa neunundneunzigmal der Grundton des städtischen alltäglichen Straßenbildes, oder überhaupt des öffentlichen Alltags, wie naturnotwendig ein grauer Ton ist, so können wir mit unserer städtischen Hausansicht ausgesprochen farbig eigentlich nur sein, indem wir mit der Farbe spektakeln.

Die *Kultur* der städtischen Hausfarbe ergibt fast ausnahmslos ein *gedämpftes* Farbenklingen oder *wehrt* sich nie besonders gegen das dämpfende neutralisierende Grau, das im städtischen Alltag immer überlegen stark ist. Die graue Farbe ist vielleicht nicht ohne weiteres die allerbeste, ist aber ganz gewiß die selbstverständlichste Hausfarbe oder ist der besten Hausfarbe immer ganz nahe verwandt.

Die graue Farbe ist neben allen sonstigen Farben ungefähr das gleiche, was innerhalb der gesamten Formenwelt die sogenannten Architekturformen sind, deren Wesen oder Vornehmheit darin besteht, daß sie eine starke Allerweltsneutralität haben, oder daß sie – was hier ungefähr dasselbe ist – einen ganz großen einzieligen Gemeinschaftswillen zeigen. Deswegen ist unsere Architektur oder sind unsere Hausformen um so minderwertiger, je wichtiger uns das sehr Persönlich-Eigenartige oder je wichtiger uns überhaupt das Eigenartige ist. In Gesellschaft mit vielen Eigenartigkeiten und neben deren Verherrlichung ist die Architektur immer etwas sehr Uninteressantes, und ist sie notwendig um so uninteressanter, je besser sie ist, genau so wie in einer solchen Gesellschaft der Eigenartigkeiten die graue Farbe als die uneigenartigste oder alltäglichste Farbe notwendig in Verruf kommen muß.

Die graue Farbe ist nicht die Farbe der großen Freude oder die Farbe der tiefen Trauer oder der heißesten Liebe oder des wildesten Krieges oder des schlafmützigsten Friedens, sondern ist die Farbe, die alles still verbindet oder ins Verbindliche neutralisiert, ist die Farbe der *großen* Arbeit, ist die Lieblingsfarbe der Architektur oder der Baukunst oder die Lieblingsfarbe jeder stark aufbauenden gesunden Gemeinschaft. Je mehr wir großgesellschaftlich niederreißen, je bissiger wir kritisieren, je kriegerischer oder revolutionärer wir sind, oder je unsicherer wir dem großen Ganzen gegenüberstehen, je fragwürdiger uns ringsumher alles zu sein scheint, um so mehr ,,reklamieren'' wir, machen wir Reklame und um so auffälliger bepinseln wir unsere Häuser und um so ferner liegt uns die graue Farbe und ihre Kultur, oder um so mehr fehlt uns das Baumeisterliche, ganz gleich, an welchen besonderen Wirkungskreis wir hierbei denken mögen.

Jedes gedeihliche großgemeinschaftliche Leben und Treiben erwirkt für alles Alltägliche und besonders für alles alltäglich Straßenseitige ohne weiteres eine starke Uniform oder einen ,,durchgehenden Stil'', so daß dort dann – besonders wieder an der Straße – jedes einzelne im allgemeinen wie etwas sehr Selbstverständliches, Unauffälliges oder wie etwas sehr allgemein Anerkanntes erscheint.

Das Selbstverständliche, Unauffällige, Neutrale usw. wie auch das Graufarbige ist zwar nicht der einzige Beweis für ein starkes Gemeinschaftsleben, aber ist dort in dem großen Ganzen der Erscheinungswelt das Allersichtbarste.

Ein krankes oder schwächliches, minderwertiges Städtisches wird gewiß nicht dadurch sofort gesund und stark hochwertig, daß wir in ihm irgendwie zwangsmäßig alle Häuser straßenseitig grau anpinseln, aber ganz sicher werden alle stabil förderlichen Maßnahmen, die getroffen werden können, daß ein krankes Gemeinschaftsleben gesunde, auf eine starke Neutralität oder Unauffälligkeit der einzelnen Hausbilder oder Hausfarben hinzielen; dort werden die einzelnen Häuser sehr eigenartige oder sehr individualistische Formen und Farbigkeiten schließlich nur zeigen, soweit es sich um gewisse kleinmassige Hausteile – etwa um Haustüren, Firmenschilder, einzelne Schmuckteile, Fensterumrahmungen oder ähnliches – handelt.

Der Städter, der sein Haus in der hellen Straße von unten bis oben, über die ganze Hausfläche hinweg mit irgendwelchen heftigen Farben und möglicherweise noch mit blitzenden Ölfarben anpinseln läßt, ist allermeistens ganz zuverlässig ein ausgemach-

ter Querkopf mit sehr geringem Gemeinschaftssinn oder ist eigentlich überhaupt kein Städter, sondern gehört, richtig behandelt, in die wildeste, einsamste Natur hinaus.
Und soweit wir sehr empfänglich für den Ausdruck oder für die Gesichter der Dinge sind, können uns die vollfarbigen städtischen Hausanstriche, die uns in neuester Zeit mehr und mehr begegnen, etwas sehr Furchtbares bedeuten.
Diese Hausanstriche sind wie ein letzter Trumpf, den der Zerfall der Architektur auszuspielen hat oder auszuspielen beginnt, und den er nur ausspielen kann, weil uns im allgemeinen die Architektur oder ihr Zerfall immer gleichgültiger geworden ist.
Wenn uns aber großgesellschaftlich die Architektur oder höchste Baumeisterlichkeit nicht weiter besonders interessiert, dann haben wir ernsteste Ursache, die Zukunft unseres Gemeinschaftslebens sehr zu fürchten; sie wird dort ebenso gewiß sehr kriegerisch durcheinander zerstörend sein, wie es sicher ist, daß die Baukunst die blühenden großgesellschaftlichen Kulturen am treuesten begleitet.
Vielleicht sind die Hausanstriche, um die es sich hier besonders handelt, so etwas wie die sichtbarsten Vorläufer einer großgesellschaftlichen Zersetzung, die überhaupt nicht mehr zurückgedrängt werden kann, und so ist es dann vielleicht sehr viel vernünftiger, zu suchen, solche Zersetzung zu beschleunigen oder zu fördern, als zu suchen, sie zu verhüten; aber so furchtbar wie es ist, ganz vorsätzlich planmäßig ein bestehendes Großgesellschaftliches zu zerstören, oder so natürlich, wie es für uns Menschen ist, neben allerlei Zerstörungswut doch immer wieder an das zuverlässig Aufbauende oder Baumeisterliche zu glauben, so vernünftig ist es auch, daß wir immer wieder suchen, innerhalb der großen städtischen Gemeinschaft, an der Straße, in erster Linie männlich-ruhig oder unauffällig zu sein, und daß wir als Städter immer wieder suchen, alles das, was betontermaßen mit unserem persönlichen Geschmack, mit unseren besonderen Lieblingsfarben, überhaupt mit unseren ganz persönlichen Eigenheiten zu tun hat, möglichst nur dort zu betonen, wo die Welt uns sehr persönlich zugehört. Und das ist hier – im besonderen Hinblick auf unsere Häuser – das *Hausinnere*.
Je eigenartiger und stärker die Farben sind, mit denen wir irgend etwas gestalten, um so eigenartiger werden im allgemeinen auch die Formen sein, die wir wählen, und um so eifriger werden wir für das Ganze einen starken Rahmen suchen und umgekehrt; je weniger wir ein Ganzes einrahmen oder für sich abschließen können, oder je unmittelbarer wir ein Ganzes mit anderen Ganzheiten verbinden oder zu verbinden suchen, um so selbstverständlicher ist es, daß wir uns um Verbindlichkeit, um Friedlichkeit, um Neutralität usw. bemühen, oder daß wir mit unseren Formen und Farben eine gewisse stille Zurückhaltung üben.
Für das Fassadenbild eines städtischen Reihenhauses ist ein besonderer Rahmen so gut wie überhaupt nicht möglich; in der Reihe der städtischen Häuser erscheint das einzelne Haus immer nur als ein Teil eines viel größeren, und dies allein ist eigentlich Grund genug, jede städtische – und besonders jede städtische eingebaute – Hausansicht abzulehnen, die sich als etwas sehr Selbstherrliches zu spreizen sucht.

Das *Innere* eines jeden Hauses aber ist immer etwas stark Rahmendes oder Einrahmendes und darum immer auch ohne weiteres ein bester oder paßlichster Tummelplatz für unsere Selbstherrlichkeiten.
Sehr ähnlich so, wie unsere Gedanken „frei" sind und *still in uns* die tollsten Sprünge machen dürfen, ist auch unser *Hausinneres* eine Welt, in der wir sehr nach unserem persönlichsten Belieben tun und lassen können, was wir wollen; sobald wir aber diese stark abgeschlossene, stark eingerahmte Welt verlassen und auf die Straße, in die große städtische Gemeinschaft, hinaustreten, handelt es sich um einen bestimmten Komment, dessen Wesentliches etwas Männliches, Sicheinordnendes, Verschwiegenes oder auch Graufarbiges ist.
So wie das sehr Eigenartige, sehr Auffällige, sehr Reizvolle usw. allermeistens etwas sehr Unmännliches ist, so ist es allermeistens auch etwas sehr Unstraßiges.
Das betont Eigenartige kann der breiten Öffentlichkeit gegenüber nur durch eine außerordentlich große gestaltende Kraft gerechtfertigt werden, und so selten wie solche Kraft ist, so häufig ist alles betont Eigenartige etwas Schwächliches, Schutzbedürftiges, Frauenhaftes, etwas, das für seine beste Wirkung eines starken Rahmens bedarf, oder etwas, das wir am besten in das Innere einzuschließen suchen oder am besten nur *innerhalb* unserer „vier Wände" zur Geltung bringen.
Innerlich können wir kaum eigenartig und äußerlich kaum allgemein genug sein.
„Wes das Herz voll ist, des fließt der Mund über." Sind wir innerlich leer, so ist es leicht für uns, still oder nichtssagend zu sein; aber so wie der flüssige Schwatz nicht immer ein volles Herz erweist, so ist das äußerliche Stillsein nicht immer ein Beweis für eine innerliche Leere, sondern es kann eine männlichste, großartigste Disziplin bedeuten. Sicher ist, daß jeder innerliche Reichtum auch sehr nach außen hin drängt, aber ebenso sicher ist, daß die menschliche Kultur nicht einfach laufen läßt, was laufen will.
Je innerlicher oder inniger oder tiefer oder unantastbarer oder edler, um so mehr Hemmendes, Schutzwandliches, Toriges oder Verschleierndes ist zu passieren, bevor das Innere sich zeigt oder begreiflich ist; und so hat jede Äußerung, die auf tiefster, wertvollster Innerlichkeit beruht, nicht nur immer etwas sehr Filtriertes oder sehr Abgeklärtes, sondern dort ist es immer auch deutlich so, als liege hinter dem Begreiflichen, hinter der sichtbaren Form und Farbe etwas sehr Unbegreifliches oder etwas viel Formen- und viel Farbenreicheres. Sind die Formen sehr reich und die Farben sehr stark und haben wir dann – davorstehend – noch das deutliche Gefühl, daß sozusagen hinter ihnen, unsichtbar, noch viel reichere und viel stärkere Formen und Farben sind, so stehen wir vor allerhöchsten Werken.
Sind aber die Formen und Farben, die „dahinter sind", zum Beispiel – um es hier grob praktisch zu nehmen – die hinter der Hausansicht, im Innern des Hauses, sind, schwächer oder uninteressanter oder ärmlicher usw. als die Formen und Farben, die wir ganz obenauf oder ganz oberflächlich sehen, so haben wir es mit Formen und Farben zu tun, „hinter denen nichts Rechtes steckt", oder die das gleiche sind, was wir auch meinen, wenn wir von „leeren Worten" sprechen, die in aller Welt um so übler sind, je wichtiger sie tun.

Das, was wir innerhalb des besten gestaltenden Arbeitens oder innerhalb der Kunst ablehnend als ,,Äußerliches" bezeichnen, ist immer etwas, das sozusagen stabil auf der Oberfläche sitzt, während das hohe Kunstwerk immer ist, als habe es die *Oberfläche* überhaupt nicht gestaltet, sondern als habe es eine vorhandene neutrale Oberfläche durchscheinend gemacht; und es ist beinahe richtig, hier zu folgern: Jede gute Plastik ist immer so, als habe man sie aus ihrem Inneren heraus geformt, oder jedes gute Bild ist immer so, als sei es von der Bildrückseite her durch die Leinwand hindurchgemalt, oder jede gute Musik ist immer so, als sitze der eigentlich Musizierende hinter dem Notenblatt oder im Instrumenten-Innern, oder jede gute städtische Hausfarbe ist immer so, als habe man sie aus dem Hausinnern heraus durch die Mauer hindurch nach außen hin filtriert in die vorhandene graue Straßenschicht hinein, während jeder Hausanstrich, der uns sehr sozusagen an Maler und Farbentopf und Pinsel denken läßt, im Sinne des Gestaltens immer minderwertig ist.

Streng genommen, dürften die Hausfarben nie angepinselt werden, sondern müßten sie – wenigstens größtenteils – die natürlichen Farben der gewählten Baustoffe sein. Besondere großflächige Hausanstriche sind immer nur soweit nötig, wie – nach baumeisterlicher Beurteilung – unsolide gebaut wird; so gehört besonders auch jeder äußere Kalkmörtelverputz zu den hausbaulichen Minderwertigkeiten; er wird innerhalb des gesamten Baulebens wohl immer eine gewisse Wertschätzung oder immer seine Verdienste behalten, aber jedenfalls ist auf seine eigentliche Minderwertigkeit um so dringlicher hinzuweisen, je mehr man ihn mit trumpfenden Anstrichen sozusagen zu verherrlichen sucht, oder je notwendiger es ist, überall in der Welt nachzusehen, was hinter den äußersten Oberflächen los ist, oder je mehr unsere Oberflächlichkeiten uns bedrohen, wichtiger zu werden als unsere Innerlichkeiten sind."

Handwerkerarbeit und Fabrikarbeit

Wenn es auch richtig ist, daß es hier und da alte Möbel gibt, die eigensinnige und stark als Künstler empfindende und schaffende Handwerker arbeiteten, so bildeten doch solche handwerklichen Kunststücke immer Ausnahmen; weit in den meisten Fällen wurden alle diese besonderen Formen ganz traditionell von einer ganzen Reihe von Handwerkern gearbeitet, so daß diese Formen wohl von dem Wesen der Zeit, in der sie entstanden, oft sehr viel erzählen, aber doch nur selten von dem eigensten, von dem besonderen Empfinden des einzelnen Handwerkers. Das vorwiegend rein praktische Denken und Arbeiten des Handwerkers wird nur unter seltenen glücklichen Umständen zulassen, daß der Handwerker sein Künstlertum (genauer: sein Empfinden) in seinen Arbeiten ausdrückt oder mit seinem Arbeiten entwickelt; und es enthält darum sogar etwas wie Ungerechtigkeit, vom Handwerker durchschnittlich mehr zu fordern als *saubere, tüchtige* Arbeit. Saubere, tüchtige Arbeit kann aber auch heute die Fabrik mit ihren Maschinen herstellen, sogar sehr weitgehend, und viel billiger als der selbständige Handwerker; und so kommt es, daß schon heute (und in Zukunft wird das noch viel mehr der Fall sein) die alltäglichen, durchschnittlichen Möbel fast ausschließlich in der Fabrik hergestellt werden, d. h. auch, daß für die Herstellung dieser Möbel auch die Maschinen weitgehendst verwendet werden. (...)
Auch beste Fabrikarbeiten können – ihrer ganzen Entstehungsgeschichte nach – künstlerisch nicht den Wert haben, den beste Handwerkerarbeit haben *kann;* denn für die Fabrikarbeit kommen in Betracht: der entwerfende Künstler, der – im engen Sinne – nicht selbst Hand anlegt, die Fabrikleitung, die die Kosten berechnet, und der Arbeiter, der nicht dreinreden darf. Die Stärke der fabrikmäßigen Herstellung unserer Haushaltungsgegenstände darf eben nicht darin gesucht werden, daß schnell Kunstwerke hergestellt werden, sondern darin, daß wir die Möglichkeit haben, eine große Reihe Erfindungen und Bequemlichkeiten, die für unser tägliches Leben von größter sogenannt praktischer Bedeutung sind, im höchsten Maße der Allgemeinheit zunutze zu machen, und das ist *sehr viel.*
Ganz gewiß kann die Mitarbeit des Künstlers (des Kunstgewerblers) für die fabrikmäßige Herstellung unserer Möbel usw. von großem Segen sein. Aber es ist heute die eigenste Natur der Fabrik, daß sie jedem Mitarbeiter am Werk – also auch dem entwerfenden Künstler – einen bestimmten und möglichst eng umschriebenen Arbeitsteil zu erledigen gibt; einer solchen Arbeitsweise läuft aber das Ausdrücken persönlicher Empfindungen des Arbeiters ganz zuwider; hier wird alles möglichst verstandesmäßig, bestimmt, korrekt gearbeitet. Das Wesen der guten Fabrikarbeit (und auch der durchschnittlichen Handwerksarbeit) wird immer so etwas allgemeingültige Richtigkeit zeigen. Eigene, persönliche Arbeiten sollten wir von den Fabriken nicht fordern; solche Arbeiten sind die Schwächen der Fabriken wie überhaupt der größeren Betriebe.
Der tüchtige Handwerker, der ganz selbständig arbeitet, der ganz Herr seiner Arbeit ist, *kann* außer der rein technisch guten Arbeit mit dieser Arbeit noch ein Mehr geben,

nämlich, soweit sein Künstlertum reicht, den Ausdruck seiner Empfindungen während oder auch vor der Arbeit; er *kann* das; der Handwerker in der Fabrik, der Fabrikarbeiter, darf das nicht, sobald es gilt, die ganze Stärke des Fabrikbetriebes auszunutzen; und allein in diesem bestimmten künstlerischen Ausdruck, den die Arbeit des selbständigen Handwerkers haben *kann*, liegt seine Stärke gegenüber der Fabrik. In dem Maße, in dem sich unsere Kultur erhöht, verfeinert, wird dieser künstlerische Wert der Handwerksarbeit mehr erkannt und gesucht werden, wird diese Stärke des selbständigen Handwerkers wachsen; aber wir denken dabei immer an Handwerker, die außer der *sauberen, richtigen* Arbeit noch ein Mehr geben; richtig und sauber (im engen Sinne) kann die Fabrik auch arbeiten, und soweit der Handwerker hier mit der Fabrik wetteifert, wird er immer unterliegen, weil die Fabrik durchschnittliche Arbeiten unter viel günstigeren Verhältnissen schafft als der Handwerker. Darum wird aber auch diese beste Handwerkerarbeit, die Arbeit des selbständigen Handwerkers, immer verhältnismäßig teuer sein; diese Arbeiten werden nur von Leuten mit hoher Kultur und mit großem Geldbeutel – also verhältnismäßig selten – gekauft werden. Die hohe Kultur ist nötig, um den besonderen Wert bester Handwerkerarbeit überhaupt zu erkennen, diese Arbeit zu lieben, und der große Geldbeutel ist nötig, um solche besten Arbeiten bezahlen zu können. Unsere wirtschaftlichen Verhältnisse werden sich so auswachsen, daß wir wenige, aber nur *beste* selbständige Handwerker haben werden, und zwar sogenannte *kleine* Handwerker; denn wenn dieser Handwerker in seiner kleinen Werkstatt auch sehr wohl mit Maschinen arbeiten kann – aller Wahrscheinlichkeit nach wird er das in den meisten Fällen tun –, so darf doch diese Werkstatt eine gewisse Kleinheit nicht überschreiten, weil sonst der Handwerker außer seinem eigentlichen Handwerkern gleich auch in höherem Maße organisieren muß; mit dem Größerwerden der Werkstatt bildet sich sofort eine weitergehende Arbeitsteilung aus, wodurch gerade die Stärke der Werkstatt verliert und die größere Werkstatt mit der Fabrik in Wettstreit kommt.

Unsere Haushaltungsgegenstände werden in Zukunft noch in viel höherem Maße Fabrikarbeit sein als bisher; schon heute räumt ein Handwerker nach dem andern der Fabrik das Arbeitsfeld; dabei ist die Fabrik immerfort am Werk, ihre Maschinen, ihren ganzen Betrieb auszubauen, während das alte Handwerk im eigentlichen Sinne nicht mehr entwicklungsfähig ist.

Das Beste, was wir von der Fabrik erwarten können: die weite Verbreitung technisch richtiger, sauberer Arbeit, ist gewiß nicht das Höchste; aber es ist, den wirtschaftlichen Verhältnissen entsprechend, das nächste und ein sehr großes Ziel, von dem wir allerdings noch viel weiter entfernt sind, als wir oft glauben. (...) Aber das Wesentliche ist, daß die Fabrik solche durchaus gute Arbeit viel billiger herstellen *kann* als der selbständige Handwerker.

Die Fabrik wird sehr oft als die Feindin des selbständigen Handwerkers, des freien Bürgers, als die Feindin der menschenwürdigen Arbeit überhaupt bekämpft; man denkt dabei dann an den stark als Künstler empfindenden tüchtigen Handwerker, der nun tagtäglich die gleichen Stuhlbeine in der Fabrik arbeiten muß; wenn solche Verdammung des Menschen auch nur in der Ausnahme vorkommt, so ist das furchtbar genug; aber die Schuld trägt nicht die Fabrik oder die Maschine, sondern tragen die Menschen, welche die selbständige beste Arbeit dieses Handwerks nicht haben wollen, die dafür lieber die gute und viel mehr billige Fabrikarbeit nehmen; ja, vielleicht ist dieser Handwerker heute schließlich beim Arbeiten seiner Stuhlbeine noch zufriedener, als wenn er nach den Bestellungen eines verehrten Kundenkreises arbeitet. Ganz sicher wird viel Menschenkönnen vergeudet, getötet, wenn ein feinsinniger Handwerker an die Maschine gestellt wird; aber bildete es bei gemeinschaftlichem Leben, bei gemeinschaftlichem Arbeiten nicht schon immer eine der schwierigsten Aufgaben, mit dem menschlichen Können richtig zu wirtschaften? Die Maschinen und die Fabriken mögen diese Aufgabe noch erschweren; aber sie haben diese Aufgabe nicht erst geschaffen, und soweit hier eine Lösung möglich ist, wird sie auch trotz Maschinen und Fabriken möglich sein.

Die gewerbliche Arbeit und das Bürgerliche

Das Gedeihen der gewerblichen Arbeit fordert gesunde oder starke einfach bürgerliche Art. Etwas flüchtig hingesehen erscheint es oft, als hätten wir die großen und bedeutenden gewerblichen Arbeiten, Architekturen usw. weltlichen Machthabern zu danken; aber diese können die gewerbliche Arbeit im besten Fall nur schützen oder fördern; das mag gelegentlich sehr viel sein, trifft aber nicht die eigentliche Wurzel, die liegt allein im Bürgerlichen; der Nichtbürgerliche hat für das Gewerbliche mehr oder weniger ausgesprochen immer nur ein Nebeninteresse. So haben auch die gewerbliche Arbeit und der Bürgerstand innerhalb der volklichen Gesamtheit die genau gleiche Aufgabe, die im wesentlichen darin besteht, daß das vorhandene Niedrige und Hohe miteinander verbunden werde.

Bei uns ist heute alles sehr lebendig und sehr kompliziert; je größer aber die Komplikationen sind, um so wichtiger sind die Verbindungen, damit das Ganze nicht zu einem Durcheinander werde. So hat für uns heute die bürgerliche Lebensart beziehungsweise das gewerbliche Arbeiten eine größte Wichtigkeit; diese Wichtigkeit des Bürgerlichen anerkennen wir heute auch in besonderem Maße, zum Beispiel der einfache Fleiß, der Ernst, die einfache Ausdauer, die Ordnungsliebe, Sauberkeit usw. sind sehr bürgerlicher Natur und sind doch dasjenige, das wir heute in größter Gemeinschaft bejahen.

Wenn wir heute ein durchschnittliches neues Haus ansehen, so sind wir davon überzeugt, daß der Baumeister sich überall alles mögliche Beste gedacht, und daß er überall das Allerbeste gewollt und gekonnt hat; aber das alles verstehen wir erst, nachdem es uns irgendwie lang und breit erklärt ist, und dann verstehen wir es immer noch nicht; unseretwegen könnte alles auch ganz anders sein; und die Maurer und Zimmerleute und die Tischler und Schlosser usw., die alle da mitarbeiteten, die verstehen es auch nicht, sie merken nur, dem einen Baumeister ist es sehr wichtig, daß alles schön gerade werde, und dem andern Baumeister ist es sehr wichtig, daß alles schön krumm werde; aber im übrigen kümmern sie alle sich nicht weiter um alles das; sie wissen, daß ihr eigenes Denken und Wollen hier bei dem Arbeiten nur sehr wenig oder überhaupt nichts gilt, und arbeiten gutmütig und willig und mit großem Können alles so krumm und so gerade, wie man es von ihnen fordert, damit sie am Sonnabendabend ihr Geld bekommen.

Das besonders viele Nichtverstehen, das wir überall in unserem Alltag haben, bezeichnet unsere Lebens- und Arbeitsart als eine besonders unglückliche oder gefährliche. Wir gebrauchen heute mehr als jemals das, was sich unserer großen Allgemeinheit mitteilt, oder was diese bejaht; davon haben wir zu wenig; wir haben zu viel Sonderbares; wir sind heute hervorragend genötigt, immer wieder nach dem zu suchen, das uns im ganz Großen miteinander verbindet oder sind hervorragend genötigt, immer wieder zu suchen, das für uns ganz Wesentliche oder Einfach-Notwendige zu erkennen und festzuhalten; das wird natürlich nur gehen auf Kosten von tausenderlei Nebenbei, aber das hilft nicht. Das gesunde oder stark Bürgerliche und genau ebenso die starke gewerbliche Arbeit wird immer ein gewisses Nebenbei praktisch verneinen, oder wird immer gewisse Nebentöne, die im Ganzen mitklingen, gering achten, wird immer nach einfachen oder vollen Tönen suchen, wird immer sein, etwa wie das Marschlied oder wie der Choral.

Der gesunde Bürgerstand allein kann praktisch das gesellschaftlich Niedrige und Hohe verbinden, hat immerfort und überall zu beiden lebendige Beziehungen, vielleicht nicht immer tiefgründige, aber immer handgreiflich praktische; und ebenso ist es die wesentliche Eigenheit der gewerblichen Arbeit, daß sie immerfort gleichermaßen mit dem augenblicklich niedrigsten und höchsten Arbeiten ganz praktisch handgreiflich zu tun hat; sie steht immer mitten drin, ist immer das Resultierende der volklichen Gesamtarbeit, auch heute natürlich, aber heute in einem verschwommenen Durcheinander.

Die heutige durchschnittliche gewerbliche Arbeit, etwa unsere durchschnittliche Wohnungseinrichtung, ist besonders gekennzeichnet durch eine gewisse armselige Vielheit; es gelingt uns noch so schwer, daß wir der Vielheit, die uns überall begegnet, mit einem gewissen freien oder mit einem gewissen starken Eigenwillen wirksam widerstehen, und so haben wir nicht so sehr das, was wir eigentlich wollen als das, was uns stark von außen her zugetragen wird, und so kommt es, daß unsere Wohnungen, daß überhaupt unsere gewerblichen Arbeiten so sehr viel so elend fremd und gleichgültig, so leer und so eigentlich wertlos sind, was doch um so schlimmer ist, da wir so große Kräfte für diese Arbeiten einsetzen müssen.

Wir können gewerblich ganz unerhört viel; aber wir können nicht so viel, als daß wir mit jeder Wohnung so ungefähr „die Welt und sieben Dörfer" lebendig um uns herum haben könnten. Jede normale Wohnung enthält heute innen und außen einen fast unglaublich großen Haufen sehr Unwichtiges, das wir alle, ob direkt beteiligt oder nicht, immer mit gutem Gewissen für sehr unwichtig halten; je mehr es uns gelingt, Derartiges fortzulassen (was allerdings durchaus nicht so ganz leicht ist; denn es ist in allem auch ein Liebenswürdiges), um so mehr Luft sozusagen bekommt das eigentlich Wichtige und das Zuerst-Notwendige; es fehlt uns heute daran, das zu sehen, was wir *besonders* lieben, und wir müssen immer wieder außerordentlich scharf aufpassen, daß wir das finden, oder daß wir uns mehr treu als untreu sind, oder daß wir uns nicht immer wieder gleich im Nebenbei verlieren; wir haben einen gefährlichen Überschuß am Zersetzenden, oder wir haben immer wieder die größte Mühe, das zu finden und festzuhalten, was nur einigermaßen das Ruhende oder Geklärte habe; aber es ist notwendig, daß wir das mehr finden und festhalten; es war vielleicht noch nie ein Volk in seinem Bestande so sehr von der Pflege eigentlich bürgerlicher Tugenden abhängig wie wir es sind, und so bejahen wir heute auch in größter Gemeinschaft, daß das Was und Wie unserer Bauten, unseres Gartens, unserer Wohnung usw. besonders wichtig ist, oder daß es in unseren Äußerungen das Bürgerliche ist, das wir besonders lieben.

Die gewerbliche Arbeit ist letzten Endes immer unzulänglich; wenn sie ganz gut ist, so hat sie fünfzig Prozent Dummes und fünfzig Prozent Gescheites; das beste gewerbliche Arbeiten schätzt beides gleich viel oder weiß besonders gut, daß uns Vollkommenes nicht gelingt oder sagt sich besonders gerne: Das Gescheite ist so dumm wie das Dumme gescheit ist; wir müssen sicher sein; aber wir müssen auch ebensoviel zweifeln wie wir sicher sind, um gewerblich Bestes zu arbeiten.

Unsere gelegentlichen Bestrebungen, die darauf hinauslaufen, daß das gewerbliche Arbeiten uns ganz oder beinahe ganz erfülle, unterschätzen sehr die Höhe unseres Wollens oder aber überschätzen sehr das werkmäßige Können, das wir im Alltag haben.

Das gewerbliche Arbeiten ist sehr wichtig; denn unser Alltag ist voll von ihm; aber es ist auch sehr unwichtig; denn wir wollen immer etwas, das höher oder besser ist als das, was uns der Alltag geben kann; wir haben den Sonntag nicht, damit wir an ihm überhaupt nichts wollen, oder damit wir an ihm überhaupt ruhen, sondern damit unser Gewerbe ruhe.

Wir wollen letzten Endes immer mehr als das, was alltäglich oder bürgerlich ist; wir werden dem Bürgerlichen und genau ebenso dem gewerblichen Arbeiten immer überlegen sein; aber so brauchen wir es auch nicht zu fürchten; oder wenn von uns heute so stark gefordert ist, daß wir vernünftig, fleißig usw., oder daß wir bürgerlich sind, so kann uns das wesentlich nicht schaden, wir können es getrost sein wollen; denn wir werden immer mehr sein als das.

3 Europäische Siedlungsfragen

Die Entwicklungen der menschlichen Siedlungen haben unvergleichlich viel mehr mit tief innerlichen und darum auch mit weitgehend unbegreiflichen, unbewußten und unwissentlichen als mit oberflächlich gültigen Anschauungen, Bestrebungen und Glaubenssätzen usw. zu tun. Siedlungsbewegungen sind weitaus in erster Linie geistiger oder seelischer Art.

Über Straßen und Plätze

Wenn zwei Landstraßen sich kreuzen, so hat der Kreuzungspunkt in sich immer eine mehr oder weniger starke Baukraft, die um so stärker oder fruchtbarer ist, je wichtiger die Straßen und je verschiedenartiger ihre Ausgangs- oder Zielpunkte sind. Mit der Baukraft solcher Straßenkreuzungen ist es im Grunde genommen nichts anderes wie mit der Baukraft aller Kreuzungen; zum Beispiel, unsere Gedanken können, so lange sie geradlinig oder krummlinig weiterlaufen, nur wenig erbauen, nennenswert interessant und aufbauend kann ein Gedankenweg günstigenfalls erst dort sein, wo er sich mit einem anderen Gedankenweg kreuzt und fest verbindet; wie jedes nennenswert bauliche Schaffen oder Fruchttragen auf einer Kreuzung und intensiven Verbindung des Wesensgleichen, aber Verschiedengerichteten beruht, was uns besonders gut noch die tierische Frucht als die Folge der Kreuzung des männlichen und des weiblichen Tieres beweist.

Ich bemühe mich hier, die Straßenkreuzungen von möglichst allgemeinen Gesichtspunkten aus zu betrachten, weil ich meine, daß die Straßenkreuzungen ein allerwichtigstes Element alles Bauens sind und gar nicht elementar oder allgemein genug verstanden oder erklärt werden können. Das Vertrautsein mit ihrem Wesen beantwortet fast ohne weiteres eine Reihe allerwichtigster Baufragen und ist meinem Verstehen nach für jede planvolle und großgerichtete Bauentwicklung eine der wichtigsten Voraussetzungen.

Wo mehrere bedeutende Landstraßen zusammentreffen, entsteht fast immer und wie naturnotwendig eine größere Ortschaft. Weitaus die meisten Städte liegen an solchen Straßenkreuzungen, wo vorher vielleicht nur Sumpf und leerer Sand oder sonstige Unfreundlichkeiten stumpfsinnig und einsam nie etwas von Baukraft gehört hatten. Ohne eine Kreuzung bedeutender Straßen kann eine sehr dichte und hohe und mächtige Bebauung so gut wie überhaupt nicht sein, oder je größer die Entfernung zwischen den Kreuzungspunkten ist, um so weiträumiger werden dort in der Regel die Häuser (die Bauwerke) stehen und um so niedriger und eigenwilliger werden sie in der Regel sein.

Wir bauen immer mehr und immer bessere Straßen und wenn wir sahen, daß sie uns eigentlich zu nichts Rechtem führten, dann bauten wir mit Begeisterung und Meisterschaft einfach noch wieder neue Straßen. Unsere Meisterschaft im Straßenbau und unsere Liebe zu ihm wurzelt in dem sehr allgemein verbreiteten und sehr unbedingten Glauben an den Fortschritt.

Der Glaube an den Fortschritt gehört vielleicht zu den elementarsten Selbstverständlichkeiten, aber sehr allgemein und sehr unbedingt kann er nur dort sein, wo das große Ganze sehr allgemein sehr unbefriedigend ist, so daß man sehr allgemein einfach davon fortschreiten (wegschreiten) oder fortschreiten (weiterschreiten) will.

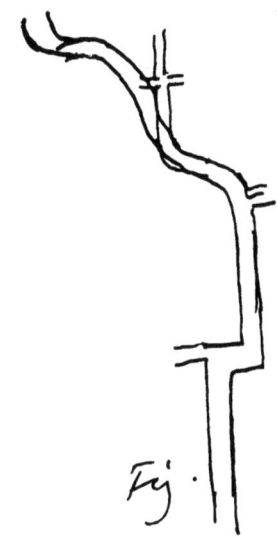

Die Straßen gelten im allgemeinen um so mehr, je länger sie sind und je ruheloser und flüssiger ihr Verkehrsstrom ist. Ihrem besonderen Geist oder Eigenwollen nach, den die Straßen so gut wie alle Dinge haben, wehren die Straßen sich – den Bächen und Flüssen und Strömen gleich – gegen alles, was ihren glatten Verlauf behindert oder unterbricht; recht besehen, wollen die Straßen ohne alles Ablenkende möglichst glatt und horizontal und schnurgerade ins Blaue rennen, und soweit sie das nicht tun, bedeutet das immer, daß sie von Menschen erbaut wurden, die kein rechtes Verhältnis zu den Straßen hatten.

Die Menschen sind den Straßen immer um so inniger verbunden, sind immer um so straßengläubiger oder straßenfreudiger und erbauen immer um so straßigere Straßen, je unruhiger sie sind und je unruhiger und eiliger sie in fernste Fernen streben.

Betont seßhaften, betont häuslich wohnlichen Menschen oder Kulturen ist es unmöglich, so richtig „großartige" Straßen erbauen zu können; solche Straßen spotten jeder Seßhaftigkeit oder Wohnlichkeit und wollen jedenfalls möglichst nicht direkt etwas mit Wohnhäusern und schließlich überhaupt nichts mit Häusern zu tun haben.

Und so zum Beispiel sind auch *die* Straßen, die bisher als die größten erbaut wurden, immer dort sozusagen am richtigsten, oder als Straßen am besten, wo so gut wie nichts von Häusern zu sehen ist, während diese Straßen überall, wo sie den menschlichen Siedlungen sich nähern und wo dann links und rechts alles voller Häuser steht, plötzlich sozusagen allen Schwung verlieren, wie andererseits auch die Häuser dort nie bester Art sind.

Es ist kein Zufall, daß die Baupraxis immer ausgesprochen zwischen Straßenbau und Hausbau unterscheidet, indem sie *allen* Straßenbau als ,,Tief"-Bau und allen Hausbau als ,,Hoch"-Bau benennt. Die Werklichkeit des Straßenbaues ist in allen wichtigen Hinsichten völlig anderer Art als die Werklichkeit des Hausbaues, denn die Straßen sind etwas *wesentlich anderes* als die Häuser; und so gehört es auch zu den schwersten Aufgaben allen baulichen Gestaltens, Straßen und Häuser zu einem überzeugenden oder harmonischen Ganzen miteinander zu verbinden. Dieser Aufgabe gerecht zu werden oder sie auch nur als Aufgabe gut zu erkennen oder lebendig zu empfinden, setzt immer eine höchste Baukultur voraus, die so gut wie nie dort sein kann, wo die Straßen sich als solche betonen, oder wo die Häuser unmittelbar mit betont straßigen Straßen verbunden sind. Solche Straßen können zu höchster Baukultur führen, aber wo diese ist, da sind sie mehr oder weniger weit weg oder dort ,,stehen" die Häuser weit ab von solchen Straßen; denn diesen ist es wesentlich, *rennen* zu wollen, den Häusern aber ist es wesentlich, still zu stehen, und soweit sie mit den Straßen zusammen ein harmonisches Ganzes bilden sollen, müssen schließlich entweder auch die Häuser rennen, also eigentlich wahnsinniger Art sein, oder aber die Straßen dürfen nicht ihren einlinigen Willen haben.

*

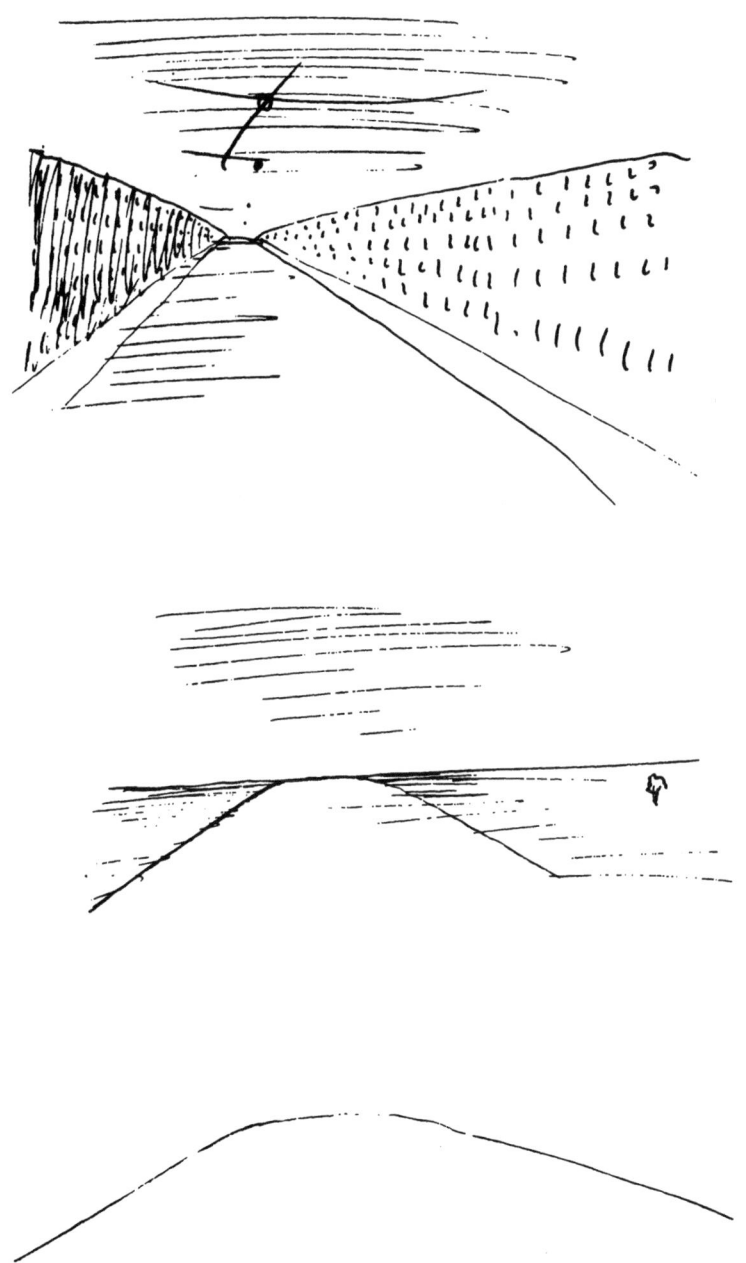

Die Straßen sind in der materiellen Welt das gleiche, was in der geistigen Welt die Gedanken sind, diese genauso wie jene können lang und kurz, krumm und gerade, öde oder wunderschön sein, können in paradiesische Welten oder auch irgendwohin in ein blaues Nichts oder auch in Höllen führen. Das Verfolgen von Gedanken genauso wie das Verfolgen von Straßen kann unendlich beglücken, aber kann auch unendlich niederdrückend und quälend sein. Und hier vor allem: Das Interesse für die Straßen und der Glaube an sie ist immer so lebendig wie das Interesse für das Gedankliche und ist in jeder Kultur immer um so lebendiger (nicht etwa um so fruchtbarer), je unruhiger sie ist.

So zum Beispiel begann die europäische Kulturwelt gegen Ende des Mittelalters in dem gleichen Maße, in dem sie dort zunehmend unruhiger wurde, auch zunehmend mehr an Gedankliches zu glauben, ihre Anschauungen, Bestrebungen und Werke gedanklich zu rechtfertigen oder überhaupt – sehr im Gegensatz zum früheren Mittelalter – das Gedankliche zunehmend mehr dem Gefühlsmäßigen überzuordnen und alle Mängel und Schwächen der herrschenden Lebensformen oder Lebenszustände als Folgen eines gedankenlosen Kulturregimentes zu deuten, ohne weiter zu berücksichtigen, daß selbst der größte Gedankenreichtum eine Häufung wertlosester Gedanken sein kann.

Der starken oder tiefgehenden Unruhe ist das Gedankliche, was dem Hunger das Essen ist. Jede stark oder tief beunruhigte Kulturwelt will unbedingt Gedanken, will viel Gedanken, will Gedanken, die sie mit Löffeln essen kann, aber fragt so gut wie nie, ob die Gedanken hoher Art sind oder nicht.

Und genauso wie sie sich zu den Gedanken verhält, so verhält sie sich zu den Straßen. So unruhig wie sie ist, widerspricht ihr im Grunde genommen ganz natürlich alles ruhige Zuhausesein, soviel sie nebenbei auch zu einer seßhaften Lebensart gezwungen sein mag.

*

Die Straßen unterscheiden sich von den Plätzen wie das Männliche sich von dem Fraulichen unterscheidet, und mehr noch: Zwischen den Straßen und dem Männlichen ebenso wie zwischen den Plätzen und dem Fraulichen besteht so etwas wie eine lebendigste Verwandtschaft, so daß jede Kultur die Straßen um so höher wertet und um so mehr Straßen erbaut, je höher sie das Männliche wertet, wie sie umgekehrt immer um

so mehr Plätze erbaut, je lebendiger in ihr der Sinn für die wesentlich fraulichen Eigenschaften ist.
So zum Beispiel waren im Mittelalter dort, wo es als Mittelalter am echtesten war, in den mittelalterlichen Städten, die Plätze so zahlreich wie die Marienbilder. Zwar eine Verherrlichung des Mütterlichen und des Kindlichen ist nicht gleichbedeutend mit einer Hochwertung oder Verherrlichung des Fraulichen.
Das Mittelalter konnte sozusagen überhaupt keine Straßen bauen, es war für sie immer nur ganz nebenbei interessant. Seine Landstraßen schlängelten sehr naturwüchsig so dahin und seine Straßen in den Städten waren entweder armselige Gassen und Gäßchen oder aber waren umgekehrt immer mehr oder weniger platzartig angelegt und ausgebildet, waren größtenteils für das Auge platzartig geschlossen und hatten weitgehend etwas platzartig In-sich-selbst-Ruhendes. Das wurde noch dadurch verstärkt, daß sie meistens – als verhältnismäßig kleine Straßenräume – durch die eine oder andere hervorragende Hausmasse beherrscht wurden, die gewissermaßen den Schwerpunkt, den Ruhepunkt des Straßenraumes bildete.
Das Mittelalter erbaute während seiner eigentlichen Blütezeit selten oder überhaupt nicht Plätze, die sich (wie etwa der Markusplatz in Venedig) als Plätze spezialistisch betonten, sondern die mittelalterlichen Plätze waren, recht besehen, immer platzartige Straßenerweiterungen oder Straßenteile.
Die Plätze als solche zu betonen, widersprach dem Mittelalter ebenso wie es ihm widersprach, glattweg das Frauliche zu verherrlichen; das Mittelalter verherrlichte das *Mütterliche* und das *Kindliche*.

*

Die Straßen oder das großweltlich Ungeformte, immer Unfertige, immer Vorwärtsdrängende oder Fortschreitende, das einlinige (berufliche) Vorwärtswollen, das Karriere-Machen usw. ist etwas wesentlich *Männliches*. Je straßiger oder straßig wichtiger die Straßen sind, um so männlicher sind sie auch, sowohl der ganzen Art wie dem Betriebe wie auch den einzelnen Konstruktionen oder den einzelnen Formen nach. Der betonte Glaube an die Straßen oder an den Fortschritt ist ein betont männlicher Glaube. Und da die neuere Weltgeschichte den Glauben an den Fortschritt oder an die Straßen ganz außerordentlich betont, so ist sie zunehmend auch eine Geschichte des männlichen Wollens, des männlichen Denkens und Arbeitens (überhaupt eine Geschichte des Denkens und Arbeitens), der muskulösen oder äußeren Erfolge oder Mißerfolge oder überhaupt eine Geschichte des Männlichen geworden. Sie hat mehr und mehr alles Frauliche beiseite gedrängt oder erniedrigt, oder sie hat zunehmend die Frauen genötigt, daß auch sie möglichst nur männlich – etwa männlich-einseitig-beruflich oder männlich-großweltlich-umherreisend oder männlich-tüchtig – sein möchten.
Da wir nicht wissen, ob in der Welt das Männliche oder das Weibliche das Wichtigere ist, so ist jede Verherrlichung des Einseitig-Männlichen (wie jede Verherrlichung des

Einseitig-Weiblichen) ohne rechten tragfähigen Grund; und so ist auch das Allermeiste der neueren Weltgeschichte sehr wacklig fundiert, sie ist voller gefährlichster Hochstapeleien.

Dies gilt besonders auch hinsichtlich unseres Glaubens an den Fortschritt oder an die Straßen. Diese können uns großweltlich-verständlich immer nur dort zu etwas Handfestem führen, wo sie das einseitig oder betont Straßige, etwa das einseitig Langlinige, das langlinig Endlose, das endlos Eilige usw. verlieren, oder wo sie männlich und doch auch ebensosehr weiblich sind, oder wo sie sich natürlicher- oder intimerweise mit dem Weiblichen als mit etwas Gleichgewichtigem verbunden haben, etwa wo sie in ihren Linien männlich klar und korrekt und grob und doch auch unklar und widerspruchsvoll und sehr empfindlich sind oder wo das Ganze sehr straßig-großweltlichöffentlich und doch auch unstraßig-kleinweltlich-abgeschlossen wird.

*

Je lebendiger der Glaube an sehr ferne Welten, um so lebendiger auch der Glaube an längste und eiligste straßige Straßen. Der Glaube an sie, der jede lebensstarke Kultur jederzeit mehr oder weniger bewegt, begann sich in Europa gegen Ende des Mittelalters mehr und mehr zu betonen und steigerte sich mit Beginn der Renaissance im Verlaufe der nachmittelalterlichen Jahrhunderte bis heute her ununterbrochen dermaßen, daß er mehr und mehr das gesamte Leben und Treiben Europas entscheidend bestimmte.

Ohne diesen weitverbreitetsten und lebendigsten Glauben an ferne und fernste Welten und an längste, eiligste oder straßigste Straßen ist schließlich die ganze ,,moderne Zivilisation" und ist im besonderen das Europa der letzten Jahrhunderte, in dem alle moderne Zivilisation wurzelt, überhaupt nicht denkbar.

Da sie an sich selbst nur insoweit glaubt, wie sie glaubt, auf dem Wege nach paradiesischen Welten hin zu sein, und je weniger paradiesisch sie selbst ist, um so eifriger jagt sie paradiesischen Welten nach und je mehr sie das tut, um so weiter entfernt sie sich.

Und dieser Tatsache entsprechend gilt auch aller heutigen Zivilisation und gilt im besonderen auch dem heutigen Europa jede zukunftsreiche Entwicklung ganz zuerst als eine gesteigerte Entwicklung größter und straßigster Straßen, etwa größter, eiligster Eisenbahnstraßen oder endlos langer, zügigster Großstadtstraßen oder trumpfigster Autostraßen, längster und schnellster Überseeverkehrslinien usw. Sie gelten jeder sogenannt modernen Welt mehr und mehr ganz eigentlich als das zuerst Kennzeichnende höchster Zivilisation.

*

In den gleichen Anschauungen oder geistigen Zuständen, in denen jede betonte Hochwertung des Reisens und des Großstädtischen wurzelt, wurzelt auch jeder

Glaube an das betont Revolutionäre, so daß Europa auch in dem genau gleichen Maße zunehmend revolutionärer wurde, in dem es zunehmend mehr das Reisen und das Großstädtische betonte. Das Unseßhafte, das Unseßhaft-Reisige, das Großstädtische und das Revolutionäre ist zutiefst das gleiche.

*

Die Straßen in ihrer Gesamtheit sind auf unserer Erde wie ein riesenhaftes oder menschlich-unmenschliches Gespinst und sind mit allen ihren neugeschichtlichen Ungehörigkeiten, den Fahrzeugen, Kanälen, Kraftleitungen usw. wohl das Gewaltigste und Großartigste, was die Weltgeschichte der letzten Jahrhunderte erbaute oder entwickelte. Aber das alles wurde ohne einen bestimmten Plan, wurde planlos erbaut und ist als Ganzes eine großweltliche unbaumeisterlichste Formlosigkeit, ist so formlos, wie die Linien der Landkarte sind und kann überhaupt nicht anders sein.
Als Kolumbus die Straße nach Amerika hinüber baute, zu der Zeit ungefähr war ein neuer Anfang einer überhaupt wirklich großzügigen Straßenbaugeschichte (Kolumbus könnte gut als der Obermeister aller Tiefbaumeister gelten). Seither haben wir zwar außer den Straßen auch sonst noch allerlei, aber haben wir ganz vorwiegend Straßen oder Straßiges erbaut und soweit wir das getan haben, ist unsere Weltgeschichte der letzten Jahrhunderte ein großweltlich *Anfängliches* oder wie ein großgeschichtlich *Vorbereitendes*. Die eigentliche Weltgeschichte geht immer erst dort los, wo die Straßen fertig sind.
Die Liebe zu den Straßen ist die Liebe zu dem immer Vorwärtseilenden, dem immer Fließenden, dem immer Unruhigen, dem Endlosen, dem immer Lebendigen usw. oder man könnte auch sagen: Die Liebe zu den Straßen will das Leben um jeden Preis, will nicht so sehr irgendwie bestimmtes Leben als das Leben überhaupt.
In der Liebe zur Straße wollen wir nicht so sehr etwas sehr Bestimmtes, wir wollen nur überhaupt etwas, und wir sind – mehr oder weniger deutlich – allen Gesetzen oder allen Willensrichtungen oder Arbeitsleistungen feindlich, die betontermaßen oder sehr ruhig etwas sehr Bestimmtes erzielen oder die überhaupt betontermaßen Ziele setzen. Ziele sind immer etwas Stabiles, auch wenn sie sich fortwährend bewegen, sind immer etwas Gleiches, auch wenn sie sich fortwährend verändern.
Mit dem überall eifrigen Straßenbauen ist es – nebenbei – sehr ähnlich auch so, wie es mit den gemeinschaftlichen Schulungen ist, die auch in erster Linie immer – ebenso wie die Straßen es in erster Linie tun – nur ein „gewisses Niveau" erzielen und – ebenso wie die Straßen – in erster Linie etwas großweltlich Vorbereitendes sind.
Dieserwegen ist die neuere Weltgeschichte, ebenso wie sie betontermaßen eine Straßenbaugeschichte ist, auch betontermaßen eine Geschichte der Schulen oder überhaupt der Vorbereitungen; und das Beste dieser ganzen Geschichte – jedenfalls das Beste im werklichen oder erbaulichen Sinne – soll erst noch kommen.

*

Im Verlaufe jeder Kulturwende wird die betroffene Kulturwelt unabänderlich sich selbst in hohem Maße fremd, sie verliert dort unabänderlich weitgehend ihr „Zuhause".

Das heutige überall „von Haus und Hof weg" und überall behelfsmäßige Kampieren können wir als eine der entsetzlichen Folgen dieses Krieges ansehen. Aber wir können auch ebenso gut sagen, daß der Krieg die Folge eines Zigeunertums sei, das sehr lange schon in unserer sogenannt modernen Welt mit ihren sprunghaften Entwicklungen lebendig ist und sich hemmungslos ausbreitete und sich mit der wachsenden Ausbreitung mehr und mehr betonte.

Man kann auch als großer Haus- und Hofbesitzer zigeunern, dem Geiste nach Zigeuner sein, und dem Geiste nach besonders ist die moderne Welt sehr lange schon zigeunerisch und wurde sie hemmungslos zigeunerischer, bis es schließlich nur noch fehlte, daß sie es sozusagen mit allen Konsequenzen wurde.

Und sie wurde es. Die ganze sogenannt moderne Welt ist zigeunerisch, viel mehr wohl, als sie selbst es weiß und sich gestehen will; und sie wird es wohl noch lange sein und noch viel mehr werden, als sie wissentlich es werden will.

In allem dörflichen Leben und Treiben oder in jeder dörflichen Kultur lebt zutiefst der unwiderstehliche Wille nach dem Städtischen hin. Ebenso lebt in allem Städtischen der Wille nach dem Großstädtischen hin. Aber auch das Großstädtische wieder ist in der Bahn menschlicher Entwicklungen nicht ein letztes Ziel.

Die Siedlungen: Dorf, Stadt und Großstadt

Mit den nachfolgenden Betrachtungen ging es mir, wie es uns Menschen so oft geht; ich verfolgte bestimmte Gedanken, die mich vor allem beruflich als Baumeister interessierten, die mich dann aber mehr und mehr reichlich weit weg zu allgemeinsten Kulturbetrachtungen führten. Soweit Fragen geklärt oder beantwortet werden, die ich zu beantworten bemüht war, werden diese hier doch viel indirekter beantwortet als ich anfangs glaubte, sie beantworten zu können.
Diese Fragen sind im besonderen Wohnungsbau- oder Siedlungsbaufragen, die mir seit Jahrzehnten die wichtigsten Baufragen zu sein scheinen, so daß ich mich auch um deren Beantwortung schon jahrzehntelang zunehmend mehr bemühte.
Diese Bemühungen überzeugten mich zwar sehr bald, daß die entscheidendsten Fragen unserer heutigen Wohnungs- und Siedlungs-Bau-Praxis sich überhaupt nicht als speziell berufliche, sondern nur als allgemeinste Lebens- oder Kulturfragen förderlich beantworten lassen; aber ich erkannte erst verhältnismäßig spät, daß eine Beantwortung dieser letzten Fragen – soweit man sich nicht mit mehr oder weniger ausgesprochen oberflächlichen Antworten abzufinden weiß – zwangsläufig zu einer Verneinung fast unserer gesamten bisherigen Wohnungs- und Siedlungsbauformen führt.
Es ist einfach unmöglich, heute unsere allgemeinen Lebens- oder Kulturfragen auch nur einigermaßen handfest und allgemein überzeugend zu beantworten, ohne gleichzeitig auch fast alle unsere bisherigen Wohnungsformen und mit ihnen vor allem auch unsere bisherigen groß- und größtgesellschaftlichen Siedlungsformen, unsere Dörfer, Städte und Großstädte als überlebt zu erklären.
Diese Verneinung von Kulturformen, die bisher allgemein als ein absolut gesicherter Kulturbesitz gelten, mag zunächst sehr lächerlich zu sein scheinen. Es würde vielleicht nicht weiter viel genieren, wenn hier unsere üblichen Wohnungsformen scharf kritisiert würden, aber zu behaupten, daß Dorf und Stadt und Großstadt überlebt seien, klingt wie eine Verhöhnung aller Vernunft. Die ganze Menschheitsgeschichte scheint solcher Behauptung zu widersprechen, scheint die Siedlungsformen Dorf und Stadt und Großstadt als ewig gültig oder richtig geheiligt zu haben, und doch müssen gerade sie, die im wörtlichen wie im übertragenen Sinne die Basis aller unserer bisherigen Wohnungsformen bilden, ganz zuerst fallen, damit sich überhaupt zukunftsreiche, allgemein überzeugende Wohnungsformen entwickeln können, und so gibt es auch

auf unsere heutigen allgemeinen Lebens- oder Kulturfragen keine handfesten Antworten, ohne daß diese sich ganz zuerst oder mehr oder weniger ausgesprochen gerade gegen einen weiteren Bestand und gegen eine weitere Entwicklung unserer Dörfer und Städte und Großstädte richten.

Soweit nun diese Behauptung hier als ungefähr diskutabel und als möglicherweise beweisbar gebildet wird, ergibt sich zwar sogleich und betont die Frage, welche allgemein gültigen Lebens- und Wohnformen oder welche Siedlungsformen es außer den dörflichen und städtischen und großstädtischen denn überhaupt als die überlegeneren geben könnte?

Es scheint zunächst, als ob diese Frage unmöglich befriedigend zu beantworten sei; und doch kann es – näher betrachtet – als sehr wohl möglich gelten, daß Europa schon nahe zukünftig allem Glauben an seine bisherige Siedlungswelt spottend wesentlich anders siedeln werde, als es bisher siedelte, so daß ihm dann neben seiner neuen Siedlungswelt, alles, was es vorauf siedelte, so wenig gelten würde, wie etwa dem jüngeren Europa bisher neben der Großstadt die Kleinstadt galt.

Es ist sehr selbstverständlich, wird aber im allgemeinen doch so wenig beachtet, wie es selbstverständlich ist, daß jede einzelne Kulturwelt in dem gleichen Maße, in dem sich ihre Anschauungen oder überhaupt ihre geistigen und seelischen Zustände verändern, vor allem auch ihre Siedlungsformen verändert. Eine Kulturwelt mit betont dörflichen Siedlungen ist ihrer ganzen Wesensart nach sehr viel anders als eine Kultur, die betont städtisch siedelt, und diese wieder muß sich geistig oder seelisch weitgehend wandeln oder verändern, um großstädtisch siedeln zu können. Diese Tatsache ist nun zwar dadurch sehr verschleiert, daß jede einzelne Kulturwelt, so prägnant eigenartig sie auch sein mag, nie in dem Maße einheitlich denkt, empfindet und strebt, nie in dem Maße einheitlich für oder gegen bestimmte Erscheinungen oder Zustände interessiert ist, daß sie überhaupt nur die eine oder andere Siedlungsart bejahen würde. Jede Kultur neigt mehr oder weniger immer dazu, gleichzeitig die verschiedensten Siedlungsarten gelten zu lassen.

Als Europa noch keine Großstädte hatte, da hatte es Städte (sogenannte Kleinstädte) und Dörfer, und als es noch keine Städte hatte, da hatte es eben nur Dörfer und neben ihnen vermutlich noch hin und wieder einsame Haus- oder Hofanlagen. Heute nach einer etwa reichlich dreitausendjährigen Kultur- oder Entwicklungsgeschichte hat Europa diese verschiedenartigen Siedlungen Großstadt, Kleinstadt, Dorf und Einsiedlung in einem selbstverständlichen Neben- und Durcheinander. Diese Tatsache ist für das große Ganze des heutigen europäischen Lebens und Treibens zweifellos von unmittelbar größter Bedeutung.

Es mag fraglich sein, ob Europa besser oder übler, mächtiger oder schwächer sein würde, ob es mehr lachen oder mehr weinen würde usw., wenn seine Siedlungswelt anders wäre als sie ist; aber gewiß ist sie nicht nur für die äußere Lebensführung, sondern vor allem auch für die geistigen und seelischen Zustände des heutigen Europa in einem hohen Maße mitbestimmend. Dies etwa leugnen zu wollen, wäre schließlich gleichbedeutend mit der Behauptung, daß die materielle Umwelt des Menschen auf Geist und Seele überhaupt keinen Einfluß habe. So schwer oder unmöglich es auch sein mag, zu beweisen, inwieweit die inneren Bewegungen menschlicher Lebenswelten durch die gegebenen äußeren Lebensbilder mitbestimmt werden, so ist doch sicher, daß zwischen diesen und jenen immer ein lebendigstes, einflußreichstes Hin und Her besteht, und so besteht dieses Hin und Her auch zwischen der ,,inneren" Haltung, dem ,,inneren" Zustande des heutigen Europa und seiner heutigen Siedlungsart.

Und wie schon China bereits vor 3000 Jahren die Siedlungsgesamtform nicht änderte oder ändern konnte, die aus Dörfern, Kleinstädten und Großstädten bestand, so gilt sie auch heute allen großen Kulturwelten als die letztmögliche Siedlungsgesamtform. Sie ist von allen Formen, die Menschen bisher bildeten, die stabilste und allgemein gültigste. Es scheint absolut unmöglich zu sein, daß sie dort, wo sie einmal besteht, wesentlich anders werden könnte. Es scheint purer Unsinn zu sein, annehmen zu wollen, Europa könnte zukünftig einmal seine Dörfer, oder wenn nicht sie, so doch vielleicht seine Kleinstädte oder aber vielleicht seine Großstädte ganz ausschalten.
So lebendig Europa heute auch siedlerisch interessiert ist und so eifrig es neue Siedlungen erbaut, so siedelt es doch immer wieder entweder neue Dörfer oder neue Kleinstädte, oder es gliedert seine neuen Siedlungen unmittelbar den schon vorhandenen Städten und Großstädten zu. Es vergrößert diese und siedelt also heute im wesentlichen genau so, wie es während der ganzen letzten Jahrhunderte immer schon siedelte.
So wie bisher wohl noch alle größten Kulturwelten sich immer mit einem Neben- und Durcheinander von Dörfern, Kleinstädten und Großstädten als mit einer letztmöglichen Siedlungsart abzufinden suchten und suchen, so tut das nun schon lange auch Europa. Seine Dörfer und Kleinstädte und Großstädte sind zwar anders als etwa die nordamerikanischen, aber sind und bleiben doch hier wie dort Dörfer und Kleinstädte und Großstädte. Abgesehen vielleicht davon, daß fast alle unsere Städte und Dörfer sich immerfort und zum Teil in reichem Maße vergrößern und daß besonders in jüngerer Zeit viele neue Dörfer und Städte gebaut werden, scheint die heutige europäische Siedlungswelt unveränderlich und scheint es unmöglich zu sein, daß etwa das Dorf oder die Kleinstadt oder die Großstadt ganz verschwinden könnte, daß etwa eine Siedlungsart entstehen könnte, die weder Dorf noch Kleinstadt noch Großstadt wäre. Es scheint nur möglich zu sein, die bereits gegebenen unterschiedlichen Siedlungsformen zukünftig ebenso, wie bisher immer schon mehr oder weniger erfinderisch variieren zu können.
Und doch wird Europa zukünftig – allen heutigen Glauben an seine bisherige Siedlungsform spottend – nicht nur überhaupt wesentlich anders siedeln als es bisher siedelte, sondern neben seiner zukünftigen Siedlungswelt wird die bisherige Siedlungswelt so wenig gelten, wie etwa dem jüngeren Europa bis heute her neben der Großstadt die Kleinstadt galt.
Jedenfalls: Entweder es wird so sein, oder Europa wird nicht mehr sein.

Es ist eine alte Wahrheit, daß es für uns Menschen meistens sehr schwer oder auch wohl unmöglich ist, uns selbst gut zu erkennen, und mit den gemeinschaftlichen Lebenswelten ist es nicht anders: Auch sie sind meistens weit davon entfernt, sich richtig zu beurteilen.

Menschliche Welten und Gemeinschaftswelten

In den Betrachtungen wird immer wieder das persönlich menschliche Leben, die persönlich menschliche Lebenswelt mit den menschlichen Gemeinschaftswelten verglichen. Dazu sei bemerkt, daß sie, jede für sich, unendlich vielgestaltig, obenhin betrachtet mit dem einzelnen Menschenleben kaum vergleichbar zu sein scheint und daß doch in jeder menschlichen Lebenswelt und also auch in der persönlichen generell ganz gleichartig immer und überall unendlich vieles lebendig ist, von dem sich wieder, hier wie dort, zeitlich begrenzt, periodenweise, immer nur einzelnes besonders betont. Hier wie dort sind Helles und Dunkles, sind Himmel und Hölle immer nahe beieinander, nur daß das alles in den Gemeinschaftswelten großenteils grob handgreiflich ist, was in der einzelnen Menschenwelt nur bei aufmerksamstem Hinsehen zum Ausdruck kommt. Zum Beispiel das Kindliche im erwachsenen Menschen, das er kaum gelegentlich einmal deutlich äußert, hat in großen Gemeinschaftswelten mit den Kindern seine handgreiflichsten Repräsentanten, und was im persönlichen Menschen vielleicht nur still verschwiegene Gedankenbahnen sind, das sind in den Gemeinschaftswelten möglicherweise spektakelndste ,,geistige Bewegungen".

Zwar gibt es kaum irgendwelche ernsteren Lebensbetrachtungen, mit denen nicht immer schon darauf hingewiesen wäre, daß die einzelnen, etwa die einzelnen persönlichen Lebenswelten, generell genommen mit den großen und größten und also auch mit der gesamten Menschheit oder menschlichen Kultur parallel verlaufen oder deren Verlauf bedeutsam widerspiegeln; aber solche Deutungen gelten und galten im allgemeinen nicht viel, sie scheinen immer wieder ganz groben Tatsachen zu widersprechen, wie zum Beispiel auch der Tatsache, daß die großen Gemeinschaften, etwa die einzelnen Völker, eine Vielzahl verschiedenster Gemeinschaften, auch eine Vielzahl verschiedenartigster Menschen sind und daß sich dementsprechend auch hier wie dort zwangsläufig verschiedenartigste Lebensgesetze und Lebensformen ergeben. Aber das unendlich Verschiedenartige der menschlichen Lebenswelten widerspricht nicht der Tatsache, daß sie auch einheitlich sind und gleichen Lebensgesetzen unterstehen. Es beweist auch nicht etwa, daß dies der menschlichen Kultur überhaupt gleichgültig wäre. Sie ist im Gegenteil für das menschlich Gleichartige und Gleichgesetzliche ganz eigentlich natürlich – wenn auch allgemein sehr unbewußt – lebendig interessiert und hat das zum Beispiel auch mit ihrer Andacht gegenüber allen höchsten großweltgültigen Lehren immer bewiesen. Aber so wie das Strahlende solcher Lehren durch das große Ganze oder sozusagen Alltägliche der menschlichen Kultur immer wieder verdunkelt, zurückgedrängt und nicht selten als menschenfeindlich gedeutet wurde, so war sie dem großen Ganzen nach bisher noch nie oder doch nur ausnahmsweise, sozusagen festtäglich, imstande oder bereit, menschenweltlich Höchstes als solches zu nehmen, erleben oder verstehen zu können. Für sie, die menschliche Kultur, war menschenweltlich Höchstes noch nie und nirgend etwas Alltägliches oder Selbstverständliches, sondern immer und überall das am meisten und am blutigsten Umstrittene, das, was ihrem großen Ganzen, ihrem Alltag bisher unmittelbar am meisten widersprach und bisher nur ihr Ziel, ihren Weg, aber nicht ihren Alltag verherrlichte.

Daß die menschlichen Lebenswelten so unendlich verschiedenartig sind, daß sie eigentlich kurzenwegs immer wieder so ungefähr von einer Entwicklungskrise in die andere kommen, das entspricht viel weniger ihrem wissentlichen Wollen als ihrem unwissentlichen naturgesetzlichen Müssen und beweist im besonderen auch nicht, daß sie zu dem Gleichartigen, das sie alle miteinander zu einer großen menschheitlichen Einheit verbindet, etwa kein lebendiges Verhältnis hätten, sondern beweist nur, daß sie bisher immer noch nicht vermochten, dies Verhältnis gut ausdrücken zu können, einfach nicht, weil sie alle miteinander noch der Frühgeschichte der menschlichen Kultur angehören.

Diese Frühgeschichte ist nicht und war nie in dem Sinne nur Frühgeschichte, daß die menschliche Kultur bisher nur kindlich oder jugendlich gewesen wäre, in ihr war von Anfang an immer schon alles lebendig, was zukünftig in ihr lebendig sein wird. Sie hatte immer schon höchste menschliche Lehren und Gesetze, großweltgültige Lebensanschauungen und weltumfassende Gedanken und bildete hohe menschliche Werte, die auch zukünftig immer hohe Werte sein werden. Die Augen des Kindes, auch selbst des Kindes in der Wiege, *sehen* in einzelnen Momenten in die Welt wie die Augen reifster Menschen, und der jugendliche halbreife Mensch steht hin und wieder, mit seinen Betrachtungen und Antworten weit über alles Halbreife hinausreichend, kaum niedriger als höchste Menschen stehen können. Aber das alles sind in der Frühgeschichte des persönlichen Menschen immer nur einzelne Momente, die nichts daran ändern, daß er in seiner Kindheit und Jugend dem großen ganzen nach eben ein Kind beziehungsweise ein jugendlich „unreifer" Mensch ist, wie auch die bisherigen nicht eigentlich kindheitlichen oder nicht eigentlich jugendweltlichen Äußerungen der menschlichen Kultur nichts daran ändern, daß sie noch frühgeschichtlich ist.

Was in ihr bisher nicht kindlich oder nicht jugendlich „halbreif" war, das war nur *auch* in ihr, das stand in ihr mehr oder weniger ausdrücklich abseits des Alltags, war in ihr nicht alltäglich, kennzeichnet nicht, was oder wie sie dem großen Ganzen nach war oder ist, sondern kennzeichnet, gerade umgekehrt, was oder wie sie dem großen Ganzen nach *nicht* war oder ist.

Ihr Verhältnis zu hohen und höchsten Dingen, zu hohen und höchsten Menschen, Lebensformen usw. war im allgemeinen immer „distanziert", unendlich befangen und mehr oder weniger feindlich und dementsprechend war sie auch immer und ist sie nach wie vor allem menschenweltlich Höchsten gegenüber voller primitivster und verworrenster und vernichtendster Anschauungen, voller dümmlicher und dümmster Redensarten und abwechselnd voll spektakelnden Jubelns und gleich daneben voll tödlichsten Verneinens.

Gemeinschaftssiedlungen

Das Dorf, die Stadt und die Großstadt, diese drei Grundformen aller bisherigen Gemeinschaftssiedlungen gelten heute großweltlich ganz allgemein als dermaßen überzeugend, daß im allgemeinen der Gedanke, es könnten sich zukünftig vielleicht noch andere Gemeinschaftssiedlungen bilden, reine Phantasterei zu sein scheint. Doch ist es, als ob die Welt heute unmittelbar davor stehe, eine neue Gemeinschaftssiedlung zu bilden, die sich, falls sie werden sollte, von allen bisherigen Siedlungsarten voraussichtlich so stark unterscheiden wird wie etwa New York von Buxtehude.
Die Frage, wie diese neue Siedlungsform, diese andere neue Gemeinschaftswelt sein könnte oder sein wird, ist eine Frage, die sich heute kurzenwegs so wenig exakt beantworten läßt, wie sich alle großweltlichen Fragen dort sogleich gut beantworten lassen, wo sie kaum im ersten Aufdämmern sind.
Inwieweit die heutige Welt das Werden einer neuartigen Siedlungsform kommen sieht oder wissentlich an ihr Werden glaubt, ist für dieses Werden nicht entscheidend. Diesem Werden stehen das menschliche Wissen, stehen wissenschaftliches Glauben oder vermeintliches Nichtglauben, stehen wissentliches Wollen oder Nichtwollen so machtlos gegenüber wie etwa der Tatsache, daß die menschliche Kultur ununterbrochen älter wird.

Wir wissen nicht, wann die Menschheit begann, wie wir auch nicht wissen, wann sie enden wird. Das eine wie das andere zeigt in Fernen, die unbegreiflich sind. Ihr Beginnen und Enden gibt es für menschliches Verstehen überhaupt nicht, reicht weit über menschliches Verstehen hinaus, wie dies auch weit über ein Beginnen und Enden des menschlich-persönlichen Lebens hinausreicht.
Aber trotzdem hatte sie doch irgendwo ihren Anfang, sagen wir, er war dort, wo er sich auch heute noch sehr deutlich als ein erster Anfang menschlicher Kultur zeigt, etwa in den fernen dörflichen Gemeinschaftswelten endlos großer urweltlicher Naturräume unserer Erde oder hatte überhaupt ihren ersten Anfang dort, wo die ersten Dörfer wurden.
Wir wissen nicht, von wann ab es Dörfer gab, jedenfalls aber kann ihr erstes Werden als der eigentliche Anfang aller menschlichen Kultur gelten. Dieses erste Werden der Dörfer ist nicht denkbar, ohne vorauszusetzen, daß mit ihm gleichzeitig gemeinschaftsgültige Lebensanschauungen, allgemein gültige Lebensgesetze, Lebensformen,

Gesellschaftsordnungen usw. als solche stabilisiert und als betont wichtig angesehen und kultiviert wurden, also daß sich gleich anfänglich mit dem Werden der Dörfer menschliche Gemeinschaftswelten bildeten, die in allen wichtigen Hinsichten auch heute noch volle Geltung haben.
Mit den Dörfern begann nicht die Menschheit, aber mit den Dörfern begann die Menschheit sehr viel anders zu sein, als sie vorauf war; mit ihnen begann die Menschheit, sich im Besonderen auch der Natur gegenüber sehr ausdrücklich so zu verhalten, wie sie sich auch heute noch allem Wesentlichen nach der Natur gegenüber verhält. Dem einzelnen Menschen gleich, der – etwa nach Beendigung seines ersten Lebensjahres – beginnt, sich von der mütterlichen Brust ,,loszusagen", sich zu lösen von einer rein triebhaften Lebensentwicklung und nun anfängt, ,,zu laufen", sich auf die ,,eigenen Füße zu stellen", so begann auch die Menschheit, sich sozusagen auf die eigenen Füße zu stellen, als sie die ersten Dörfer baute.

Die dörflichen Lebenswelten sind für die menschliche Kultur das gleiche, was für das Leben des persönlichen Menschen seine frühe Kindheit ist, die – wenn auch vielleicht sehr verschüttet – immer in ihm lebendig bleibt wie in der Menschheit das Dörfliche.
Alle menschlichen Entwicklungen führen periodenmäßig zu einem Übermaß unbeantworteter oder halbbeantworteter Fragen, zu Lebensspannungen und Widersprüchen, die sich zunehmend steigern oder führen periodenmäßig zu Entwicklungskrisen. Diese bilden immer ein Enden oder aber eine sehr ausdrückliche Richtungsänderung voraufgegangener Entwicklungsbahnen, so daß etwa jede vorauf immer dörfliche Lebenswelt über eine Entwicklungskrise hinaus einer lebendigsten willensstarken Geistigkeit gegenübersteht, die allem eigentlich Dörflichen, allen betont dörflichen Anschauungen und Bestrebungen, Lebensgesetzen und Lebensformen usw. widerspricht und Lebensformen erstrebt, die wesentlich anders als dörflich sind.
Solcher Widerspruch gegen das Dörfliche trifft dort, eben weil vorauf das Dörfliche ganz allgemein immer galt und hoch gewertet wurde, überall auf dessen natürlichste Selbstbehauptung; er kann es nicht überhaupt vernichten, aber führt doch, trotz aller Abwehr zwangsläufig dahin, wesentlich andere als dörfliche Lebenswelten zu bilden.
Ein bestes Beispiel hierfür zeigt das anfängliche Werden städtischer Lebenswelten in dem weiten europäischen Kulturraum nördlich der Alpen und Pyrenäen, der weitgehend für sich abgeschlossen noch jahrhundertelang nach Christi rein dörflich besiedelt war. Vereinzelte Siedlungen, die sich dort besonders in den Küstenstrichen der Nord- und Ostsee und des Atlantischen Ozeans als Schiffs- und Handelsplätze gebildet hatten und später gern als frühe städtische Siedlungen bezeichnet wurden, waren nichts anderes als vereinzelte Häufungen rein dörflicher Siedlungen, die aber durch Häufung keine Städte wurden.
Aber dieses nördliche dörfliche Europa war bereits zur Zeit Christi Geburt betont entwicklungsunruhig und wurde dort zunehmend unruhiger und aufmerksamer ge-

genüber allem, was aus fernen Welten kam. Jeder ferne Klang genügte dort, daß es sich selbst gegenüber zunehmend kritischer wurde und mehr und mehr allem zu entfliehen suchte, was vorauf in dem gleichen Kulturraum jahrtausendelang immer hohe und höchste Geltung hatte und das dort nun zwar nicht geradeaus überhaupt bekämpft, aber doch – echt krisenhaft – einerseits heftig verneint und andererseits mehr noch als je vorauf verherrlicht wurde.

Diese Krise führte zunächst, wie bisher noch überall alle großweltlichen Entwicklungskrisen, zu endlos scheinenden Kriegszuständen, in denen übrigens die „Völkerwanderungen" noch besonders gut das krisenhaft aggressive eroberungsgläubige Streben in „andere Welten" verdeutlichten, ein Streben, das, fiebernd krankhaft, sehr leicht dahin führt, kriegerisch erobern zu wollen, was es schöpferisch nicht zu gestalten vermag und das für jede Entwicklungskrise sehr kennzeichnend ist. Aber abgesehen von den sonstigen Auswirkungen der Entwicklungskrise des dörflichen Europa in den ersten nachchristlichen Jahrhunderten, zielte sie doch nur auf eine weitgehende Veränderung eben dieses dörflichen Europa. Seine Lebensanschauungen hatten sich lange schon weitgehend gewandelt, waren lange schon nicht mehr nur dörflich, und so fest sie auch nach wie vor dem Dörflichen verbunden waren und so lebendig die Widerstände sein möchten, die sich einem Werden städtischer Lebenswelten entgegenstellten, so war ihr Werden doch schließlich unwiderstehlich wie ein Naturereignis; und so erbaute dieses Europa plötzlich Städte, als hätte es vorauf immer schon Städte gebaut.

Der anfängliche Städtebau in dem dörflichen, nördlichen Europa wurde oft als ein Werk der christlichen Kirche bezeichnet. Tatsächlich hätte er ohne sie nicht dermaßen erfolgreich sein können, wie er gleich von Anfang an war, und er hätte ohne sie im besonderen auch nicht die schnelle Ausbreitung haben können, die er hatte. Aber trotzdem war er nicht ihr Werk. Sie war ihm außerordentlich förderlich, aber bei näherer Betrachtung zeigt sich, daß hier der Städtebau der Kirche genauso außerordentlich förderlich war wie sie ihm. Hätte dieses dörfliche Europa dort nicht weitgehend allgemein krankhaft unruhig nach neuartigen oder „anders"-gearteten Lebenswelten gesucht, wäre es dort nicht seit Jahrhunderten schon seinen vorauf immer gültigen Lebensgesetzen und Lebensformen gegenüber zunehmend kritischer gewesen, nicht lange schon seinen alten Göttern zutiefst untreu gewesen, oder – mit anderen Worten – hätte dieses Europa dort nicht in einer unruhigsten Entwicklungskrise gestanden, so wäre dort die Einführung des Christentums und seine Ausbreitung natürlich sehr viel mehr und heftiger bekämpft worden, als es bekämpft wurde.

Die Krise war dort das A und O sowohl hinsichtlich der relativ willigen Aufnahme, die das Christentum und die christliche Kirche in diesem Europa überall fand, wie auch hinsichtlich des erfolgreichen Städtebaues dort, der Hand in Hand mit der Kirche ging und mit ihr schnell Raum und Macht gewann.

Die gesamte führende mittelalterliche Kultur des hier in Betracht stehenden Europa war oder wurde städtisch wie sie christlich-kirchlich war oder wurde. An ihr hatte das

Dorf fast überhaupt keinen Anteil, es stand betont beiseite. Das Dorf war seit der vormittelalterlichen Zeit geistig und äußerlich dem großen Ganzen nach so gut wie unverändert geblieben, hatte nach wie vor überall seine uralten Gespenster, seine ,,bösen" und ,,guten" Zeichen, seine Ahnungen und Gesichter und überhaupt eine Geisteswelt, die von allem Christentum weit entfernt war. Das Dorf stand dort der Kirche so fremd und ablehnend gegenüber wie der Stadt; für das Dorf waren dort Kirche und Stadt identisch.

*

So wie das Kind, soeben geboren, in seinen ersten Lebensjahren wie ein Teil der Mutter ist, so ist das Dorf wie ein Teil der Natur; sie vor allem ist des Dorfes Welt, wie die Mutter des frühen Kindes Welt ist.

Und so wie der Mensch in seiner frühen Kindheit nur wenig Worte hat und sein Ausdruck dort fast nur Naturausdruck ist, so hat auch das Dorf, von der *Natur* abgesehen, nur armen Ausdruck.

Das frühe Kind *erfühlt* die Worte der Mutter viel mehr als es sie versteht; es hört aus ihnen viel *mehr* und viel *weniger* als sie besagen. Analog deutet das Dorf die Natur vor allem gefühlsmäßig. Es hört und sieht im Flüstern und Lächeln und im Drohen und im Schweigen der Natur ,,gute" und ,,böse" Geister, erfühlt viel mehr und viel weniger als verstandesmäßig zu erkennen ist, hat zu allem Gespenstischen der Natur ein viel lebendigeres, viel quälenderes und zu ihrem Strahlen und Lachen und Lächeln ein viel beglückenderes Verhältnis, als ,,vernünftig" ist.

Das Reifen des Verstandes beginnt erst, wo das frühe Kind im natürlichen Hin und Her etwa zwischen Mutter und Vater auch des Vaters Leben erkennt und in diesem naturbestimmten Hin und Her schließlich kein *frühes* Kind mehr ist.

Das Reifen und Fruchten des Verstandes beginnt erst, wo der kindheitliche Mensch beginnt, endlos zu fragen und wo das Wissen beginnt, wichtig zu tun, wo die Stadt beginnt.

Wesentlich anders als das *frühe* Kind, dem die Welt ist und bleibt, wie es sie sinnlich zu erkennen oder zu deuten weiß, sucht das *gereifte* Kind interessiert, sie immerfort ganz eigentlich schöpferisch zu gestalten oder umzubilden. Es behandwerkert jeden Sandhaufen und jeden Wasserlauf, baut die unüberwindlichsten Burgen und Räuberhöhlen und ist immer handwerkender Phantast. Die ,,guten" und ,,bösen" Geister von früher sind nun zu richtigen Hexen und Zauberern, Feen und Rittern usw. geworden, wie überhaupt die ganze Welt zu einer Art Märchenland geworden ist.

Das reifere Kind ist nie eigentlich realistisch und ist dementsprechend auch der Natur immer weitgehend entgegen. Und dieser Geist des reiferen und gereiften Kindes ist auch der Geist, der die Städte erbaute, nicht die Großstädte, sondern die ersten sogenannten Kleinstädte, die, mehr oder weniger von den naturgebundenen Dörfern entfernt, dem großen ganzen nach immer sehr ausgesprochen Werke betont eigenwillig handwerklichen Gestaltens waren. Sie entstanden in aller Welt immer erst dort, wo sich neben aller Naturliebe mehr und mehr auch ein immer lebendigerer Gegenwille gegen die Natur stärker entwickelt hatte.

Die Frühstädte oder Kleinstädte, die Städte, die vor den Großstädten waren, waren von Anfang an nie eigentlich naturgläubig, sondern – entgegengesetzt – menschen- oder menschheitsgläubig, neigten immer dahin, sich gegen die Natur abzuschließen und die Natur und die Naturgesetze zu verleugnen oder zu vergewaltigen. Dafür ist die Kultur des europäischen Mittelalters ein bestes Beispiel.
Der Glaube über die naturumsponnenen, weitgehend naturwüchsig entstandenen dörflichen Gemeinschaftswelten *hinaus*, der betonte Glaube an die *Menschheit*, an *Menschheitslehren* ist jedem anfänglichen Werden der Städte identisch. Sie waren ihren ersten Anfängen nach in aller Welt immer Tempelstätten.
So wie in dem Raum nördlich der Alpen und der Pyrenäen der Städtebau erst mit der Einführung des Christentums begann und so wie dann die lebendigsten, blühendsten Städte dort erbaut wurden, wo zunächst das Christentum Kirchen erbaut hatte, so war noch in aller Welt jeder Städtebau seinem ersten praktischen Beginnen nach Kirchen- oder Tempelbau. Er war in erster Linie immer Ausdruck des Glaubens an Menschheitslehren, an die Menschheit, nicht Ausdruck des Glaubens an irgendwelche Naturgeister, die in der Natur – etwa unter alten Eichen – geweihte Stätten haben wollten. Er war Ausdruck des betonten Glaubens an der Menschheit Geist, der aber echt kindheitlich – so unbegreiflich er immer sein mochte – ins bildhaft Begreifliche übertragen werden mußte (dem Christen als „Gottessohn" oder als „Gottesmutter"), und dem dann die Städte, durch und durch kindheitlichen, durch und durch handwerklichen Geistes „Gotteshäuser" erbauten, so märchenhaft phantastisch, so voller handgreiflicher Himmels- und Höllenbilder, wie sie nur reifere *kindheitliche* Kultur schaffen konnte.
Aber so wie der Mensch naturgesetzlich nicht betont kindheitlich bleiben kann, so führen auch die Entwicklungen der Kultur naturgesetzlich über ihre frühe und ihre reife Kindheit hinaus in menschliche Lebenswelten, in denen zwar *auch* Frühkindheitliches (Dörfliches) wie gereift Kindheitliches (Kleinstädtisches) lebendig bleibt, aber mit denen sich doch wesentlich andere Eigenheiten *betonen* als sich bisher betonten.
Heute sind das Dorf und die vorgroßstädtische Stadt schon lange nicht mehr, was sie einmal für die Kultur waren; in ihr dominieren seit langer Zeit schon die Großstädte, die mit kindheitlichem Geiste nur noch wenig zu tun haben und ihm nicht selten ausgesprochen feindlich sind.

So wie der Mensch dort, wo er beginnt über seine eigentliche Kindheit hinauszukommen oder wo er beginnt, *nachkindheitlich*, sogenannt „jugendlich" zu sein, beginnt er auch – gleich welcher physischen oder psychischen Gründe wegen – außerordentlich unruhig, voller heftiger, widerstreitender Anschauungen, Willensrichtungen usw., sich betont krisenhaft zu wandeln. Dort ist er mit aller Welt entzweit und doch ist er weltgläubiger und lebenshungriger, als er je war. Dort verneint er mehr und mehr alles, dem er sich eben vorauf noch lebendigst verbunden fühlte; seine Andacht gegenüber allem, das er vorauf noch anbetete, verliert sich mehr und mehr ins Schattenhafte.

Der kaum noch kindliche Mensch ist in einer Entwicklungskrise, die dem wesentlichsten nach den Entwicklungskrisen gleich ist, die er während der Kindheit schon hatte, die besonders auch der Krise gleich ist, die sich zwischen *früher* und *reifer* Kindheit zeigt, nur daß zwischen endender Kindheit und beginnender Jugend die Entwicklungskrise sich als solche besonders stark äußert.

Und ganz gleich zeigte sich auch überall in der Kultur dort, wo die Kleinstädte endeten oder die Kulturführung verloren, und wo die Großstädte begannen und die Kulturführung bekamen, eine Kulturkrise heftigster Art.

Die Großstädte folgten den Klein- oder Frühstädten so gesetzmäßig, wie der jugendliche Mensch gesetzmäßig seiner reiferen Kindheit Nachfolger ist. Gleichermaßen wie die eigentlichen Kindheitsjahre des Menschen wesentlich anders geartet sind als seine Jugendjahre, so sind auch die Großstädte nicht nur in diesen oder jenen Hinsichten, sondern ihrem ganzen Wesen nach anders als die voraufgegangenen Kleinstädte und die Dörfer immer waren und sind.

Gleich dem anfänglichsten Werden der Kleinstadt, das nicht einfach ein Vergrößern des Dorfes war oder nicht so etwas wie eine geradlinige Entwicklung des Dorfes zeigte, sondern in einem Kulturkampf gegen das Dorf oder die dörflichen Lebenswelten schließlich zum Städtebau führte, so bildet auch das anfängliche Werden der Großstadt nicht eine geradlinig fortsetzende Entwicklung oder Vergrößerung der Kleinstadt. Zwischen ihr und allem ersten Werden der Großstadt war ein unruhigster Kultur-Entwicklungs-Prozeß.

Die Großstadt entstand – was besonders gut auch die Wende zwischen endendem Mittelalter und beginnender Renaissance erklärt –, nachdem die Kleinstadt in einem verbissenen Kampf um ihre Macht und Kulturführung, in einem krisenhaftesten Hin und Her zwischen dem Glauben an die Kleinstadt und dem Glauben an das Werden einer wesentlich neuartigen Gemeinschaftswelt schließlich die Kulturführung verloren hatte.

Es ist nicht die räumliche Größe, die das Wesen der Großstadt kennzeichnet. Es gibt kleine Gemeinschaftssiedlungen, die räumlich kaum größer als Dörfer, doch durch und durch großstädtischen Geistes sind, während andererseits räumlich große Städte ihrer ganzen Art nach nicht selten an kleinste Kleinstädte erinnern.

Der Beginn betont großstädtischer Lebenswelten und der betont großstädtischen Kultur und Kulturführung liegt viel weiter zurück, als er heute im allgemeinen datiert wird. Dieser Beginn ging überall in der Welt immer auf ein Enden früh- oder kleinstädtischer Kulturen zurück, die wir im Hinblick auf Europa mittelalterliche Kultur nennen. Dieser Beginn setzte überall in der Welt – nicht nur in Europa, aber in Hinblick auf Europa heute noch besonders gut erkennbar – immer dort ein, wo die spezielle Kulturart, die Europa Mittelalter nennt, und die sich ähnlich wie in Europa, in allen früheren entwicklungsreichen großen Kulturwelten als mehr oder weniger deutlich abgegrenzt kennzeichnet, nicht mehr kulturführend blieb. Er setzte dort ein, wo vorauf während langer Jahrhunderte geistig-kirchlich wie räumlich fest umgrenzte, in sich fest gebundene, kulturell blühendste, bildreichste städtische Gemeinschafts-

welten endeten. Sie waren immer geistig wie räumlich fest umgrenzte Gemeinschaftswelten, die in jahrhunderte- oder auch wohl jahrtausendelanger Führung höchste städtische Kulturen bildeten.
Sie waren allem Wesentlichen nach immer den europäisch mittelalterlichen Kleinstadtwelten gleich. Sie waren immer reiferen kindheitlichen, handwerklichen Geistes, voller Gottes- und Himmels- und Höllen- und Märchenbilder, voller „Gotteshäuser" und voller mächtiger Priester usw. und endeten immer so, konnten überhaupt nicht anders enden, wie auch die mittelalterlichen Stadtwelten endeten: in einem unruhigsten, krisenhaften, kriegerischen Hin und Her zwischen überspannter dogmatisch diktatorischer Unduldsamkeit und einem schließlich unwiderstehlichen Streben nach „Freiheit".
Dort, wo das erste Beginnen aller Großstädte einsetzte, waren sie zunächst nie etwas anderes als Gemeinschafts-Siedlungen, die sich über die Kleinstädte hinaus als sehr ungebundene „Vorstädte" bildeten und als solche den geistig wie räumlich festumgrenzten Städten in allen wesentlichen Hinsichten widersprachen und ihnen viel mehr und viel eindeutiger und kämpferischer entgegengesetzt waren als das bisher allgemein beachtet oder erkannt wurde.
Diese Vorstädte, über die Tore der Städte hinaus, an alten vorauf unbebauten Landstraßen entlang, die in endlose Weiten überall hinführten, öffneten nicht nur symbolisch sondern tatsächlich immer so etwas wie „unbegrenzte Möglichkeiten", führten sogleich unmittelbar in „fernste Welten" und waren gleich anfangs das eigentlich Großstadtbildende, wie sie das auch bis heute geblieben sind. Mit ihnen beginnen die Großstädte oder begann der großstädtische Geist sich großgemeinschaftlich zu betonen, der heute die Welt regiert.
Die Großstädte, soweit sie räumlich groß sind, zeigen recht besehen nichts anderes als ein Miteinander und Gegeneinander vieler Vorstädte, deren größere Zahl das speziell Großstädtische immer nur insoweit ändert, als sie es potenziert.
Die Vorstädte (die Großstädte) waren in ihren ersten Anfängen lebensgläubig und lebenshungrig wie der nachkindheitlich jugendliche Mensch, der sich eben vorauf noch in einer Welt gebunden sah, die ihn auf Schritt und Tritt zu führen suchte, die, im höchsten Maße unduldsam, jedes speziell jugendliche Denken und Empfinden und Streben als sündhaft verurteilte und ihm ringsum gefängnisartig jede Aussicht auf „Freiheit" genommen hatte und der nun gewissermaßen plötzlich aller Bindungen ledig ist, sich sein Ränzlein schnürt und aus dem Stadttore hinaus jubelnd ins Weite, in die „freie Welt" hineinwandert. Er läßt mit Elternhaus und Heimat mehr zurück, als er zunächst wissen kann und wissen will, aber er ist frei und jubelt ganz so wie etwa die europäische „Frührenaissance" jubelte.
Die mittelalterlichen Bindungen, denen die Frührenaissance – speziell auch hinsichtlich ihres Verhältnisses zur mittelalterlichen Kirchenführung – unterstand, waren wesentlich anderer Art als die Bindungen, die vorauf bestanden hatten. Auch der jugendliche Mensch, der seine Heimat verläßt und sich frei von allen heimatlichen Bindungen fühlt, untersteht doch diesen Bindungen noch, er untersteht ihnen in Heimweh.

So war auch die Kultur der Frührenaissance zwar nicht mehr mittelalterlich, sie war es *auch* noch, sie erbaute noch gewaltigste Dome und Kathedralen, zwar nicht mehr „gotisch", aber doch Dome und Kathedralen mit allem, was mittelalterlichen Geistes dazugehörte, sie malte und bildhauerte endlos Kirchliches und tat das weit weg von allem Mittelalter und ihm doch noch tief verbunden in Freiheit, zwischen Lachen und Weinen, in Heimweh, das als ein edelstes lebendigstes Gefühl nicht zuletzt die Tatsache des außerordentlichen Reichtums erklärt, den die Frührenaissance an hoher bildender Kunst hatte.

Aber das alles war nur der erste Beginn der großstädtischen Welten, der als solcher nicht erkennbar war und auch heute noch als solcher kaum beachtet wird; ihre geistige Entfernung vom Mittelalter weg wurde größer, das Heimweh verebbte und mit ihm jedes lebendige Denken an alles, was dem Mittelalter heilig war. Es blieb der Glaube an die Freiheit, der im Grunde genommen allen Gesetzen feindlich war, es blieben dann nur noch die naturgegebenen Lebensgesetze, die führten oder regierten. Es war nicht entscheidend, aber es ist sehr kennzeichnend, daß die großstädtischen Lebenswelten ihren Führungen nach schon seit Jahrhunderten so gut wie überhaupt keine lebendige Kirche mehr hatten oder haben. Sie waren von Anfang an – das heißt schon als eigenwillige, den Städten entgegengesetzte rein vorstädtische Lebenswelten – glaubensmäßig allem Kirchlichen feindlich. Ihr Gott war immer die Welt, die unmittelbare, greifbare Welt; aber er war ihnen das fast rein triebhaft, naturgegeben. Sie hatten – generell dem jugendlichen Menschen gleich – nicht das Bildungsvermögen, die Welt auch nur ungefähr als göttlich zu verdeutlichen. Und da doch ein Göttliches ohne weiteres auch ein Kirchliches ist und also Kirchen sein sollten, suchte die Kultur schon, Kirchen zu bilden, aber sie blieben immer nur ärmlichster Ersatz für das, was sein sollte.

Die großstädtischen Lebenswelten waren nicht überhaupt ohne jedes Vermögen, die Welt, die unmittelbar greifbare Welt, als göttlich zu verdeutlichen oder zu gestalten; aber soweit sie das zu tun versuchten und soweit es ihnen damit hier und dort glückte, war natürlich auch immer der Teufel gleich äußerst mobil, und so wie sich der jugendliche Mensch bekanntlich ebenso leicht und gut geradenwegs in die Hölle wie in den Himmel führen läßt, so waren auch die großstädtischen, generell echt jugendlichen Lebenswelten immer dem Höllischen gegenüber genauso andächtig, wie sie eben vorauf noch dem Himmlischen gegenüber andächtig gewesen waren, und so war dann praktisch eigentlich nie so recht viel zu machen.

Den Geist der Großstädte oder der speziell großstädtischen Lebenswelten mit dem Geist des nachkindheitlich jugendlichen Menschen gleichzusetzen, ist ihnen im allgemeinen äußerst zuwider, trotzdem sie gerade das Jugendliche außerordentlich verherrlichen und zunehmend mehr verherrlichen. Ihre Lebensvorbilder oder Ideale sind von allem wesentlich Kindheitlichen wie von allem wesentlich Altersweltlichen weit entfernt; ihnen fehlt generell fast jeder Sinn für kindheitliche Unschuld oder Unbefangenheit wie für altersweltliche stille Überlegenheit.

So wie alle menschlichen Lebenswelten zu Beginn ihrer einzelnen Entwicklungsperioden lebendigst an das Großweltliche oder an das allgemein Menschliche glauben und der Glaube an das Spezielle sich immer erst im Verlaufe der einzelnen Entwicklungsperiode steigert, sich mehr und mehr betont und den Glauben an das Allgemeine zurückdrängt und bekämpft, so waren auch die großstädtischen Welten anfangs so großweltgläubig wie speziell jugendlich, aber sie betonten nicht von Anfang an das Jugendliche, sondern taten das erst im Verlaufe ihrer Entwicklungen. Und je mehr sie das taten, je mehr sie überhaupt Spezielles betonten und Spezielles zurückdrängten oder bekämpften, je spezialistischer sie wurden, je mehr sie suchten, die Großstadt zu verherrlichen, um so mehr suchten sie auch, das Jugendliche zu verherrlichen, es als ein immer Strahlendes zu deuten und alles, was sich nicht als Jugendlich *betonte,* zu verneinen.

Hiernach nun könnte angenommen werden, es müsse den Großstädten besonders gut schmecken, sich als jugendlichen Geistes oder als jugendweltlich gekennzeichnet zu sehen, aber das würde nur dann zutreffen, wenn jugendliche Lebenswelten nicht immer so ganz anders wären, als sie im Grunde genommen sein möchten oder wenn sie sich nicht immer unruhigst bemühten, so ganz anders sein zu wollen, als sie in Wirklichkeit sind.

Den großstädtischen Lebenswelten ist es immer zuwider oder uninteressant, zu wissen oder zu erfahren wie sie sind. Sie interessiert, echt jugendlich, ganz in erster Linie, zu hören oder zu wissen, wohin sie sich entwickeln. Was sie sind und was sie haben, gilt ihnen im Grunde genommen wenig; nur der Glaube an die Zukunft gilt ihnen; ihm bringen sie, wenn es sein muß, ,,leichten Herzens" die ,,größten Opfer", nur ihn selbst können sie nicht opfern, weil ohne ihn ihr Leben und alles Opfern sinnlos wäre; ihn zu verlieren, ist für sie der Tod.

Die großstädtischen Lebenswelten sind – den jugendlichen Menschen gleich – für die Gegenwartsfragen oder die Gegenwart ganz überwiegend oberflächlich interessiert und dementsprechend ist auch alles, was sie unmittelbar gestalten, ganz überwiegend oberflächlicher und minderwertiger, behelfsmäßiger und fassadlicher.

In ihr gibt es auch Meisterliches und überhaupt Allerbestes, aber das gibt es immer in ihr nur nebenhin *auch.* Es ist außerhalb ihres Alltags, hat mit dem Alltäglichen oder dem großen Ganzen ihres Lebens und Treibens unmittelbar nur wenig oder nichts zu tun.

Die Großstadt

Um die Großstadt oder das eigentlich Großstädtische sehr lieben oder so recht bejahen zu können, muß man *jugendlich* empfinden und denken wollen, muß man jugendlich sein. Der gereifte oder ältere Mensch wird mit der Großstadt nur fertig entweder aus einer gewissen Gewohnheit heraus oder indem er sich selbst weitgehend verleugnet und die immer vorhandenen jugendlichen Untergründe seines allgemeinen Empfindens und Denkens stark zu kultivieren und nach außen hin zu kehren sucht.
Wenn Europa heute so gut wie ohne alle Idealisierungen der besonderen Eigenschaften hochreifer und alternder Menschen ist oder wenn solche Eigenschaften hier zur Zeit ganz allgemein etwa als minderwichtig, auch wohl als minderwertig oder ähnlich gelten, wenn hier so ungefähr jeder alternde Mensch ängstlich bemüht ist, so lange wie nur irgend möglich als jugendlich zu gelten, so steht dies alles in unmittelbarster Beziehung zu unseren Verherrlichungen und zu der unbedingt führenden oder maßgeblichen Stellung der Großstadt oder des Großstädtischen.
Wir betonen gelegentlich, daß die Jugend leicht zu verführen sei, wir können ebensogut betonen, daß sie überhaupt keinen einlinig bestimmten Willen habe; sie hat diesen nur, soweit es der generelle Wille nach der vollen menschlichen Reife hin ist; unmittelbar praktisch genommen aber ist das jugendliche Willensleben – von Natur wegen – außerordentlich vielseitig gerichtet und außerordentlich sprunghaft-wechselvoll; und soweit eine Kultur oder Kulturperiode sich jugendweltlich betont, wird sie zwangsläufig Weltformen bilden, die betont vielgestaltig, voller Unruhe, voller Spannungen, voller lebendigster und sprunghafter Veränderungen usw. sind, wird sie immer vorwiegend *großstädtische* Welten erstreben und erbauen.
So wie der einzelne Mensch über seine *Kindheit* und deren Führungen mehr oder weniger hinausgewachsen sein muß, um „jugendlich" sein zu können, so muß auch die einzelne größere Kulturwelt über ihre *ersten*, d.h. über ihre langen sozusagen „kindheitlichen" Entwicklungsperioden und über deren besondere Anschauungen und Lehren mehr oder weniger hinaus sein, um großstädtisch sein zu können; sobald sie aber diese Perioden beendete, folgt dort das Großstädtische so zwangsläufig, wie nach der Kindheit die Jugend folgt.
Großstädtische Welten sind nie *früher* Art sondern sind immer *spätere* Welten, aber sind auch wieder nie Spätwelten im Sinne des natürlichen Alterns oder des natürlichen Verfalls sondern stehen im Gegenteil immer nahe vor höchsten kulturweltlichen Höhen oder vor der vollen kulturweltlichen Reife, ähnlich so wie der einzelne Mensch im Verlaufe etwa seiner zwanziger Jahre immer nahe vor seiner vollen menschlichen Reife steht.
So wie der jugendliche Mensch an Wissen und an physischer Kraft immer dem Kinde überlegen ist, so ist auch die großstädtische Kultur immer der früh- oder kleinstädtischen und der noch früheren dörflichen Kultur an Wissen und an äußerlich-weltlicher Macht überlegen; aber so wenig wie der jugendliche Mensch die überhaupt men-

schenmöglich größte oder höchste weltliche Macht vertritt, so wenig wird diese durch die Großstadt oder durch die großstädtische Kultur vertreten. Es gab und gibt bisher noch keine nach- oder übergroßstädtische Kultur, und so können wir deren größere Macht oder überhaupt deren praktische Möglichkeit auch nicht eindeutig beweisen. Bisher sind noch alle großweltlichen Kulturen spätestens mit dem Großstädtischen zugrunde gegangen. Aber wenn nicht anders, so liegt gerade in diesem Zugrundegehen der Beweis für eine besondere Schwäche des Großstädtischen, der zwar nicht ohne weiteres auch ein Beweis für die größere Kraft eines Über- aber für die größere Weltmacht eines Außer-Großstädtischen ist (denn alle großstädtischen Welten kämpften zuletzt immer gegen großstadtfeindliche Mächte oder Kulturen). Die besondere Macht der Großstädte beruht immer in dem Sinne der Zivilisation auf einer betonten Orientierung nach *außen* hin, ist in erster Linie immer äußerer oder materialistischer Art und ist immer in der besonderen Gefahr, eine Macht innerer Armut oder innerer Schwäche zu werden oder sich übermäßig nach außen hin zu betonen, so wie die Großstadt auch ihre unmittelbar mächtigsten und entscheidendsten Energien (etwa die unmittelbar lebenswichtigsten wirtschaftlichen Kraftzentralen oder die machtpolitisch hoch bedeutsamen Arbeiterwelten usw.) mehr oder weniger und sehr zwangsläufig immer in der Peripherie hat.
So wie die Großstadt als Siedlungsform ein Größtes ist und gerade mit dieser äußeren Größe gerne trumpft, so will sie immer *Größtes,* worunter sie aber immer ganz zuerst *äußerlich* Größtes versteht, während ihr alles innerlich Größte immer irgendwie behinderlich oder unbehaglich ist. Es ist kein Zufall, daß die Großstadt, je mehr sie sich als solche entwickelt, um so mehr auch ihren Besitz an wirklich größten oder höchsten Menschenwerken mehr oder weniger abseits – etwa in die Museen – stellt.
Das Große, das die Großstadt als solches eindeutig anerkennt, ist immer nur groß im Sinne des babylonischen Turmes.

Die Großstadt ist als menschliches *Werk* sozusagen überhaupt nicht ernst zu nehmen. Sie ist dem Format nach so jugendlich maßlos, daß wir schon besonders wenig Sinn für das Maß haben müssen, um an die Großstadt als an ein irgendwie meisterliches oder zukunftsreiches Werk glauben zu können. Und richtig besehen, glaubt auch sie selbst nicht an sich. Sie könnte übrigens nicht so unruhig-nervös *zukunfts*gläubig sein wie sie immer ist, wenn sie an sich selbst als an ein gesichertes Werk glauben würde, sondern dann würde sie viel *gegenwarts*gläubiger, viel beruhigter, viel sinniger oder stiller sein.
Das Beste, was sie hat oder was sie selbst bildet, ist nicht eigentlich greifbarer Art sondern ist – ihrem außerordentlichen lebendigen aber anschauungsunsicheren, außerordentlich streitbaren Zukunftsglauben durchaus entsprechend – ein *unbestimmt, unruhig Werdendes.* Sie zielt ganz unmittelbar auf eine Welt hin, die wesentlich anders ist als sie selbst, ist voll eines Ahnens größter oder höchster Weltformen. Diese liegen hier sozusagen „in der Luft", so daß man oft glauben möchte, es sei spielend leicht, solche Formen mit dem großstädtischen Alltag binden und greifbar haben zu können. Und

doch versagt die Großstadt ihnen gegenüber gerade am meisten. Ihre lebendig größten Formen sind bestenfalls ungefähr ausnahmslos zufallsgeworden und haben mit einem bewußten, meisterlich überlegenen und planmäßigen Gestalten bestenfalls nur nebenbei zu tun.

Wir erkennen dies am deutlichsten vielleicht im Hinblick auf die greifbar wichtigste und größte Großstadtform, die es überhaupt gibt, das heißt im Hinblick auf den baulichen Großstadt*grundriß*. Hier kann überhaupt nicht mehr von einem bestimmten Formwillen gesprochen werden, sondern hier hat das Leben und Treiben einer großen menschlichen Gemeinschaft mehr und mehr eine Form gebildet, die wir als solche nur noch mit irgendwelchen wildwachsenden Naturformen vergleichen können.

Und ob wir nun das Verwildern dieser Form begründen können oder nicht, bedeutet nichts gegen die Tatsache, daß wir es hier jedenfalls mit einer absolut verwilderten *Grundform* und darum ,,im *Grunde* genommen" auch mit einem überhaupt verwilderten Menschenwerk zu tun haben.

Diese handgreifliche Verwilderung oder ,,Formlosigkeit", die nach langer großstädtischer Führung mehr oder weniger *allen* heutigen europäischen groß- und größtgemeinschaftlichen Welten und im besonderen allen heutigen europäischen Siedlungen eigen ist, ist ein bestes Kennzeichen für das wirkliche, handgreifliche Ende der besonderen Kulturperiode, in der Europa nun seit etwa fünfhundert Jahren steht oder zeigt besonders deutlich, die absolut folgerichtige *jugendweltlich hemmungslose* Entwicklung und Verkörperung der Anschauungen und Willensenergien, die mit dem Beginn der Renaissance zunächst die betonten und überbetonten Bindungen des Mittelalters und damit besonders auch der mittelalterlichen Städte bekämpften.

Dieser Kampf, der sich deutlich damit äußerte, daß dort die festen Umgrenzungen der Städte fielen und daß diese – über ihre mittelalterlichen Formen hinaus – ,,in Freiheit" *vorstädtisch* zu siedeln begannen, war immer städtischen Geistes, richtete sich nie bewußt gegen die Städte, sondern war im Gegenteil immer ausgesprochen städtegläubig, und doch vernichtete er sie.

Die Renaissance bis heute her war nie ihren *Absichten*, aber war immer ihrem natürlichen, betont *jugendweltlich-unmeisterlichen* Wirken nach städtefeindlich, und so vernichtete sie die Städte um so mehr, je mehr sie glaubte, diese neu zu formen.

Während das mittelalterliche Europa aufgrund eines mehr oder weniger kindheitlichen Geisteszustandes und in der festen, sehr bestimmten Führung der hohen christlichen Lehren und Schulungen ihre besonderen Siedlungen, das heißt die mittelalterlichen Städte, zu großartigsten menschlichen Werken entwickelte, zu Werken, die uns heute noch ihren kümmernden Resten nach wie aus kindheitlichen Traumwelten zu sein scheinen, hat die Renaissance, jugendweltlich revolutionär über alle geistigen wie räumlichen Bindungen hinausstrebend, ganz zuerst und deutlichst gerade die voraufgegangenen oder vorhandenen gebundensten oder größten Formen vernichtet; und so vernichtete sie auch nicht so sehr die Städte überhaupt, wie sie diese ihren *großen planmäßigen* Formen nach vernichtete.

Die Renaissance war immer gleichermaßen städtewillig und städtefeindlich, sie empfand oder erkannte immer sehr lebendig das Unzulängliche alles speziell Mittelalterlichen und besonders auch alles mittelalterlich *Naturfeindlichen*; sie dachte und strebte bis heute her immer in der Richtung solcher Lebens- und Arbeitsformen, die wohl höher stehen und im besonderen auch naturgläubiger sind als die mittelalterlichen Formen, aber hatte – wesentlich jugendweltlich – nie die nötige innere Ruhe oder nie das nötige schöpferische Vermögen, diese höheren oder größeren Formen bilden zu können, und so wurden gerade die *groß*weltlichen Zustände oder die wirklich *großen* Dinge, zum Beispiel die Städte, durch die Renaissance um so formloser, je mehr sie sich vom Mittelalter entfernte, das heißt je mehr sie dem Mittelalter entwuchs und je eigenwilliger sie sich als ,,Renaissance" entwickelte.

Dem Kinde ist es eine Kleinigkeit, einen Stock zu nehmen, ihn per Bindfaden um die Hüften zu tun und nun zu behaupten, Feldmarschall Blücher zu sein. Dem Kinde ist es immer unendlich leicht, ,,in *großer Form*" zu sein; für den ,,*jugendlichen*" Menschen aber ist das unendlich schwer oder überhaupt nicht möglich; er ist der ,,großen Form" gegenüber immer einerseits zu bewußt spekulativ und andererseits werklich viel zu unsicher, immer betont unsicher, so daß er mit allen großen Formen – und gerade mit ihnen – immer im Kriegszustand lebt. So formeninteressiert oder formenreich die Renaissance immer war, so war sie das doch immer ganz zuerst im Sinne der Formensplitterung oder Formenvielheit.

So wie die Renaissance etwa das Kirchliche um so tiefer spaltete, je ernster sie sich um es bemühte, so zersplitterte sie überhaupt das Große, ganz eigentlich weil sie ein viel *Größeres* wollte; aber sie war viel zu leidenschaftlich bewegt, war viel zu sehr im Tiefsten erschüttert, als daß sie unmittelbar ,,größere Formen" hätte bilden können. (Es ist übrigens echt renaissanceweltlich, zu behaupten, wie wir das gelegentlich so gerne tun, erschütternde Bewegungen oder Leidenschaften seien – etwa im Sinne des Künstlerischen – schöpferisch; sie sind zwar eine Vorbedingung alles schöpferischen Gestaltens, aber sind, wenn überhaupt, doch immer erst ,,hinterher", nachdem sie überwunden sind oder in der Übersetzung schöpferisch.)

Die sehr leidenschaftliche Bewegung äußert sich zunächst immer unbeholfen, erwirkt unmittelbar immer etwas, das ,,nicht so recht zu gebrauchen ist", warum auch der empfindliche, leicht erregbare Mensch meistens die ,,dümmste Figur" macht. Je jugendlicher, leidenschaftlicher wir sind, um so mehr gärende, unreife problematische Form ist in uns und um so mehr suchen wir, uns zu äußern, aber um so länger dauert es allermeistens auch, dahin zu kommen, uns nicht mehr chaotisch zu äußern sondern den großen Reichtum oder das Vielerlei der *inneren* Bildung zu einheitlichen großen überzeugenden Formen binden zu können. Darum müssen auch die Menschen, die von Natur aus sehr empfindlich-leidenschaftlich sind, ihrem natürlichen Alter nach allermeistens nicht nur reif sondern *sehr* reif sein, um ihr werklich Bestes bilden zu können.

Diese Tatsachen sind für das Verstehen aller innerlich natürlich stark bewegten jugendlichen Menschen und Kulturen genau so wichtig wie auch für das Verstehen der besonderen Kulturerscheinungen der letzten europäischen Jahrhunderte.

Der Wille der Renaissance war immer – echt jugendlich – unendlich viel größer als ihr bildendes Vermögen, und gerade darum sind auch ihre werklichen Formen vielfach so eigenartig grotesk, oder unverständlich, während sie näher betrachtet immer sehr vernünftig gemeint waren; und gerade indem die Renaissance – nicht kindlich – die Welt gut verstehen oder *vernünftig* nehmen wollte, kam sie zwar zu vielen tiefsten und hellsten Erkenntnissen oder zu einem großen Reichtum *einzelner* Weltbilder, aber je größer dieser Reichtum wurde, um so schwerer wurde es auch, die Teilbilder zu vereinheitlichen oder zu einer mehr oder weniger selbstverständlichen einheitlichen formgroßen Kultur-Welt zu verbinden.

So wenig der Formenreichtum die Formengröße ausschließt, so gewiß erfordert beider intensive und überzeugende Verbindung, beider einheitliches Miteinander, eine größere werkliche Meisterschaft, die mit der Renaissance – ihrer jugendweltlichen Natur wegen – unmöglich sein konnte, und so wurde sie zwangsläufig um so formensplitteriger oder formenspezialistischer, je formenreicher sie wurde. Wir können hier wieder beweislich etwa die renaissance-weltlichen Entwicklungen der kirchlichen Zustände nehmen; aber viel greifbarer noch erkennen wir dies besondere Versagen der Renaissance wieder im Hinblick auf ihre Siedlungsgeschichte, das heißt besonders im Hinblick auf ihren Städtebau, der sehr eindeutig um so formloser, formsplittriger oder problematischer wurde, je mehr und je eifriger die Renaissance an den Städten herumentwickelte und je größer diese wurden oder je eigenwilliger sich die Großstadt als solche zu betonen suchte.

Der unendliche Reichtum an verschiedenartigsten und gegensätzlichsten Erscheinungen, den die Großstadt hat, macht es ebenso leicht, sie abzulehnen, zu verurteilen usw. wie sie zu bejahen und zu verherrlichen. Soweit wir an die Großstadt glauben, und sozusagen glauben *wollen*, werden wir sie auch immer sehr leicht im Sinne unseres Glaubens deuten oder rechtfertigen können; soweit Europa der Großstadt gegenüber im Verlaufe der jüngeren Geschichte zunehmend fragender und unsicherer geworden ist, ist das nicht, weil die Großstadt minderwertiger wurde als sie vorauf war, sondern weil *Europa* sich innerlichst veränderte, das heißt weil die europäische Kulturwelt ihren *naturgesetzlichen* Entwicklungen nach über ihre bisherige wesentlich kindheits- und jugendweltliche Grundhaltung zunehmend mehr hinaus gekommen ist und hinaus strebt. Diese geistige Wandlung und deren eigentliches Ziel bleibt uns notwendig unverständlich, soweit wir – betont renaissanceweltlich – immer wieder an spezielle einzelne Menschen oder an die einzelnen speziellen geschichtlichen oder gegenwärtigen *Teil*welten statt an das naturgegebene Wesen der gesamten europäischen Kulturwelt denken.

So wie jede Lebensperiode jedes einzelnen Menschen wesentliche Eigenschaften *aller* menschlichen Lebensperioden mit einschließt, zum Beispiel so wie selbst das kindlichste Kind auch etwas Gereiftes und sogar etwas Greisenhaftes hat oder haben kann, so hatte auch die bisherige gesamte europäische Kulturwelt immer und überall ganz natürlich sehr viel kulturweltlich Reifes und auch Überreifes; sie war nie und nirgends von A bis Z kindlich oder jugendlich, aber so wie die einzelne Kulturwelt ursprünglich oder anfänglichst überhaupt nicht anders als bäuerlich sein kann, so war die vorchristliche, bäuerlich-dörflich betonte europäische Kulturwelt anfänglichster oder frühkindlicher Art.

Und so wie die kindlichen Anschauungen und Lebensformen durch Lehren bestimmt werden, die nicht von dem Kinde selbst sind, so wurden die mittelalterlichen Anschauungen und Lebensformen durch das von ,,außen her" übernommene Christentum bestimmt, oder so war das Mittelalter *wesentlich* kindlich. Und so wie später das Kind – über seine Kindheit hinauswachsend – zunehmend mehr gegen alles Kindheitsweltliche und gegen alles kindheitsweltlich Führende unter anderem auch gegen das Elterliche mehr oder weniger ausgesprochen protestiert, so protestierte und protestiert bis heute her die Renaissance gegen das Mittelalter, und gegen die christliche Kirche, oder so war die Renaissance immer *wesentlich* jugendweltlich.

Es ist jeder Kulturwelt durchaus natürlich, gleichzeitig frühkindlich, kindlich und jugendlich, männlich und fraulich und greisenhaft usw. zu sein und sein zu wollen; es ist ihr das so natürlich, wie *alle* menschlichen Eigenschaften mit ihr in reichem Maße die persönlichsten Vertreter haben; sie wird nie nach *einer* Richtung hin *völlig eindeutig* sein, so wie auch der einzelne Mensch das *nie* ist; aber genauso wie dieser als Kind *wesentlich* anders denkt und wirkt als in seinem Mannesalter, trotzdem er *zutiefst* immer der gleiche Mensch ist, so ist auch die einzelne Kulturwelt *zutiefst* immer die gleiche, und trotzdem wird sie sich mit ihren verschiedenen Lebensperioden dem *großen Ganzen* nach sehr verschiedenartig als frühkindlich, als kindlich, als jugendlich usw. betonen oder naturgesetzlich betonen müssen, um überhaupt starke Entwicklungen haben zu können.

Die Tatsache des Werdens und Seins und das Ablaufen dieser Perioden liegt – als naturgegeben oder als naturgesetzlich – völlig außerhalb unserer menschlichen Macht; wir können es immer nur den zeitlichen besonderen Aufgaben, besonderen Schwächen und Vorzügen, Gefahren und Möglichkeiten nach verschiedenartig gut verstehen und berücksichtigen, aber wir haben darüber hinaus solche natürlichen Wandlungen so wenig in der Hand wie wir nichts dafür oder dagegen tun können, daß wir täglich älter werden.

Und so haben wir es auch nicht in der Hand, daß Europa seit langer Zeit schon zunehmend leidenschaftlicher über die jugendweltliche Renaissance *hinaus*strebt. Genauso wie die geistigen Wandlungen, die gegen Ende des Mittelalters einsetzten und etwa von 1500 ab das europäische Kulturbild sehr schnell und wesentlich veränderten, so stehen wir auch heute, nachdem Europa lange schon – besonders deutlich etwa seit der letzten Jahrhundertwende – ganz eigentlich *fiebrig* lebendig, wie völlig rat- und haltlos leidenschaftlichst ,,weltverbesserisch" ist, unmittelbar im Werden eines wesentlich neuartigen europäischen Kulturbildes. Und so wie die kulturbildlichen Veränderungen, die mit dem Beginn der Renaissance einsetzten, sich selbstverständlich ganz zuerst gegen die mittelalterlichen Städte, das heißt ganz zuerst gegen die eigentlichen Hochburgen alles Mittelalterlichen auswirkten, so geht es auch mit den heutigen europäischen Veränderungen – eigentlich selbstverständlich und ob wir wollen oder nicht – ganz zuerst gegen die Hochburgen der Renaissance, das heißt gegen die *vorstädtisch* betonten oder entarteten Stadtanlagen oder Stadtwelten, deren letzte Form die Großstadt oder die großstädtische Welt ist.

Die Großstadt ist für die letzten 500 Jahre oder für die gesamte europäische „Renaissance" genau das gleiche, was die *späte* mittelalterliche Stadt für das gesamte Mittelalter war; und genauso wie dort die schließlichen gesamteuropäischen Probleme weitaus am meisten in der mittelalterlichen Stadt oder in dem *betont* Mittelalterlichen wurzelten, so wurzeln unsere heutigen gesamteuropäischen Probleme weitaus am meisten in der Großstadt, mit der das renaissance-weltlich Jugendliche, das leidenschaftlich Weltverlangende, das Freiheitsdurstige, das reisig Unruhige, das idealistisch unterstrichene halbe Können, das Halbrichtige, Halbehrliche oder das „Halbstarke" bis in die letzten Möglichkeiten hinein geltend gemacht wurde und auch zunächst immer noch wieder geltend gemacht wird.

Der geistigen Grundhaltung nach ist Europa heute ähnlich – um nicht zu sagen ebenso – wie es in der Wende zwischen Mittelalter und Renaissance war; aber Europa ist einerseits – seinem jugendlich gereifteren Wesen entsprechend – unvergleichlich viel weltmächtiger, unvergleichlich viel willensstärker, kriegerischer und zerstörungsmächtiger geworden und hat andererseits nicht die eindeutig bestimmte geistige Führung, die für das Mittelalter, auch für das endende Mittelalter noch, durch die christliche Lehre gegeben war.

Seit Europa mit dem Beginn der Renaissance der voraufgegangenen christlichen Kirche oder der besonderen christlichen Lehrform mehr und mehr opponierte und sich damit von dem Christentum (oder richtiger von der christlichen Kirche) mehr und mehr entfernte (wenn auch ohne das Christentum ablehnen zu *können* oder ablehnen zu *wollen*), ist Europa innerhalb seiner normalen Lebens- und Arbeitspraxis an höchsten, größten, verbindlichsten Lehren oder Weltanschauungen zunehmend ärmer geworden, während es gleichzeitig werklich zunehmend aktiver und äußerlich mächtiger wurde.

Dieser echt jugendweltliche Entwicklungsprozeß hat Europa mehr und mehr in die Lebensgefahr gebracht, die in jeder willensstarken und machtvollen aber direktions- oder führerlosen Aktivität liegt.

Dies ist der spezielle Gefahrenzustand des heutigen Europa, der als solcher wieder nirgends so greifbar deutlich ist wie in den Großstädten, die mit Vernichtungsenergien geladen sind wie die Gewitterwolken mit Elektrizität. Und dies ist auch der wesentlich gleiche Zustand, der jeden Untergang früherer großstädtischer oder großstädtisch geführten Kulturwelten begründete.

Dieser Gefahrenzustand wurde bisher noch in keiner Geschichte überwunden, wie auch bisher noch keine Kulturwelt ihre Großstadt *überwinden* konnte, sondern umgekehrt: Die Großstadt hat bisher noch immer jede Kultur überwunden, die überhaupt großstadtbildend war, das heißt auch alles „Siegen" der Großstadt ergab bisher noch immer ihre eigene Vernichtung.

Die Großstadt ist immer in höchstem Maße *aktiv* und aktivierend, aber sie ist das immer, weil es ihr an der beruhigenden Sicherheit höchster Weltlehren oder höchster und eindeutiger Weltziele fehlt, sie hat weder zum Kindlichen noch zum Mütterlichen noch zum Väterlichen das nahe und lebendige Verhältnis, das nötig ist, damit eine Kultur adlig und in höchstem Maße zukunftsreich sei. Trotz allem aber wäre der Untergang, der die europäische Kulturwelt heute überall bedroht, so daß sie gerade auch dieserwegen heute voller unheimlichster Spannungen ist, durchaus natürlicher Art, es wäre ganz eigentlich gegen die Naturgeschichte, wenn Europa...

*

Für die Renaissance ist es viel weniger kennzeichnend, daß sie das mittelalterliche Städtebild mehr oder weniger veränderte, als daß sie einen Raum bebaute oder besiedelte, der *außerhalb* der mittelalterlichen Städte oder außerhalb der speziell mittelalterlichen Kulturwelt ist.

Das *Entscheidende* für das Werden und für alle Entwicklungen der nachmittelalterlichen Kultur war – praktisch genommen – immer, daß sie die Kultur in einen *anderen Raum* verlegte oder daß sie leidenschaftlich einen Raum besiedelte, der vorauf für das Mittelalter und seine besondersartigen Entwicklungen kulturell überhaupt nicht in Betracht gekommen war.

Der Prozeß des Endens jeder einzelnen Kulturwelt bekommt als solcher gerade dadurch so etwas wie einen besonderen Schwung, daß sie den gleichen Kulturraum, den sie vorauf jahrhundertelang immer oder mehr oder weniger allein richtig wartete, nun gewissermaßen verbissen zu rechtfertigen, zu verbessern und zu verherrlichen sucht, besser und herrlicher zu bebauen, zu besiedeln versucht, als er vorauf besiedelt wurde; andererseits ist alles neue Werden einer Kultur als solches immer um so lebendiger und schließlich um so fruchtbarer, je neuartiger der Raum ist, den sie besiedelt.

Jede betont neuartige Siedlungswelt aber ist immer auch in sehr wichtigen Hinsichten primitiver Art und gerade dieserwegen wehrt sich jede endende Kultur, für die es immer wesentlich ist, unmittelbar Allerhöchstes zu bilden oder haben zu wollen, bis zuletzt äußerst heftig gegen jede eindeutige Raumverlagerung.

Die Entwicklungsgrenze des Großstädtischen

Eine Kulturwelt, in der das Großstädtische regiert, ist kulturell weitergekommen, hat einen längeren Weg lebendiger Entwicklung zurückgelegt als jede Kulturwelt, in der das Dörfliche oder das ,,Provinzielle" regiert, aber trotzdem bedeutet das Großstädtische einen kulturweltlichen Reifegrad von nur bescheidener Höhe.
Wenn nun auch der bisherigen Menschheitsgeschichte nach selbst die entwicklungsreichsten Kulturwelten noch nie über das Großstädtische erfolgreich oder zukunftsreich hinausgekommen sind, so beweist diese Tatsache doch nicht, daß das Großstädtische überhaupt unüberwindlich sei, sondern sie beweist nur, daß dessen erfolgreiche oder zukunftsreiche Überwindung ein größeres Entwicklungsvermögen voraussetzt, als die bisherigen einzelnen großen Kulturwelten hatten. Wenn diese mit dem Großstädtischen bisher immer in ihren Entwicklungen endeten oder ,,untergingen", so ist dieses Enden oder Untergehen, auf das besonders auch Oswald Spengler wiederholt hinweist, schwerwiegend genug, so daß es heute besonders auch etwa hinsichtlich der europäischen Kulturwelt ernstlich zu beachten ist; aber es beweist nicht, daß nun in jedem Falle auch sie untergehen müsse.
Es ist absolut sicher, daß das Großstädtische die betont führende Stellung, die es heute noch in der europäischen Kulturwelt hat (und heute mehr hat als je zuvor), hier nahezu künftig nicht mehr haben wird; Europa wird das Großstädtische verhältnismäßig bald schon und dann gewissermaßen *plötzlich* viel geringer werten als bisher und weitgehend überhaupt ablehnen, aber das ist ohne weiteres noch nicht gleichbedeutend mit einem Untergang Europas oder des ,,Abendlandes", sondern es besagt zunächst nur, daß das *großstädtische* Europa oder Abendland untergehen wird, aber zunächst auch nur in dem Sinne, daß es hier seine *führende* Stellung verlieren wird.

So wie sich in Europa etwa von der letzten Hälfte des 14. Jahrhunderts ab eine allgemeine revolutionäre Unruhe zunehmend schnell steigerte und sich dahingehend auswirkte, daß sie das besondersartige mittelalterliche Kulturregiment zersetzte oder auflöste, so bilden auch die nun seit reichlich 150 Jahren bis heute zunehmend heftiger revolutionär und kriegerisch gewordenen allgemeinen Kulturbewegungen Europas – wenn auch sehr unwissentlich – eine unaufhaltsame Zersetzung oder Auflösung des besondersartigen vorstädtisch-großstädtischen Kulturregimentes, das in Europa mit dem Beginn der Renaissance einsetzte. Aber ähnlich so wie die europäische Kulturwelt etwa um 1500 dadurch, daß das speziell mittelalterliche Kulturregiment ausgeschaltet war, durchaus nicht vernichtet sondern im Gegenteil verjüngt oder erneuert wurde, so bedeuten auch die gegenwärtigen revolutionär und kriegerisch betonten Unruhen und deren unbewußter Kampf gegen das großstädtische Regiment so ohne weiteres durchaus nicht, daß Europa untergehe. Sie können ebensogut – gerade umgekehrt – dahin führen, daß es sich verjüngt oder erneuert, nur daß Europa heute unvergleichlich viel mehr gehemmt ist, sich *wesentlich* zu verändern, als es vor nun etwa 500 Jahren noch

91

gehemmt war, über das Mittelalterliche hinaus die *wesentlich* andersartige Kulturwelt der Renaissance zu bilden.

In der Kulturwende zwischen Mittelalter und Renaissance, dort wo das Mittelalter endete, endete es nicht, weil Europa erkenntnismäßig nicht mehr mittelalterlich sein wollte, sondern weil es innerlichst, weitgehend unbewußt, nicht mehr mittelalterlich war. Europa war dort einfach naturgesetzlich reifer geworden, *fühlte* sich dort zutiefst dem äußerlich Mittelalterlichen überlegen und widersprach dann mehr und mehr allen mittelalterlichen Kulturerscheinungen, äußeren Gesetzen und Ordnungen usw. aber tat das doch auch immer wieder ganz zuerst nur gefühlsmäßig unbestimmt zwischen Ja und Nein unsicher Hin und Her. Alle Opposition gegen das Mittelalter, so lebendig sie sein mochte, konnte dort erst nach harten und zunehmend härteren Kämpfen endgültig über das Mittelalter hinausführen.

Das äußerliche, in diesem Falle besonders das kirchliche Kulturregiment konnte dort sehr lange noch alle Widerstände gegen das Mittelalterliche überlegen siegreich unterdrücken. Europa schien dort – obenhin gesehen – nach wie vor in einem höchsten Maße interessiert zu sein, das Mittelalterliche zu heiligen und zu festigen. Zum Beispiel: Die mittelalterlichen Dome und Kathedralen der Spätgotik scheinen eine höchste Blüte des Mittelalters zu dokumentieren und werden noch bis heute immer wieder gerne als dessen wesentlichste Bauwerke verstanden und doch sind sie nur noch dem äußerlichen Verstehen nach mittelalterlich, sie sind sowohl dem unmittelbaren wie dem übertragenen Wortsinne nach ein mittelalterlich Äußerlichstes, wie überhaupt das gesamte Kulturbild und im besonderen auch das kirchliche Regiment dort betont äußerlich war und sich schließlich nur noch behaupten konnte in einer zunehmend gewaltmäßigeren Abwehr oder Unterdrückung *innerer* Lebensbewegungen, innerster Überzeugungen oder innerster Willenskräfte, die zunehmend unwiderstehlicher über das Mittelalterliche hinausdrängten in der Richtung nach einer völlig andersartigen Kulturwelt, nach der Renaissance, hin.

Und dem Wesentlichsten nach genauso wie dort erstrebt auch heute Europa wieder „im Grunde genommen" oder „zutiefst", weitgehend unbewußt, unbestimmt oder triebhaft etwas völlig anderes als es obenhin alltäglich, bewußt vorsätzlich und in fiebernder Aktivität *äußerlich* betont oder scheinbar außerordentlich interessiert zu verherrlichen und bis in fernste Zeiten zu festigen bemüht ist.

Genauso wie Europa im Verlaufe des endenden Mittelalters über die besondersartigen und dominierenden mittelalterlichen Anschauungen, Lehrmeinungen, Lebens- und Werkformen vor allem *innerlichst* hinaus war, so ist Europa auch heute wieder mit seinen besondersartigen Anschauungen, Lebens- und Werkzielen usw., die es jahrhundertelang als beispiellos großartig wertete und betonte und immer wieder ganz allgemein als endlos entwicklungsfähig verstand, in den krisenhaften Zustand einer „Kulturwende" gekommen. Dieser Zustand bedeutet praktisch oder ganz zuerst, daß es nun auch heute wieder mit einer voraufgegangenen jahrhundertelangen besonderen Kulturart *am Ende* ist.

Genauso wie Europa während der Spätgotik einerseits in einem höchsten Maße revolutionär und neuerungsgläubig war und das gesamte mittelalterliche Kulturbild eiferndst veränderte, andererseits aber durch und durch reaktionär das Mittelalter als solches zu erhalten, zu festigen und zu glorifizieren suchte, so daß alle Veränderungen oder Neuerungen nach außen hin als *potenziert* mittelalterlich gelten konnten, so ist auch in der gegenwärtigen ,,Kulturwende" Europa wieder wie krankhaft fiebernd, revolutionär veränderlich und neuerungsgläubig, aber auch verbissen doktrinär und geschichtsgläubig reaktionär.

Auch heute wieder siegt im Kampf zwischen hier und dort *zunächst* überall die Reaktion, so daß alle die sieghaften, alle die betont äußerlichen und hochfahrenden Kulturerscheinungen der sehr eigenartigen jüngeren und jüngsten europäischen Geschichte genausowenig in die *Zukunft* weisen, wie seinerzeit die spätgotischen Dome und Kathedralen das taten. Genauso wie diese – wenn auch dem damaligen Europa nicht erkennbar – das Enden des Mittelalters kennzeichneten und der unmittelbar danach einsetzenden Renaissance absolut gegensätzlich waren, schon bevor sie wirklich lebte, so sind auch heute die dominierenden Kulturerscheinungen Europas – wenn auch nur schwer oder überhaupt nicht erkennbar – die *End*erscheinungen einer besondersartigen, der *nach*mittelalterlichen Kulturwelt. Auch sie stehen heute einem vielleicht möglichen *neuen* Europa feindlichst gegenüber, bevor noch von ihm etwas Rechtes zu sehen ist.

Das heutige Europa ist einer Kulturerneuerung um so feindlicher, je mächtiger es ist. Seine unmittelbar oder obenhin mächtigsten Personen, mächtigsten Institutionen und mächtigsten Dinge werden sich zunehmend mehr als die erbittendsten Feinde jeder Kulturerneuerung erweisen, etwa so wie auch während des endenden Mittelalters die dortige außerordentlich mächtige Kirche alle Anzeichen einer werdenden Renaissance am *erbittertsten* bekämpfte. Und so außerordentlich mächtig wie das heutige Europa in gewissen Hinsichten ist, so fraglich ist auch, ob es praktisch überhaupt noch einmal wieder eine Kulturerneuerung wird haben können.

Wenn es in der Macht der menschlichen Kultur liegen würde, dann würde sie nie *Kulturerneuerungen* haben, sondern dann würde es in ihr immer nur gleichmäßige, schrittweise Entwicklungen geben und so kann auch die konstant schrittweise Entwicklung als eine idealste Kulturbewegung gelten.

Bisher aber hatte die menschliche Kultur eine solche Entwicklung immer nur periodenweise, und je mehr sie sich dem Ende der einzelnen Periode näherte, um so mehr endete dort fast überhaupt jede Entwicklung: Sie endete nie in dem Sinne des Ermüdens oder des langsamen Einschlafens, sondern immer in dem vagen Gefühl, lebensbedroht zu sein und in dem krampfhaften Bemühen, wach sein, sich *stark* entwickeln und als Kultur unmittelbar *hoch* stehen zu *wollen*, und ist während des Endens ihrer einzelnen Entwicklungsperioden schließlich immer völlig außerstande, sozusagen ,,vernünftig" sein zu können; sie mag dort tun oder lassen, was sie will, es ist ungefähr alles immer wieder ,,reiner Unsinn".

93

Und wieder genauso wie das außerordentlich unruhige, quälende, krankhafte Enden der einzelnen Entwicklungsperioden im menschlich persönlichen Leben durch nichts irgendwie nennenswert geändert werden kann, außer daß der Mensch hier durch seine natürliche oder innerste Reifeentwicklung diesen Zustand überwindet, so kann auch der maskenhafte oder fratzenhafte Zustand, den die einzelne Kulturwelt dort zeigt, wo ihre einzelnen großen Entwicklungsperioden enden, allein durch eine sozusagen natürliche Reifeentwicklung, oder durch ein sieghaftes Erstarken *innerster* Lebenskräfte überwunden werden.

Für jede Kulturwelt ist gewiß jederzeit zuerst und zuletzt allein entscheidend, was oder wie sie „von Natur aus", „von Haus aus", *innerlichst* oder „im Grunde" genommen ist, aber ebenso gewiß ist dies dort noch unvergleichlich viel wichtiger oder entscheidender als sonst, wo sie durch höchste Lebensnot oder Lebensgefahr bewegt ist.

Und so hilft der endenden Kultur *entscheidend* allein etwas, dem gegenüber sie zwar nicht überhaupt machtlos ist, aber das sie doch auch nie so ohne weiteres, nie so obenhin greifen oder begreifen kann; ihr kann immer nur etwas helfen, von dem sie obenhin allgemein so gut wie nichts weiß und auch nichts *wissen* will, dessen Auswirkungen sie kaum beachtet oder aber – soweit sie sich irgendwie betonen – allermeistens sogar erbittert bekämpft und zu vernichten sucht.

Und so führt ihr Enden auch *nie* aufgrund ihres Verstehens oder Wissens oder wissentlichen Wollens zu einer zukunftsreichen Kulturerneuerung, sondern soweit diese dort schließlich überhaupt einsetzt, tut sie das immer „*trotzdem*".

Wenn eine endende Kulturwelt zukunftsreich endet, konnte dies immer nur sein, weil sie sich schließlich – mehr und mehr allem obenhin gültigen glatten Wissen und Verstehen und Wollen entgegen – außerordentlich „verinnerlichte" oder weil sie mehr und mehr einen andächtigsten, eigentlich religiösen Glauben an innerlichste, unbegreiflichste Lebenskräfte oder Lebenstatsachen entwickelte.

Das, was endende Kulturen „praktisch" wollen und erreichen, ist in hundert Fällen neunundneunzig Mal das gerade Gegenteil von dem, was sie „im Grunde genommen" wollen. Sie äußern sich so oberflächlich, wie sie endend sind und äußern sich zwangsläufig um so oberflächlicher, je mehr sie sich ihrem letzten Ende nähern.

Jede Kultur ist während ihres Endens dem großen Ganzen nach *nur* endend (so wie eine anfängliche Kultur nur anfänglich oder nur beginnend ist). Alles, was eine endende Kultur neu beginnt oder neu bildet, untersteht sogleich ihrem Endprozeß und wird immer in kürzester Zeit wieder zersetzt oder aufgelöst oder so gut wie völlig wertlos sein.

Wäre es ihr praktisch möglich, während ihres Endens ungefähr überhaupt nichts zu bilden, das einen längeren Bestand haben solle oder würde sie ganz allgemein wissen und befolgen, daß *sie* besonders wenig wisse und daß sie auch bestenfalls nur sehr *Bescheidenes* zu erwirken vermöge, dann würde sie den Prozeß ihres Endens eigentlich aufheben. Jedenfalls wird er ganz zuerst gerade dadurch zu einem Endprozeß, daß sie zunehmend eifernder Großartigstes und „ewig Gültiges" neu zu bilden sucht und dann ebenso eifernd gerade das, was sie soeben bildete, sogleich wieder verneint. Und dies tut sie während ihres Endes ganz natürlich um so mehr, je eifernder, betrieblicher oder aktivistischer sie ihrer ganzen Wesensart nach ist und immer schon war. Je ruhiger, „gelassener", besinnlicher usw. eine Kultur an und für sich ist, um so weniger wird sich immer auch ihr Enden als solches betonen. So zum Beispiel endete die besondere wesentlich dörfliche Kulturwelt des vormittelalterlichen Europa zwar auch unruhig bewegt, auch sie war während ihres Endes aktivistischer als je vorauf, aber sie war doch unvergleichlich viel weniger unruhig, viel weniger fiebernd krankheitlich als die wesentlich *städtische* Kulturwelt des Mittelalters während ihres Endes und endete dementsprechend auch unvergleichlich viel weniger markant als das Mittelalter.

Die vormittelalterlich europäische Kulturwelt war nicht wesentlich dörflich, weil sie keine eigentlichen Städte und keine Großstädte hatte, sondern weil in ihr das Dörfliche weitaus *vorherrschte, dominierte* oder *regierte*. Oder: Die mittelalterliche Kultur war typisch städtisch, *trotzdem* sie unzählige Dörfer mit einschloß, denn sie wurde durch die Stadt *regiert*, das *regierend* Städtische kennzeichnete das Mittelalterliche als *städtisch*.
In dem gleichen Sinne war das *nach* mittelalterliche Europa bis heute her immer wesentlich großstädtisch. Diese regierende Macht oder Stellung der Großstadt oder des Großstädtischen ist hier entscheidend, sie kennzeichnet das gesamte neuere Europa als wesentlich großstädtisch, und so wird auch sein weiterer Verlauf ganz zuerst durch die *Großstädte bestimmt*. Alle wesentlichsten Anschauungen, Gedanken, Bestrebungen, Fragen und Probleme Europas sind lange schon ganz zuerst *großstädtischer* Art. So wie es den europäischen Großstädten geht, so geht es und ging es nun seit Jahrhunderten schon allem Wesentlichsten nach der *gesamten* europäischen Kulturwelt, und so kann sie sich auch nur insoweit wesentlich verändern, wie die europäische *Großstadt* sich wesentlich verändert, so daß nun tatsächlich auch alle heutigen sehr starken Veränderungen Europas ganz zuerst und deutlichst Veränderungen des Großstädtischen oder des Vorstädtisch-Großstädtischen sind.
Wohin nun diese Veränderungen führen werden, das ist heute nicht nur *die* europäische Frage sondern ist weit darüber hinaus eine lebendigste Allerwelts-Frage, die durch die speziell kriegerischen Zustände Europas noch extra betont wird, aber nicht erst durch sie gestellt wurde. Die Veränderungen verdeutlichen nur noch das an und für sich außerordentlich Fragwürdige des jüngeren Europa, das sehr lange schon voller vibrierender Spannungen betont kriegerischer Art ist, so daß hier nun der „richtige" Krieg – vor allem innerhalb größten und entscheidendsten europäischen Kulturräume – trotz seiner endlosen Verwüstungen und trotz seines Grauens doch sehr weitgehend wie eine Art Entspannung, um nicht zu sagen Erlösung, empfunden und bejaht wird.
Europa wünscht sich heute sicher lebendigst statt des Krieges den Frieden, aber ebenso gewiß ist, daß es sich heute – wenn auch sehr unbewußt – ganz *zuerst* den Krieg

wünscht; denn es ist heute seinem *Wesen* nach zwar *auch* friedlich, *ganz zuerst* aber kriegerisch, genauso wie es seinem Wesen nach zwar *auch* dörflich und kleinstädtisch, *ganz zuerst* aber großstädtisch ist oder genauso wie es seinem Wesen nach zwar *auch* kindlich und echt fraulich und mütterlich und häuslich-wohnlich und handwerklich-meisterlich und künstlerisch und altersweltlich-weise ist aber *ganz zuerst jugendlich, betont männlich,* ,,zackig", soldatisch ist, nicht wohnlich-häuslich sondern straßig oder ,,dynamisch", nicht handwerklich sondern fabriklich ist und dies in einer möglichst höchsten Steigerung ganz allgemein sein will.

Diese Wesensart, durch die Europa sich heute gegenüber *allen* außereuropäischen Welten unterscheidet, läßt es heute auch kriegerischer sein, als sie alle sind und weit kriegerischer auch, als es selbst je war.

Sein heutiger Zustand läßt sich nur vergleichen etwa mit dem Zustande, in dem die hier vorauf schon genannten großen Kulturwelten während ihres letzten Endens waren.

Selbstverständlich können neuere Kulturwelten weit zurückliegenden geschichtlichen Kulturwelten immer nur bestimmten *generellen* Wesenszügen nach gleichen, und soweit nun diese geschichtlichen Kulturen untergegangen sind und während ihres Untergehens der heutigen europäischen Kulturwelt merkwürdig gleich waren, so rechtfertigt das ohne weiteres noch nicht – was hier immer betont sein möge – zu behaupten, daß nun auch Europa untergehe. Gewiß ist hier nur, daß erstens Europa heute das Enden oder den Untergang einer wesentlich großstädtischen Lebens- oder Entwicklungsperiode erlebt und daß zweitens der Untergang einer solchen Periode *bisher* immer noch den ungefähr totalen Untergang der in Betracht stehenden großen Kulturwelten bedeutete, so daß ebenfalls auch heute für die gesamte europäische Kulturwelt eine höchste Lebensgefahr besteht. Diese will Europa heute so obenhin allgemein zwar nicht sehen, es tut immer wieder gerne so, als ob es ihr gegenüber nicht recht sehen könne und ist hier auch tatsächlich sehr verblendet oder blind. (Wieder genauso, wie auch die früheren Kulturwelten der gleichen Lebensgefahr gegenüber blind waren.)

Aber ganz gleich nun, inwieweit Europa seine heutige Lebensgefahr erkennt oder nicht, jedenfalls ist sie eine Tatsache, die sich als solche unabänderlich täglich mehr betonen wird. Die obenhin aufdringlichsten Erscheinungen Europas werden während der nächsten und allernächsten Zukunft unabänderlich Kulturuntergangserscheinungen sein, und zwar um so mehr und um so deutlicher, je mehr oder unmittelbarer sie mit der Großstadt zu tun haben oder zu tun haben werden.

Denn – auch dies möge hier immer wieder betont sein – zunächst geht in Europa nur das speziell Großstädtische unter, oder es endet hier zunächst nur die einseitige Hochwertung und die Vorherrschaft des speziell und betont Jugendlichen, des krampfhaft gewollt Männlichen, des ,,Halbstarken", des Unmeisterlichen, des Halbrichtigen, des halben Könnens, des gewaltmäßig Zwingenden usw., das zwar in *jeder* Kultur immer ist, immer war und immer wieder sein wird, aber das nur in betont großstädtischen Kulturen *regiert* und hier dann mehr und mehr alles bekämpft und zu ver-

nichten sucht, was nicht betont großstädtisch ist. Dieser Prozeß ist für die speziell großstädtische Kultur insofern immer um so siegreicher, als alles, was sie außerordentlich machtgläubig zunehmend kriegerischer bekämpft, an und für sich nur wenig oder überhaupt nicht kriegerisch ist oder kriegerisch zu kämpfen weiß und sich also hier gegen seine Vernichtung unmittelbar so gut wie nicht wehren kann. Es bleibt dann schließlich eine Kultur restlich, in der so ungefähr nichts mehr von dem ist, nichts mehr von dem gedeiht und blüht, das allen Kulturen immer als das eigentlich Edelste, Großartigste, ,,Menschlichste", Strahlendste und Beglückendste gilt.
Dort bleibt gewissermaßen zwangsläufig nur noch eine Kultur restlich, in der ein wildester Kampf, eine wildeste Selbstbehauptung und ein wildestes Chaos regieren oder in der alles, was sich in ihr noch als ein möglicherweise Kulturerneuerndes retten konnte, sich verstecken oder verkriechen muß etwa so, wie die ,,Katakomben-Christen" sich im antiken Rom versteckten oder verkrochen.

*

Alle menschlichen Lebenswelten, die persönlichen wie die gemeinschaftlichen, sind während ihrer eigentlichen Entwicklungskrisen wie gottverlassen, so gut wie ohne jedes unmittelbar schöpferische Vermögen, zunehmend oberflächlicher und oberflächlich machtgläubiger, allen tiefen Lebensbewegungen, allen höchsten Menschheitsgesetzen zunehmend feindlicher und im allgemeinen wie krankhaft fiebernd bemüht, solche Zustände zu verherrlichen.
Und dies gilt nun heute im besonderen auch hinsichtlich der kulturführenden Großstadtwelten; wenn sie könnten, wie sie nicht können, dann würden die Großstädte ins Endlose wachsen und würde in kurzem kein Mensch mehr daran erinnern dürfen, daß er auch noch an etwas anderes glaube als an das, was ihre Führungen ihm zu glauben diktieren und etwas anderes erstrebe, als sie ihn zu erstreben zwingen.
Die Großstädte wie überhaupt alle speziell und betont großstädtischen Lebenswelten enden heute so deutlich wie es deutlich ist, daß sie im Verlaufe ihrer jüngeren und jüngsten Geschichte zunehmend mehr verschweigen, zunehmend mehr ihre inneren Bewegungen zu unterdrücken suchen, oder je mehr und brutaler sie sich gezwungen sehen, das zu tun.
Wenn die Großstädte so könnten wie sie nicht können, dann würden sie jetzt in kurzer Zeit ungefähr alle Kultur, alle Menschlichkeit oder alle Menschheit vernichtet haben. Aber sie können das nicht. Sie bezeichnen eine besondere Entwicklungsperiode der Menschheit oder der Kultur und waren entsprechend von Anfang an zeitlich begrenzt, so wie auch die Kleinstädte und die Dörfer als die Zeichen besonderer Kulturentwicklungsperioden in ihrer Kulturführung von Anfang an begrenzt waren. Sie endeten in einem Zustand allgemeiner oberflächlichster Weltbetrachtungen und doktrinär unduldsamster Machtherrschaft, und auch die Großstädte enden nun heute in diesem Zustand.

Sie haben „die Welt aufgeschlossen", „die Welt erobert", die Menschheit handgreiflich als ein Einheitliches verdeutlicht; und neben dieser Tatsache wird nun alles, was sie sonst noch machten, und werden im besonderen auch sie selbst – ob sie wollen oder nicht – sehr bald ganz nebensächlich sein, viel nebensächlicher noch als die Kleinstädte und Dörfer mit allen ihren Vorzügen nun seit Jahrhunderten schon sind.

Die „Völkerwanderung", die unter dem Regime der endenden Großstädte schon seit langer Zeit einsetzte und ununterbrochen lebendiger wurde, wird sehr bald alle Widerstände überfluten, die sich ihr heute noch entgegenstellen und ist in ihren Auswirkungen zunächst überhaupt noch nicht auch nur ungefähr zu übersehen, sicher ist nur, daß diese Völkerwanderung die menschlichen Anschauungen, das Verhalten des Menschen zu Menschen und Dingen, die menschlichen Lebensformen, die Ideale usw. unabänderlich zunehmend mehr und sehr rapide dermaßen verändern werden, daß die Menschheit in kurzem ungefähr wie eine neue Menschheit sein wird.

So wenig wie die mittelalterlichen Stadtwelten dort, wo sie endeten, nicht die Renaissance als eine neuartige Gemeinschaftswelt voraussahen und in diesem Sinne überhaupt kein eindeutiges Ziel hatten, so kämpfen auch heute die großstädtischen Lebenswelten für und gegen sich, ohne daß ihr Kämpfen im Sinne einer neuartigen Lebenskultur ein eindeutig bestimmtes Ziel hätte. Es geht hier um ein Ziel, das zunächst noch in der Tiefe der allgemeinen Anschauungen und Empfindungen, in der Tiefe stillen Denkens und Fragens lebendig ist und so wie immer, wo neue Welten geboren werden, sozusagen auf die Stunde der Geburt wartet.

*

Wenn der Tag endet, altert er auch; er ist morgendlich sinnenfreudiger und führt abendlich zu genialischen Gedanken, die morgendlich nicht mehr genialisch sind; er ist am Morgen strahlend und zukunftsreich und ist am Abend ganz anders, ist am Morgen wie aller Anfang und am Abend wie alles Enden, ist am Anfang kindlich lebensfreudig wie alles Morgendliche und ist während des Endens wie alles Altwerden voller Todeszeichen.

Wenn der Frühling im ersten Beginnen ist, klingeln im Gebüsch die Schneeglöckchen und wenn er endet, fallen von den Apfelbäumen die Blütenblätter.

Und ob nun der Tag oder der Frühling oder das Jahr, ob die Kindheit oder ob der ganze Lebenslauf des Menschen, ob das einzelne Volk oder ob die ganze menschliche Kultur oder ob ihre einzelnen Entwicklungsperioden, sie alle haben das Morgendliche und das Mittagliche und Abendliche und Nächtliche, haben das Kindheitliche und das Nachkindheitliche und das Greisige.

Und so hatten auch die betont großstädtischen Lebenswelten ein betont Morgendliches und ein betont Mittagliches und haben sie heute das betont Abendliche oder Endende, das voller Todeszeichen ist. Sie sind nicht die Todeszeichen einer überhaupt alten sondern einer jugendlichen, einer *alternd-jugendlichen* Kultur, mit jugendlichem

Biceps aber mit überalterten Anschauungen, Gedanken, Bestrebungen und Lebensformen, mit alten Seelen und Altersgehirnen.
Wäre ihr Geist so jugendlich wie ihre physische Kraft, dann wäre die Welt heute statt voller Kriege und Kriegsgeschrei, statt voller grauenhafter Verwüstungen und Not und Elend und Betteln um Brot wie ein Paradies.
Mit dem Enden der großstädtischen Lebenswelten endet nicht überhaupt die menschliche Kultur. Sie ist, nachdem sie zunächst Dörfer und dann Städte erbaute, kaum über ihre Kindheit hinaus und ist heute, da das Großstädtische oder da ihre wildbewegten Jugendentwicklungen enden, kaum dahin gekommen, eine überhaupt ,,reife Kultur" zu werden.

4 Kulturerscheinungen und Kulturentwicklungen

Das, was wir Menschen zutiefst wollen, ist allermeistens gerade dann, wenn es darauf ankommt, etwas wesentlich anderes als das, was wir obenhin betonen.

Die innerste Stimme, die innerste Überzeugung wie auch das persönliche Gewissen aber ist ein Menschliches, das dem Menschen am natürlichsten ist, ist ihm, genauso wie sein ,,persönliches Wesen", ,,von Natur her" gegeben. Folglich entwickelt er auch, je mehr er darauf hört, ein um so lebendigeres Verhältnis zu allem Naturgegebenen, wie er sich umgekehrt von allem Natürlichen und ganz zuerst von allem menschlich Natürlichen zwangsläufig immer um so mehr entfernt, je mehr er seine innere Stimme, seine innersten Überzeugungen oder sein persönliches Gewissen unterdrückt oder zu verleugnen sucht.

Natur und Kultur

Die Spuren des Dorfes führen bis in die früheste Geschichte menschlicher Natur zurück; wo sie nicht mehr erkennbar sind, dort beginnt alle frühere Geschichte des menschlichen Lebens *Natur*geschichte zu sein oder von dort ab kann alles frühere menschliche Leben in bezug auf menschliche Kultur als deren *vorgeburt*liches Leben gelten.

So wie das Fundament des Hauses unmittelbar auf sogenannt ,,naturgewachsenem" Boden steht und ihm unmittelbar benachbart ist, ist auch das dörfliche Leben und Treiben als das Fundament aller menschlichen Kultur der rein naturgegebenen Menschheit unmittelbar benachbart; und so wie das Fundament des Hauses nur bis zu einer gewissen bescheidenen Höhe seiner Baumasse noch eigentliches Fundament ist, so ist auch das Dörfliche immer nur bis zu einer gewissen bescheidenen Kulturhöhe noch wirklich dörflich. Über diese Höhe hinaus beginnt alle Kultur zwangsläufig sich gegen alles stark naturgebundene Leben und Treiben ausdrücklich zu wehren oder beginnt sie, überhaupt anders als dörflich zu sein; und das tut sie, so hoch sie im übrigen auch das Dörfliche werten mag oder so gern sie auch immer wieder suchen mag, sich ihm stark zu verbinden.

Die dörfliche Kultur, die auch die Heimat aller Kultur genannt werden kann, wird für jede Kultur immer die eigenartige Anziehungskraft haben, die alles Eigentliche oder tief Heimatliche hat. In allen nichtdörflichen Kulturwelten ist jederzeit so etwas wie Heimweh nach dem Dörflichen oder – allgemeiner ausgedrückt – nach einem unmittelbar und stark naturverbundenen Leben und Treiben hin lebendig.

Das Dorf will immer städtisch werden, aber will immer auch nicht städtisch werden, und ähnlich so will auch die Stadt immer das Dorf verstädtern, aber will sie es auch nicht verstädtern.

Über dieses Ja oder Nein entscheidet nicht das Dorf und nicht die Stadt, auch nicht die menschliche Kultur sondern die *Natur*, die seit Uranfang *auch* alle *menschlichen* Welten regiert.
Soweit hier *auch* der Mensch regiert, tut er das immer nur ungefähr oder obenhin, immer nur sozusagen „in höherem Auftrage", in untergeordneter oder dienender Stellung. Er kann die gegebenen Welten ändern oder „entwickeln", aber schließlich immer nur so, wie er in seiner Natur oder einer ihm naturgegebenen Direktive nach zu tun getrieben wird.
Soweit er auch immer für sein Tun und Lassen verantwortlich ist oder soviel es auch für ihn immer wieder darauf ankommt, vernünftig, nicht triebhaft, zu sein, so ist er doch so wenig ein wirklicher Herr seines Trieblebens wie ein wirklicher Herr der menschlichen Welten; zuerst und zuletzt ist und bleibt hier der Herr immer die Natur.
So wenig wie der Mensch über seine eigene Geburt zu entscheiden hatte und so wenig er es ändern kann, daß er sterben muß, so wenig hat er zuerst und zuletzt oder „wenn's drauf ankommt", überhaupt die Macht, menschliche Welten regieren zu können; und so werden und vergehen im besonderen auch alle generell bedeutsamsten Kulturerscheinungen nie so, wie er das selbstherrlich will, sondern ihr Werden und Vergehen untersteht zuerst und zuletzt einem Naturgesetz. Er bildet und vernichtet etwa Dörfer und Städte im Grunde nicht, weil er sie vernünftigerweise bilden und zerstören will, sondern weil er, zuerst und zuletzt naturgetrieben, überhaupt nicht anders kann, als das zu tun.

*

Das letzte Enden, ebenso wie auch das erste Beginnen jeder Kultur ist immer gleichbedeutend mit einer lebendigsten Tendenz nach dem Natürlichsten hin.
Es ist immer, als ob jede Kultur nach Verlauf einer längeren mehr oder weniger geradlinigen Entwicklung zunehmend eifriger in den Urzustand menschlichen Lebens zurück möchte. Solches Zurückwollen äußert sich zwar immer sehr unklar oder sehr widerspruchsvoll; aber zum Beispiel die Tatsache, daß jede Kultur in größeren Entwicklungsabschnitten immer wieder sehr weit zurückliegende Kulturwelten als ungefähr zielmäßig zu verherrlichen sucht und also ganz betont reaktionär ist, beweist jedenfalls sehr eindeutig, daß jede ungefähr geradlinige Kulturentwicklung zeitlich immer verhältnismäßig kurz begrenzt ist.
An der Grenze jeder Kulturentwicklung, an ihrer anfänglichen ebenso wie an ihrer endenden, steht nie eine andere Kultur sondern steht fast immer die Natur.
Soweit aber „natürlichste Kultur" als das höchste Ideal aller Kultur gelten kann, steht jede Kultur gerade während ihres letzten Endens immer ihrem höchsten Ideal außerordentlich fern; oder mit anderen Worten: Jede Kultur endet immer dann, wenn sie sich im Verlaufe ihrer voraufgegangenen Entwicklungen mehr und mehr von ihren höchsten Kulturidealen entfernte.

Dieses Ideal ist nie oder allenfalls nur ganz nebenbei verstandesmäßiger Art. ,,Natürlichste Kultur" läßt sich begreiflich so gut wie überhaupt nicht irgendwie bestimmt und zuverlässig erklären und ist darum auch gerade jedem verstandesmäßigen vorsätzlichen Bemühen besonders wenig erreichbar.

Sie ist für jede Kultur jederzeit ohne weiteres ein mehr oder weniger lebendiger Begriff, ist in jeder Kultur jederzeit hier und dort irgendwie vorhanden aber bleibt doch begrifflich immer unbestimmt, bleibt dem eigentlichen Verstehen nach immer *,,unfaß*bar".

,,Natürlichste Kultur" oder das lebendige Verhältnis, das lebendige Streben zu ihr ist ganz in erster Linie so etwas wie eine adeligste Wesensart, und so wie jede menschliche Welt, jede Kulturwelt irgendwie immer adeligen Wesens ist, so hat sie auch immer ein irgendwie lebendiges Verhältnis zur natürlichsten Kultur.

*

Der noble Greis, auch wenn er noch sehr lebensfreudig ist und dies gelegentlich freimütig bekennt, wird immer seinen Tod ganz extra freundlich begrüßen.

Jedenfalls empfindet oder versteht jeder reifere Mensch jede ernstere Lebenskrise oder alle Pubertätszustände – wenn auch sehr unterschiedlich klar oder deutlich – als eine Art Versagen oder als eine Schwäche, und alles ausgesprochen Revolutionäre als deren eigentlichster Ausdruck läßt sich sehr gut dahingehend deuten, daß es den Zweck habe, solche Krisen oder Pubertätszustände schnellstens zu überwinden.

Sie oder ihre von Zeit zu Zeit zwangsläufig auftretenden Betonungen zeugen mehr als sonst irgend etwas gegen die Art aller bisherigen Kulturen. Sie sind ein Beweis dafür, daß es bisher noch nie kulturweltliche Gesetze und Ordnungen gab, die als dermaßen lebensnah oder natürlich erschienen, so daß es überhaupt nicht zu unterscheiden war, ob sie Kultur- oder Naturgesetze waren. Solche Gesetze und Ordnungen sind aber irgendwie sehr wohl als ungefähr möglich denkbar.

Es gibt hin und wieder – wenn auch nur äußerst selten – solche Menschen, die sich in jedem Betracht als hochkultiviert erweisen und die doch ebenso in jedem Betracht durch und durch ,,natürlich" sind oder die sich auf Schritt und Tritt als hochkultiviert und gleichviel als in höchstem Maße urwüchsig natürlich äußern und die andererseits trotz eines natürlichen Betragens nicht im geringsten behindert sind, der Kultur, und zwar der höchsten Kultur, zu entsprechen, die *natürlichst* höchst *kultiviert* sind.

So außerordentlich selten solche Menschen sein mögen und ganz gewiß immer waren oder so wenig sie in Wirklichkeit je existierten, sind sie doch sehr gut vorstellbar oder denkbar.

Es ist schon sehr gut denkbar, daß selbst die kultivierteste Kultur selbst natürlichster Natur nicht widerspricht.

Mittelalter und Nachmittelalter
oder Das Vertikale und das Horizontale

Jede Kulturwelt ebenso wie jede ihrer einzelnen großen Lebensperioden endet mit einem allgemeinen und eifrigsten gewissermaßen blinden Bemühen, sich selbst verherrlichen zu wollen. Sie betont immer, von Anfang an schon, in dem gleichen Maße, in dem sie sich überhaupt als eine besondersartige Kulturwelt darstellt, auch eine besondersartige geistige und wirkliche Grundhaltung.
Alle allgemeinen oder offiziellen Entwicklungen jeder Kultur oder jede ihrer einzelnen großen Lebensperioden laufen immer darauf hinaus, daß sie eine sehr spezielle Weltanschauung, eine sehr spezielle Art des Denkens, der Interessen und des Wirkens zunehmend immer mehr und immer eifriger spezialistisch betont, verdeutlicht, befestigt und schließlich als heilig betrachtet.
Diese spezialistische Entwicklung einer bestimmten geistigen Grundhaltung aber führt zwangsläufig immer zu einer mehr und mehr ausgesprochen unverbindlichen, unduldsamen und schließlich feindlichsten Stellungnahme gegenüber allen den geistigen Bewegungen oder Interessen, die in jeder Kulturwelt außerhalb oder neben einer allgemein dominierenden Interessenbahn menschlich lebendig sind.

Europa hätte nicht die sehr besondersartige mittelalterliche Kultur bilden können, wenn es dort nicht eine ganz speziell dominierende geistige und seelische Haltung gehabt hätte, und dieser letzteren entsprach auch eine speziell dominierende Deutung und Wirkung des Christentums oder entsprach eine sehr besondersartige christliche Kirche.
Diese Kirche war vor allem dadurch besonderer Art, daß sie von Anfang an und dann zunehmend immer mehr den Begriff des Himmels und den Begriff der Hölle betonte. Die Verwendung dieser Begriffe war zwar nicht nur der mittelalterlichen christlichen Kirchenlehre, sondern war wohl noch *jeder* Lehre, *jeder* großen Kirche geläufig.
Das ändert nichts an der Tatsache, daß es der mittelalterlichen christlichen Kirche von Anfang an und zunehmend immer mehr ganz außerordentlich viel darum zu tun war, den Himmel ebenso wie die Hölle so lebendig und so glaubwürdig wie nur irgend möglich darzustellen.
Das Mittelalter glaubte nicht etwa darum an Himmel und Hölle, weil die Kirche dort diese Begriffe so meisterhaft verlebendigte, sondern gerade umgekehrt: Die Kirche konnte diese Begriffe so außerordentlich wirksam verlebendigen, weil die mittelalterliche Welt von Anfang an und ohne weiteres (also auch ohne das Christentum) gewissermaßen gerne an Himmel und Hölle glaubte oder glauben wollte.
Meisterhafte Darstellungen dieser oder jener Begriffe bedingen immer und überall und in erster Linie ein lebendigstes innerlichstes Verhältnis zu diesen Begriffen, das ohne weiteres vorhanden sein muß. Ebenso können solche Darstellungen auch immer nur insoweit sehr stark wirken, wie solche Begriffe schon sehr lebendig sind oder sehr stark interessieren.

Das heutige Europa ist völlig außerstande, irgendwie großartige Darstellungen von Himmel und Hölle bilden zu können, nicht etwa weil es überhaupt bildungsarm wäre, sondern weil es im allgemeinen für Himmel und Hölle nicht das geringste Interesse hat.

Das Mittelalter aber hatte dieses Interesse von Anfang an in betontem Maße, und darum konnte es auch nur insoweit eine starke Führung oder ein starkes Kulturregiment haben, wie diese von Anfang an die Begriffe Himmel und Hölle ganz besonders kultivierte oder betonte.

So mußte auch die christliche Kirche, um dem damaligen Europa überhaupt vertraut werden zu können, notwendig, ob sie wollte oder nicht, Himmel und Hölle als selbstverständlichste und wichtigste Wahrheiten bejahen, und sie durfte das insofern auch berechtigterweise tun, als die christliche Lehre von Anfang an immer schon eine höchste und vollkommenste Lebenswelt gerne als „Himmel" und eine niedrigste, tiefste oder qualvollste Lebenswelt gerne als „Hölle" bezeichnete. Genauso wie dieser letzten Deutung nach auch dem heutigen Europa die Begriffe Himmel und Hölle noch durchaus geläufig sind, so sind sie auch nicht, wie man meinen könnte, überhaupt primitiver Art. Aber das frühere Europa nahm sie primitiv und wollte sie primitiv genommen wissen, es nahm ganz allgemein überhaupt das Christentum von der betont primitiven Seite her.

Das mittelalterliche Europa war nicht etwa primitiver, als es vorauf gewesen war, sondern seine voraufgegangene Primitivität wurde durch das Christentum sozusagen geadelt. Europas allgemeine Weltanschauungen, Lebensgesetze, soziale Ordnungen usw. wurden durch das Christentum einheitlicher und zielsicherer oder wurden als solche durch das Christentum außerordentlich erhöht und mehr oder weniger geheiligt, aber blieben darum doch dem großen Ganzen nach primitiver Art.

Dementsprechend waren auch etwa die „Tugenden" und die „Sünden" der mittelalterlichen Welt sehr präzis bestimmt und leicht zu zählen. Sie hatte mit verhältnismäßig nur sehr wenigen „Tugenden" und wenigen „Sünden" zu tun, und so hatte sie für diese auch entsprechend eindeutigste Belohnungen und eindeutigste Bestrafungen. Dabei war die letzte oder höchste Belohnung aller Tugenden ganz einfach (oder ganz primitiv) geradeaus „der Himmel", während ebenso einfach und geradeaus die letzte oder höchste Strafe eben „die Hölle" war.

Und dies galt der mittelalterlichen Welt nicht etwa nur so als irgendwie oder ungefähr richtig, sondern dies galt ihr sehr allgemein als unabänderlich oder als absolut sicher als höchste Wahrheit.

Dort zielten alle Gedanken, alle Belehrungen, alle Bemühungen, tugendhaft, gut, edel usw. zu sein und alles „Sündige", „Gottlose", „Teuflische" usw. zu bekämpfen oder zu vermeiden, unmittelbar dahin, den Himmel zu verdienen und den Qualen der Hölle zu entgehen. Die ganz allgemein vorherrschenden Gedanken, Hoffnungen und Ängste des Mittelalters bewegten sich von seinem ersten Beginnen ab immerfort sozusagen hin und her zwischen Himmel und Hölle.

In dem gleichen Maße dann, in dem das Mittelalter suchte, die allgemeinen gültigen

Anschauungen, Lebensgesetze und Lebensordnungen zu bestimmen, zu festigen und zu sanktionieren und also auch die ,,Tugenden" und die ,,Sünden" als solche immer deutlicher zu erklären und immer präziser voneinander zu unterscheiden, in dem gleichen Maße suchte das Mittelalter zwangsläufig auch, den Gegensatz zwischen Himmel und Hölle zunehmend mehr und zunehmend anschaulicher zu betonen. So wurde dann unter anderem auch die immer schon sehr geläufige Vorstellung, daß der Himmel ,,hoch oben" und die Hölle ,,tief unten" sei, zunehmend immer mehr betont.
Die Bedeutung, die diese vertikale Interessenbahn für die gesamte mittelalterliche Kulturwelt hatte, erklärt sich hier am besten vielleicht durch eine vergleichende Betrachtung der besonderartigen nachmittelalterlichen Kulturwelt, die mit der Frührenaissance einsetzte und dann von Anfang an ganz allgemein immer eine, sagen wir, *horizontale* Interessenbahn betonte und bis heute mehr und mehr zu betonen suchte.
Diese nachmittelalterliche Kulturwelt begann dort und konnte nur dort beginnen, wo Europa aufgehört hatte, sehr allgemein und sehr stark an Himmel und Hölle, also an nichtirdische Welten, an nichtirdische Lebenszustände zu glauben, oder wo Europa dem mehr oder weniger primitiven mittelalterlichen Glauben an Himmel und Hölle ganz eigentlich natürlich entwachsen war, oder wo es aufgrund eines reiferen und reicheren Weltverstehens auch ein lebendigeres Interesse für unmittelbar weltliches oder irdisches Leben gewonnen hatte. Das Wesentlichste der gesamten nachmittelalterlichen Kulturwelt war von Anfang an die Betonung der Vernunft und des Vernunftlebens, des Verstehens und des Wissens, des Begreifens des unmittelbaren oder des einfach Begreiflichen, des handgreiflich *Faßbaren*, des tatsächlichsten und unmittelbar Vorhandenen oder dessen, was ganz allgemein als das ,,Irdische" gilt.
Die lebendigsten Interessen Europas waren seit dem Beginn der Frührenaissance immer in ganz anderer Weise als vorauf *irdisch* gebunden. Seit dem Beginn der Renaissance bewegten die europäischen Interessen sich mehr und mehr sozusagen von einer *irdischen* Tatsache zur anderen.
Seither wird das Leben und Treiben des europäischen Menschen im allgemeinen durchaus nicht mehr irgendwie entscheidend dadurch bestimmt, daß er sehen würde, sich den Himmel zu verdienen, der in unendlicher Höhe bestenfalls erst nach dem Tode erreichbar ist, und andererseits schreckten seither den europäischen Menschen auch kaum noch irgendwie nennenswert die Gedanken, daß er früher oder später von der Erde weg in die Hölle kommen könne. Seither sind die großen ebenso wie die kleinen Ziele seines Lebens und Treibens immer betont irdischer Art, sind sie immer *auf dieser Erde* und ebenso fürchtet er seither im allgemeinen nicht mehr irgendwelche Qualen, die nach dem Tode sein könnten, sondern nur die Qualen dieser oder jener rein irdischen Zustände.
Seither denkt er von dort aus, wo er im Augenblick gerade ist, nicht mehr senkrecht nach oben an himmlische oder senkrecht nach unten an höllische Lebenszustände, sondern seither gehen seine Gedanken immer mehr oder weniger horizontale Wege.
Als Kolumbus im Verlaufe des endenden Mittelalters lossegelte, um in weiter – sagen wir horizontaler – Ferne eine neue Welt zu finden, da tat er das, was zu seiner Zeit

mehr und mehr *alle* besonders lebensvollen europäischen Menschen zu tun suchten. Mit der Entdeckung Amerikas, mit der Entdeckung einer neuen Welt in weiter *irdischer* Ferne, erlebte das mehr oder weniger unterbewußte, aber doch lebendigste wesentlich *irdische* Streben des endenden Mittelalters seinen höchsten Triumph. Die Entdeckung Amerikas erschütterte den Bestand der mittelalterlichen Kulturwelt weit mehr, als irgendeine sonstige Tatsache das seinerzeit tun konnte. Durch die Entdeckung der ,,neuen Welt", die Europa sich gerne als eine Art paradiesische Welt vorstellte und die, wenn auch nur auf beschwerlichstem weitem Wege, doch *tatsächlich* erreichbar war, wurde das spätmittelalterliche erwachende Streben in horizontale Fernen außerordentlich überzeugend gerechtfertigt und verherrlicht. Nicht Amerika selbst, sondern der weltweite horizontale und an und für sich eindeutig erfolgreiche Weg, der Kolumbus nach Amerika geführt hatte, war für das endende Mittelalter das eigentlich Interessante; er hatte für das endende Mittelalter ein weitgehend erlösendes Interesse.

Das mittelalterliche Europa war infolge zunehmender Betonung einer einlinig vertikalen Interessenbahn der Welt gegenüber in eine gefängnisartige Abgeschlossenheit oder Isolierung geraten, die ihren eindeutigsten und stärksten Ausdruck durch die sehr fest und sehr eng umgrenzten speziell mittelalterlichen Siedlungsräume, durch die speziell mittelalterlichen Städte bekommen hatte.

Es ist im Grunde genommen selbstverständlich, daß dort, wo vertikale Interessenbahnen vorherrschen oder wo die Interessen immer wieder vorwiegend vertikal ,,nach oben" und vertikal ,,nach tief unten" hin verlaufen, der irdische oder der unmittelbar handgreifliche Interessenraum immer verhältnismäßig sehr klein ist, sich zunehmend immer fester abgrenzt und gewissermaßen immer kleiner wird. Und so kultivierte auch das Mittelalter parallel mit seiner zunehmenden Kultivierung einer vertikalen Interessenbahn schließlich nicht mehr so sehr die einzelnen *Städte* als Ganzes, sondern in ihr vorwiegend nur noch die einzelnen *Plätze*, auf denen sich dann immer näher zusammengerückt die einzelnen Platzteile, die einzelnen Gebäude, zunehmend steil nach oben hin entwickelten, nicht etwa, weil man die größere Höhe materialistisch benötigte, sondern weil sie einem ganz allgemeinen, natürlichen oder tief innerlich betonten In-die-Höhe-Streben entsprach.

So wie hier das zunehmende Hochsteilen der einzelnen Gebäude und das gleichzeitig zunehmende Beengen der einzelnen Räume nicht irgend nennenswert materialistisch zweckbestimmt war, sondern sich ohne weiteres ergab als eine zwangsläufige Folge der mittelalterlichen vertikalen Interessenbahn, so wurde dort dieses Hochsteilen und Einengen ebenso zwangsläufig auch mehr und mehr durch das Bildungsmittel betont oder kultiviert, das solcher vertikalen Interessenbahn weiter am meisten entspricht: Das ist schließlich die möglichst ununterbrochene vertikale *Linie*.

Die speziell oder sehr eindeutig betonte vertikale Linie kann mit vielem Recht als ein Symbol der Entwicklung des speziell mittelalterlichen Geistes gelten.

Diese vertikale Interessenbahn war gleichbedeutend mit einer außerordentlichen und schnell zunehmenden Einheitlichkeit und Stabilität der speziell mittelalterlichen Weltanschauung, aber war auch gleichbedeutend mit einem verhältnismäßig schnell zunehmenden Verarmen oder Erstarren aller speziell mittelalterlichen Lebensäußerungen. Der unmittelbar praktische Lebensraum, auf den die mittelalterlichen Interessen sich bezogen, wurde in dem gleichen Maße immer kleiner oder enger, in dem er mittelalterlicher wurde. Diese Entwicklung war so zwangsläufig, wie es der vertikalen Linie wesentlich ist, in eine Höhe oder aber in eine Tiefe zu weisen, die uns Menschen immer um so unbegreiflicher wird, je eifriger und nachhaltiger oder je weiter weg wir der vertikalen Blickrichtung folgen, während – hier vergleichsweise – die *Horizontale* immer und überall auf etwas hinweist, das ganz unmittelbar oder sehr leicht zu ,,begreifen" ist.

Die Vertikale weist schließlich immer und überall in den ,,Himmel" oder aber in die ,,Hölle", während die *Horizontale* immer auf irdische oder tatsächliche Lebenszustände oder Dinge hinweist. Die nachhaltige Betonung der Vertikalen bedingt immer einen starken und zunehmend stärkeren Glauben an solche Lebenszustände oder Lebensformen, die es in der ,,*Wirklichkeit*" oder im Sinne eines unmittelbaren Begreifens nicht gibt.

Mit jeder nachhaltigen Betonung der vertikalen Interessenbahn oder des überhaupt Vertikalen muß das ,,Irdische" oder überhaupt das unmittelbar Begreifliche, das Wissenmäßige, das unmittelbar Tatsächliche zwangsläufig und zunehmend an Wichtigkeit oder an Geltung verlieren, und so galt dem Mittelalter auch (und zwar *ausgesprochen*) alles ,,irdische" Leben als eine Art Durchgangsstation, die als solche zwar ihre besonderen Unklarheiten und Schwierigkeiten hatte, im übrigen aber auf dem Wege zwischen hoch-oben und tief-unten nur wenig Interesse rechtfertigen könnte.

Diese dominierende Anschauung hatte ihren stärksten Ausdruck in der mittelalterlichen Bauwelt, wie sich schließlich immer und überall die geistige Grundhaltung jeder Kulturwelt durch deren bauweltliche Erscheinungen am greifbarsten verdeutlichen.

Das markant Eigenartigste der speziell mittelalterlichen Bauwelt aber war das eng zusammengedrängte Burgenartige, das ihren besonderen Interessen von Anfang an am meisten entsprach und dessen zunehmende Kultivierung dann sehr bald zu einer für Europa bis dahin völlig neuartigen, allgemein gültigen Siedlungsform, zu der speziell mittelalterlichen Stadtsiedlung, führte, die immer einen sehr beengten und mehr oder weniger burgenartig fest umgrenzten Siedlungsraum bildete.

Dies betont Burgenartige jeder speziell mittelalterlichen Siedlung bezweckte unmittelbar praktisch, daß sie wehrhaft sein sollte. Aber es ist hier besonders merkwürdig, daß es allen speziell mittelalterlichen Siedlungen außerordentlich wichtig war und zunehmend immer wichtiger wurde, betontermaßen wehrhaft zu sein. Sie wurden sich zunehmend immer feindlicher: Aber diese gegenseitige Feindschaft war nicht die Ursache sondern war, umgekehrt, die zwangsläufige Folge der zunehmend engeren und festeren Umgrenzung oder Abgeschlossenheit der mittelalterlichen Städte. Zuerst bestimmend oder entscheidend war hier, wenn auch sehr unbewußt, die Tatsache, daß die speziell mittelalterliche Kulturwelt ihren dominierenden Anschauungen, Interessen und Bestrebungen nach der „irdischen Welt" gegenüber immer in hohem Maße *unverbindlich* war.

Dem Mittelalter galten die weltlichen und im besonderen auch die menschlich-gesellschaftlichen Bindungen immer nur insoweit als wichtig, wie diese geeignet schienen, die speziell mittelalterlichen *Anschauungen* (nicht aber etwa die speziell mittelalterlichen *handgreiflichen Tatsachen*) in der Wertung zu steigern und zu festigen. Und so wie etwa der Chorgesang von einer gewissen geringen Chorgröße ab keine wahrnehmbare Lautverstärkung mehr haben kann, so war es dem Mittelalter zwar immer durchaus wichtig, eine gewisse größere Menschenmenge sozusagen chormäßig räumlich nahe und fest zu binden. Aber der Effekt dieser räumlichen Bindung, der das Mittelalter speziell interessierte, wurde doch immer auch schon durch eine relativ nur geringe Menschenmenge voll erreicht, so daß es über sie hinaus dann dem Mittelalter immer viel wichtiger war, daß sie insgesamt sehr einheitlich und in sich selbst räumlich stark abgeschlossen sei und zunehmend fester umschlossen werde, als daß sie sich zahlenmäßig vergrößere.

So ist auch ein Wesentlichstes jeder speziell mittelalterlichen Siedlung (das ist die mittelalterliche Stadt), daß sie sowohl ihre Einwohnerzahl wie auch der räumlichen Ausmaße nach immer verhältnismäßig klein war. Das war aber nicht etwa (jedenfalls nicht zuerst) aus wirtschaftlichen oder sonstigen materialistischen Gründen und ganz gewiß auch nicht wehrpolitischer Gründe wegen, sondern weil der besondersartigen mittelalterlichen *Weltanschauung*, der mittelalterlich vorwiegend vertikalen *Interessenbahn* die räumlich beengten, möglichst kleinen und möglichst fest umgrenzten Stadtsiedlungen weitaus am meisten entsprachen.

Es ist hin und her eigentlich selbstverständlich, daß dort, wo die Interessen immer wieder vorwiegend vertikal nach hoch-oben und vertikal nach tief-unten hin verlaufen, der irdische oder der unmittelbar handgreifliche Interessenraum immer verhältnismäßig sehr klein ist, sich zunehmend immer fester und immer höher umgrenzt und den horizontalen Ausmaßen wie auch der optischen Wirkung nach immer kleiner oder enger wird. Dementsprechend kultivierte auch das Mittelalter schließlich nicht mehr so sehr die einzelne Stadt als Ganzes, sondern, so klein sie auch sein mochte, sie war als „irdischer Interessenraum" dem Mittelalter noch überreichlich groß und so kultivierte es mehr und mehr vorwiegend nur noch die einzelnen kleinen und kleineren Stadtplätze.

Der Glaube, daß die menschliche Kultur einen besonderen Zweck oder einen "tiefen Sinn" habe, hat mit dem menschlichen Verstehen genausowenig zu tun wie etwa die Behauptung, daß alle Kultur zwecklos oder sinnlos sei. Solange es Menschen gibt, hat sie den gleichen Zweck oder Sinn, den auch die Menschen haben: Ihr Leben ist menschliche Kultur und ist um so lebendiger oder menschlicher, je höher sie steht. So ist auch der Mensch ganz unmittelbar immer und überall interessiert, das Wesen der Kultur verstehen zu wollen, die höhere von der niedrigeren Kultur möglichst gut unterscheiden zu können usw. Dies gilt um so mehr, je lebendiger oder je menschlicher er ist, während ihn andererseits die Fragen nach dem "höheren Zweck" oder nach dem "tieferen Sinn" der Kultur so gut wie überhaupt nicht bewegen.

Anfangs- und Endzustände der einzelnen Kulturwelten

Die europäische Kultur der etwa letzten 500 Jahre wurde immer gerne dahingehend verstanden, oder gedeutet, daß sie das Mittelalter überwunden habe, während doch – streng genommen – das Mittelalter in Europa immer äußerst lebendig blieb. Diese Tatsache sei hier eingehender erörtert, weil der Begriff des kulturweltlichen Endens und Beginnens, der sich gerade auch in der jüngeren und jüngsten Weltgeschichte häufig aufdrängt, allermeistens ein reichlich unklarer Begriff ist und als solcher schon viele irrigsten Kulturtheorien verschuldete und immer wieder stützt.

Es wurde vorauf schon die mittelalterliche Kultur – als eine zwar nicht früheste aber doch relativ frühe Lebens- und Entwicklungsperiode Europas – mit dem zwar nicht frühesten aber doch noch kindheitlichen Lebens- oder Entwicklungszustande des einzelnen Menschen verglichen und darauf hingewiesen, daß, genauso wie in jedes Menschen späterem Leben die Kindheit lebendigst nachwirke, auch das europäische Mittelalter in dem *nach*mittelalterlichen Europa ganz natürlich immer lebendig geblieben sei und auch in aller Zukunft jede speziell europäische Kultur natürlichst mitbestimmen werde.

Diese Lebendigkeit, die das Mittelalter auch in einem eventuell fernsten Europa noch haben wird, ist aber – auch von Europa abgesehen – überhaupt nicht irgendwie räumlich oder zeitlich gebunden oder begrenzt, sondern das europäische Mittelalter wird in aller Zukunft in *allen* Kulturen irgendwie lebendig bleiben, genauso wie auch etwa das alte Ägypten heute noch in aller Welt irgendwie lebendig ist.

So betrachtet hat jede einzelne Kulturwelt ein ewiges Leben, hat sie nie ein Ende und ist sie auch ohne Anfang, reicht ihr Anfang immer in eine fernste, völlig dunkle oder unfaßbare Vergangenheit zurück und gab oder gibt es keine Kultur, die nicht mit aller Zukunft – auch der allerfernsten – lebendig verbunden wäre.

Das schließt nicht aus, die einzelne Kulturwelt oder jede ihrer einzelnen markanten Lebens- oder Entwicklungsperioden ,,vernünftigerweise" als verhältnismäßig eng umgrenzt zu erörtern, genauso wie wir im allgemeinen auch etwa den einzelnen Menschen oder dessen ,,Kindheit" oder ,,Jugend" usw. als eine eng umgrenzte, deutlich beginnende und endende Lebenswelt verstehen, wenn auch ,,die Spur von seinen Erdentagen nicht in Äonen untergeht".

Es ließe sich kulturbetrachtlich wenig damit anfangen, in jedem Falle so etwas wie eine ewige Dauer aller Kulturen betonen zu wollen. Andererseits bietet eine ernstere Beschäftigung mit dem Begriff des Beginnens und des Endens allermeistens große und sehr unerwartete Schwierigkeiten, vor allem immer dort, wo es darauf ankommt, den *Beginn* einer Kultur handfest zu deuten. Sie erlebt früher oder später immer einen Zustand, der sich gut oder überzeugend als ihr *Ende* deuten läßt, aber ihr *Beginn* bleibt als solcher *immer* mehr oder weniger im Dunkeln; ihr sogenanntes Beginnen ist recht besehen immer der Endzustand ihres Beginnens.

Zum Beispiel: Wann begann die mittelalterliche Kulturwelt? Ihr Beginnen kann etwa – wie das auch meistens geschieht – von da ab datiert werden, da die frühchristliche Kirche vor allem in dem Europa nördlich der Alpen die ersten burgenartigen Klöster erbaute oder wo dieses nördliche Europa seine ersten Städte gründete. Aber diese und ähnliche mehr oder weniger sehr frühen Erscheinungen des Mittelalters kennzeichnen doch nicht dessen eigentliches Beginnen (auch insoweit nicht, wie es hier ,,praktischerweise" auf handgreifliche Kennzeichen ankommen soll), sondern diese Kloster- und Städtegründungen und Ähnliches bedeuten ein zwar sehr frühes, aber gleichzeitig auch ein bereits sehr *starkes* Mittelalter, das lange vorauf schon begonnen hatte und dessen tatsächlicher Beginn ebensogut gleichgesetzt werden kann etwa mit der ersten frühesten Bildung christlicher Gemeinschaften wie etwa auch mit dem Beginn der Völkerwanderung, mit dem Verfall und Untergang des römischen Imperiums usw.

Dort überall handelt es sich um Erscheinungen, zu denen das Werden der mittelalterlichen Kulturwelt in unmittelbarster, lebendigster Beziehung steht; sie charakterisieren sich nicht als an und für sich mittelalterlich aber gehören doch lebendigst zu dem Werden oder Beginnen des Mittelalters.

Und so wie hier, so ist das Beginnen jeder einzelnen Kulturwelt als solches in jedem Fall höchst undeutlich, es ist immer ein eigentlich *stilles* oder verschwiegenes Werden, so spektakelnd oder prägnant auch die Bewegungen oder Erscheinungen sein mögen, mit denen es zeitlich und räumlich und wesenhaft verbunden ist.

So reicht auch der Beginn der besondersartigen, heute noch bestehenden *nach*mittelalterlichen Kulturwelt – sozusagen sehr still oder verschwiegen, kaum deutbar aber doch auch wieder deutlich – weit hinein oder zurück in das endende Mittelalter. Je spektakelnder und trumpfiger sich dort die Entartungen, der Verfall oder das Enden betonten, um so lebendiger entwickelte sich dort die *neue* Kulturwelt, die Renaissance oder das besondersartige *nach*mittelalterliche Europa, allerdings immer nur unter der Oberfläche, immer nur „nebenbei" und sich selbst nirgends geradeaus dessen bewußt, daß hier eine wesentlich neuartige Kulturwelt beginne, so daß selbst deren glühendste Vorkämpfer, die ohne weiteres bereit waren, für ihre seherischen Ideen auf den Scheiterhaufen zu gehen, doch überzeugt waren, für ein besseres *Mittelalter* zu kämpfen und zu sterben.

Und selbst dann noch, als die *nach*mittelalterliche Kulturwelt sich als solche vielfach bereits sehr freimütig äußerte, als ihr verschwiegenes Glühen mehr und mehr hell aufflammte oder als ihr eigentlicher Werdeprozeß, ihr eigentliches Beginnen schon *beendet* war, als sie bereits – wenn auch immer wieder gewissermaßen unsicher, aber doch unbeirrbar – dem Mittelalter *eigen*willigst gegenüberstand, glaubte selbst ein Martin Luther immer wieder noch nicht so recht an sie als an eine Kulturwelt, die dem Mittelalter in wichtigsten Hinsichten schroff gegensätzlich sei.

Jede neue Kulturwelt bleibt als solche so lange strittig, bis sie im *vollen Blühen* ist, so daß mit vielem Recht behauptet werden könnte, sie bleibe so lange strittig, bis sie anfange, schon wieder zu verblühen, zu entarten, zu verfallen oder zu enden.

Es gilt allgemein als sehr selbstverständlich, die höchste Kraft, das sicherste Gedeihen usw. der einzelnen menschlichen Lebenswelt dort zu suchen, wo sie in der ungefähren Mitte zwischen dem ersten Beginnen und dem letzten Enden steht. So kann es auch als allgemein sehr selbstverständlich gelten, die höchste Kraft, das sicherste Gedeihen oder das üppigste Blühen der einzelnen Kulturwelt in ihrer ungefähren Lebensmitte zwischen dem ersten Beginnen und dem letzten Enden zu suchen oder mit dieser ungefähren Lebensmitte gleichzusetzen. Es darf dann nur nicht das Beginnen der einzelnen Kulturwelt dort gesucht werden, wo diese sich bereits als sehr selbständig oder eigenwillig äußert, andernfalls wäre zu folgern, daß – in Gegensatz zu allen sonstigen Lebenswelten – die Kulturwelten ihre höchste Kraft, das üppigste Blühen usw. unverständlicherweise immer während ihres ersten Beginnens hätten.

Zum Beispiel die Blüte aller bisherigen *nach*mittelalterlichen Kulturwelt? Ihre etwa 500 Jahre sind voller einzelner Großtaten, voller einzelner strahlender Persönlichkeiten, voller zauberhafter oder faszinierender Episoden. Es können – wie das auch nicht selten geschehen ist oder zu tun versucht wurde – diese ganzen 500 Jahre als eine Zeit höchster Kultur bezeichnet werden, vielleicht nur mit dem leisen Zusatz, daß sie „natürlich" auch immer ihre „dunklen Punkte" gehabt hätten. Aber angenommen, es solle doch ihr sozusagen *blühendstes* Blühen von allem sonstigen Blühen unterschieden werden? Dann wird hin und her kaum etwas anderes übrig bleiben, als die „Frührenaissance", die „Hochrenaissance", also den sogenannten ersten Beginn (oder den Zustand, der unmittelbar diesem ersten Beginnen folgte) als alles überragend, als die *wundervollste* Blüte dieser ganzen bisherigen nachmittelalterlichen Kulturwelt zu verstehen.

Aber gerade weil dort ihr echtestes oder blühendstes Blühen war, war dort nicht ihr Anfang, sondern dort war nur ihr sehr *greifbarer*, sehr *begreif*licher Anfang. Solcher Anfang hat aber immer eine lange Vorgeschichte, die der neuen Lebenswelt genauso wesenhaft zugehört wie deren schließlicher mehr oder weniger langdauernder Verfalls- oder Endprozeß, nur daß dieser sich auf Schritt und Tritt sehr körperhaft oder sehr materiell äußert, während ihre Vorgeschichte ganz in erster Linie geistiger oder seelischer Art ist.

Genauso wie jede schöpferische Kraft und deren wesenseigene Entwicklung oder so wie jedes schöpferische Vermögen in *innerlichsten* Lebenszuständen wurzelt, denen von außen her *wissentlich* förderlich in keiner Weise beizukommen ist, so wurzelt auch jede zukunftsreich werdende oder beginnende Kulturwelt in den stillen, dunklen, unbegreiflichen und unheimlichen Tiefen der menschlichen Welten, von denen aus sie zwar lebendigst mit der ,,Außenwelt" verbunden ist. Sie reagiert lebendigst auf äußerliche und äußerlichste Welterscheinungen, aber wurzelt nicht in ihnen; sie sind ihr immer weitgehend wesensfremd oder ungemäß, sie ist immer weitaus in erster Linie durch den Glauben bewegt, der in einem höchsten Maße der Glaube an eine ,,ganz andere", an eine zeitlich und räumlich unbegrenzte, an eine *ewige*, an eine unbegreifliche, unverständliche oder un-,,praktische" Welt ist.

Jede neu werdende oder neu beginnende Kulturwelt könnte immer als unsinnig oder als sinnlos gelten, wenn sie nicht den Sinn hätte, die *Verneinung* alles *betont* Äußerlichen zu sein, die eine *naturgesetzliche* Folge alles *betont* Äußerlichen, alles *betont Vergehenden* ist.

Jede neu beginnende Kulturwelt hat schließlich allein den Sinn, dem handgreiflichen Regiment menschenweltlichen Untergehens oder Endens ein Unendliches, ein sehr *unbegreiflich* Menschenweltliches gegenüberzustellen.

Da es aber ein überhaupt unendlich, unbegreiflich, unbegrenzt oder unkörperlich Menschliches nicht gibt, so kann sie auch ,,praktisch" ihrer Aufgabe immer nur dadurch gerecht werden, daß sie sich bescheidet, dem *grob* Äußerlichen, *grob* Oberflächlichen, *grob* Körperlichen, dem *betont* oder extra Persönlichen oder Eigenartigen oder Eigen*willigen*, dem *hart* oder *scharf* Umgrenzten, dem *offensichtlichst* Endenden usw. etwas entgegenzustellen, das nur *ungefähr* oder nur *nebenbei*, nur *sehr bedingt* oder das nur *auch* äußerlich, oberflächlich, persönlich, eigenartig, umgrenzt, endlich uw. sei.

Dies zu tun, ist für *jede* Kultur *immer* und *überall* ein praktisch höchstes Gebot, das sie auch als solches immer und überall mehr oder weniger lebendig empfindet oder gut versteht und darum auch allermeistens weitgehend anerkennt oder immer wieder neu formuliert. Aber so wie es ein praktisch höchstes Gebot ist, so ist es auch ein praktisch am schwersten zu erfüllendes, so daß sie es dort, wo sie ermüdet oder wo sonst ihre Lebenskraft sinkt, immer gerne dahingehend zu deuten oder zu formulieren sucht, daß es schließlich seinem eigentlichsten Gehalte nach überhaupt verschwindet oder nicht mehr gilt.

Das verschleiernde Herumdeuten an höchsten menschenweltlichen Geboten oder

Gesetzen oder Ordnungen ist jeder Kultur immer geläufig, es praktiziert sie immer weitaus am meisten dort, wo sie endet und am wenigsten dort, wo sie beginnt. Sie kann überhaupt nicht beginnen, ohne gerade den höchsten menschlichen Geboten selten weitgehend zu entsprechen oder zu gehorchen. Nur wo sie das tut, ist praktisch genommen *neues* Kulturbeginnen.
Und andererseits kann sie überhaupt nicht enden, ohne alle höchsten menschlichen Gebote in einem außerordentlichen Maße wegzudeuteln oder zu verleugnen, zurückzudrängen, zu bekämpfen und auszuschalten. Nur dort, wo sie das tut, wo alle offiziell gültigen Gebote oder Gesetze oder Ordnungen betont willkürlicher, strittiger oder betont äußerlicher Art sind, nur dort ist praktisch genommen Kulturuntergang.

Das anfängliche Beginnen, das folgende Blühen und das schließliche Enden der einzelnen Kulturwelt kennzeichnet sich ungefähr am besten durch ihr wechselndes Verhalten einerseits zum *Besonderen* und andererseits zum *Allgemeinen*: Während sie beginnt, hat sie fast nur Sinn oder Interesse für *allgemeinste* Lebens-, Kultur- oder Menschheitsfragen, für solche Anschauungen, Lehren, Gesetze, Ordnungen und Werke, die im Grunde genommen *immer* und *überall* gelten, die es immer schon gab oder die nie eigentlich als *besondersartig* verstanden werden können. Und dementsprechend ist auch sie selbst während ihres *ersten* Beginnens nie so recht als eine besondersartige Kulturwelt erkennbar oder deutlich. Als solche kennzeichnet sie sich erst, nachdem sie im Verlaufe ihrer ersten Anfänge oder Entwicklungen zunehmend mehr ein lebendigeres Verhältnis zum *Besonderen* entwickelte, um dann vor allem auch sich selbst mehr und mehr als besondersartig von allen sonstigen Kulturwelten zu unterscheiden.
Man könnte ihren anfänglichen Zustand als ihr vorgeburtliches Leben bezeichnen. Und so wie in der Natur dem leise grünenden *Vorfrühling* gewissermaßen explosiv das strahlendste Blühen des ganzen Jahres folgt, so folgt auch einem lange unterdrückten und verschwiegenen, aber unbändigen Drängen und Wollen jeder anfänglichen Kultur gewissermaßen explosiv das strahlendste Blühen ihres ganzen Lebens.
Dort, wo die einzelne Kulturwelt sich zuerst frei äußert, tut sie das immer, als ob sie erlöst sei; dort äußert sie sich immer in einem seltenen Maße lebensfreudig (ohne alles Stirnrunzeln) und äußert sie sich gerne *stark*, darum übrigens *baut* sie dort auch immer besonders gerne, dort äußert sie sich in einem seltenen Maße „von innen her", ihre Äußerungen sind dort in einem seltenen Maße Ausdruck *innerster* Bewegungen, und darum äußert sie sich oder gestaltet sie sich dort auch immer in einem seltenen Maße *schöpferisch*.
Dort ist alles, was sie *äußert*, in sehr kindlicher Weise ihrem *innersten* Leben gemäß oder verbunden, wie dort überhaupt das an und für sich Gegensätzliche (das *Äußerliche* und das *Innerliche* ebenso wie etwa das *Anfängliche* und das *Endende* oder das *Allgemeine* und das *Besondere* usw.) in einem höchsten Maße miteinander verbunden oder vereinheitlicht ist oder miteinander harmoniert.
Aber genauso wie sie sich vorauf bereits aus einem undeutlichsten, sehr un-*faßbaren*

oder un-*begreiflichen*, sehr unkörperhaften, betont geistigen oder seelischen Leben her mehr und mehr verdeutlichte oder verkörperte, so entwickelt sie sich ununterbrochen in der gleichen Richtung, so daß sie nun verhältnismäßig bald nicht mehr das Geistige und das Körperliche oder das Innerliche und das Äußerliche oder überhaupt das an und für sich Gegensätzliche in dem gleichen hohen Maße miteinander verbindet oder vereinheitlicht, sondern sie entfernt sich nun mit allen weiteren Entwicklungen zunehmend mehr von allem sehr Unbegreiflichen oder Unkörperlichen, von allem betont Geistigen oder Seelischen usw.; sie wird nun zunehmend mehr wieder – so wie sie es während ihres ersten Beginnens war – *parteilich*, nur daß sie jetzt mehr und mehr gerade das unterbewertet, zurückdrängt und schließlich bekämpft, was ihr anfänglich als das allein Wichtige galt; und so unterbewertet und bekämpft sie nun unter anderem auch mehr und mehr das *Allgemeine*, um dafür um so mehr das *Besondere* zu betonen, zu überwerten und zu verherrlichen. Dort beginnt sie zunehmend mehr das Besondere oder Besondersartige, das Abgesonderte (Absonderliche), auch etwa das prägnant Persönliche als etwas an und für sich Hohes und Höchstes zu verstehen, das Besondere als solches extra zu kultivieren und gleichermaßen das Allgemeine (auch das ,,Alltägliche'') mehr und mehr als etwas an und für sich Geringes oder Minderwertiges zu deuten.

Dort beginnt sie, sich zu zergliedern oder zu zerteilen in eigenwilligste und eigenartigste kleine und immer kleinere einzelne Kulturkreise, zwischen denen dann alles lebendig Vermittelnde, Ausgleichende oder Vereinheitlichende zunehmend immer schwächer wird, sich zunehmend immer mehr verliert, bis sich dann alles und jedes eigenwilligst, fremd, ablehnend und feindlich gegenübersteht.

So ist die Kulturwelt dann schließlich nicht mehr ein einheitlich großes Ganzes, sondern ein tausendfach Zerteiltes, das sich immer unaufhaltsamer, immer absonderlicher zerteilt oder das in immer kleinere unverbindliche Teile zerfällt.

Dort löst sie sich auf, dort ist ihr Ende.

Aber wie die verschiedenartigen Kultur- oder Interessenkreise sich nun auch zu diesem Ende verhalten mögen, seine Tatsache ist durch nichts zu verhindern. Sie entspricht dem Naturgesetz, nach dem jede Lebenswelt und also auch jede Kulturwelt im Verlaufe ihrer Entwicklungen unabänderlich zunehmend das Besondere betont und überhaupt keine selbsteigenen Entwicklungen mehr haben kann, ohne das zu tun. Es ist mehr oder weniger bewußt, mehr oder weniger ausgesprochen immer ein höchstes oder letztes Ziel jeder Kulturwelt, das Besondere oder das Einzelne nie höher zu werten, nie mehr zu kultivieren als das Allgemeine oder das große Ganze. Aber dieses Ziel zu erreichen, ist immer so unendlich schwer, wie es immer ein höchstes oder letztes Kulturziel ist, und so erreichte auch aller bisherigen Menschheitsgeschichte nach die einzelne Kulturwelt dieses Ziel immer nur dort so ungefähr, wo sie von einem anfänglichen Überwerten des Allgemeinen her auf dem Wege nach einem schließlichen Überwerten des Besonderen hin zwangsläufig den Übergang oder die Mittenstellung hier und dort passierte.

Es ist der Kultur natürlich, sich gegen ihr Enden zu wehren, aber es ist ihr auch natürlich, sich nicht dagegen zu wehren. Es ist der Kultur nicht natürlich, was fallen will zu stürzen, aber es ist ihr auch nicht natürlich, ihr Enden als solches extra zu verneinen. Sie verneint und bejaht es immer „irgendwie", aber die lebendigsten Kulturinteressen beziehen sich dort, wo eine Kultur endet, lange schon nicht mehr auf diese besonders endende Kultur, lange schon nicht mehr auf deren besondersartigen Äußerungen, besondersartigen Anschauungen, Neuerungen, Gesetze und Ordnungen usw. sondern beziehen sich dort lange schon auf Kultur überhaupt, auf allgemeinste Kulturgesetze oder auf allgemeinste, darum auch älteste und in aller Zukunft überall gültige Kulturoder Menschheitsfragen.

Und so tendieren in ihr lange schon, bevor sie am Ende ist, gerade die lebendigsten Kulturinteressen – zunächst nur sehr nebenläufig und zögernd oder tastend, aber zunehmend immer dringlicher und bestimmter – in der Richtung nach einem Kulturzustande hin, der dem Wesentlichsten nach genau dem Zustande gleicht, in dem die endende Kulturwelt anfänglichst war. Fraglich ist dort immer nur, wieweit einem solchen neuen Werden in seinem räumlichen Verbundensein mit der endenden Kultur und im Kampf mit dieser die Möglichkeit bleibt, sich zukunftsreich entwickeln zu können.

So wie der natürlich alternde oder endende Mensch lachend glücklich und beglückend und in höchstem Maße kulturdienlich und kulturbereichernd sein kann, so ist auch die endende Kulturwelt nie ohne weiteres oder nicht überhaupt niedriger Art, ihre Enderscheinungen oder ihre besonderen Schwächen können immer als das Verneinen (als möglicherweise auch als ein lachendes Verneinen) eines geringeren und als ein stilles Beginnen eines höheren Lebens gedeutet werden. Aber dies ist um so weniger der Fall, je spektakelnder und trumpfiger sie sich äußert. Sie steht dort, wo sie endet, als Kultur immer ganz eindeutig um so niedriger, je erbitterter sie ihr Enden als solches bekämpft oder zu verleugnen sucht. Sie kann während ihres Endens sehr lebensfreudig, still bemüht sein, noch möglichst lange zu leben; gerade ein stilles und mehr oder weniger humorig lächelndes Bemühen um ein möglichst langes Enden kann das Enden strahlend vergolden; aber sie kann nicht erbittert und eifernd gegen ihr Enden kämpfen, ohne mehr und mehr mit sich selbst und mit allem und jedem in feindseligen, spektakelnden Widerspruch zu kommen.

Es gibt nichts, das bisher in dem gleichen oder auch nur ähnlichen Maße menschheits- oder kulturfeindlich menschliches Leben und menschliche Kultur vernichtet, wie die großen Kulturwelten vernichteten, die ihrem sozusagen natürlichen Enden nahe gekommen waren und die dann mit aller Macht gegen die unabänderliche Tatsache ihres Endens kämpften. Sie vernichteten (seit es überhaupt „große Kulturwelten" gibt) unvergleichlich viel mehr menschliches Leben und menschliche Kultur als die furchtbarsten Naturkatastrophen vernichteten.

*

So wie jede ernstere Lebenskrise des einzelnen Menschen sein *gesamtes* Leben und Treiben krisenhaft sein läßt und es schließlich *umfassend* verändert, so verändert auch jede Kulturwende die in Betracht stehende Kulturwelt *umfassend*. Fraglich ist dort immer nur, inwieweit diese Veränderung ,,glücklicher" oder ,,unglücklicher" Art sein wird. Dem nachmittelalterlichen Europa ist es mehr und mehr sehr selbstverständlich geworden, jede ,,Kulturwende" (ohne weitere Rücksichtnahme auf sonstige tiefgehenden oder gewichtigsten Lebensveränderungen) so zu deuten, als sei sie immer eine Wende nach dem Besseren hin. Aber das ist sie nicht. Sie führt keinesfalls zwangsläufig oder garantiert, etwa so wie die Kulturwende zwischen Mittelalter und Renaissances das tat, in eine neue strahlende zukunftsreiche Kulturwelt, sondern es ist, vielmehr direkt umgekehrt, jedesmal wie ein Wunder, wenn eine Kulturwende sich derart auswirkt.

Wäre die bisherige Menschheitsgeschichte entsprechend klar und übersichtlich, dann würde sie zum einen zeigen: daß zahlreiche mehr oder weniger hochstehende Kulturen untergegangen sind, von denen unsere Schulgeschichte wenig oder nichts weiß und zum anderen, daß ausnahmslos alle höheren Kulturen dort endeten, wo sie in einer Kulturwende standen.

Genauso wie es für den einzelnen Menschen, wenn er krisenhaft krank ist, die drei Möglichkeiten gibt: entweder, daß er mit der Krise stirbt oder daß er am Ende der Krise ,,wie neugeboren" ist oder aber drittens, daß die Krise seine Gesundheit dermaßen untergräbt, daß er nachfolgend, von aller blühenden Gesundheit weit entfernt, dauernd kränkelt, so gilt auch für die einzelne Kulturwelt, daß sie dort, wo sie eine Kulturwende erlebt, entweder *untergeht* oder sehr bald ,,wie neugeboren" sein wird oder aber drittens sehr bald in einen dauernd kränkelnden Zustand kommt, der bestenfalls nur noch sehr vereinzelt so etwas wie hochgestimmte Lebensmomente (sehr vereinzelte hoch kultivierte Menschen, hohe und vielleicht höchste Menschheitsäußerungen) zeigt, dem großen Ganzen nach aber so etwas wie ein Zustand kulturellen Vegetierens ist. Dort wird alles Leben und Treiben überall und dauernd die düstern Kennzeichen furchtbarster Erschütterungen zeigen und wird allen ernsteren Anfeindungen gegenüber immer die Kraft eines nennenswerten und erfolgreichen Widerstandes fehlen. Für jede Kultur, die in einer Kulturwende steht, geht es unmittelbar um ,,Leben oder Tod".

*

Endenden Kulturwelten ist im allgemeinen nichts fremder, nichts unbehaglicher oder unsympathischer als das ruhig besinnliche Nachdenken. Ihnen ist es völlig unmöglich, die ,,tieferen Zusammenhänge" zu erkennen oder praktisch nennenswert zu berücksichtigen. Sie sind die gegebenen Welten der Konversationslexika, die sich äußerlich schönstens geordnet und säuberlich präsentieren und in denen doch gleich hinter dem Einband, gleich hinter der äußersten Oberfläche die heterogensten Tatsachen völlig unvermittelt neben- oder miteinander ein monumentales Chaos bilden.

Solche Welten, so viel und so selbstverständlich gerade sie höchste Ordnungen erstreben oder erörtern, können gar nicht anders, als daß sie sich praktisch weitgehend mit äußerlichsten oder niedrigsten Ordnungen bescheiden oder behelfen.

*

Die entscheidenden Wandlungen unserer menschlichen Lebenswelten haben wir Menschen wohl immer nur insoweit mitzubestimmen, wie wir an das Schicksal glauben. Nur gerade dort, wo seine Macht am größten und deutlichsten ist, das heißt auch, wo wir Menschen seit langer Zeit schon besonders erfolgreich geübt sind, uns selbst zu vergöttern, ist das Glauben natürlich unendlich schwer. Nun, sagen wir kurz: Götter sind immer ungläubig.

*

Wenn wir ruhen, so tun wir das nur noch, um hinterher in gesteigertem Maße betrieblich sein zu können. Die Renaissance hatte nie so etwas wie eine Lehre des Ruhens, weil sie nichts so fürchtete wie den Tod. Sie war immer viel zu lebenshungrig, als daß sie sich mit Todesgedanken hätte befreunden können. So fragte sie auch nicht weiter danach, wie ein *höchstes Leben* sei, sondern sie wollte *überhaupt* das Leben, während ihr dessen ,,Wie" im Grunde genommen immer nebensächlich war.
Und so wie das Lebenwollen ,,um jeden Preis" an und für sich niedrig ist, so sank die Kultur der Renaissance um so tiefer, je wichtiger ihr das Leben, das Geschehen, der ,,Betrieb" an und für sich, besonders auch das Großbetriebliche mit seinen relativ immer billigen Knalleffekten des Geschehens wurde.
Plato erzählt: Der alte Diogenes sei eines Tages gegen alle Gewohnheit sehr betrieblich und lärmend damit beschäftigt gewesen, seine Tonne einen Berghang hinunterkullern zu lassen, um sie dann stöhnend und schwitzend wieder hinaufzubringen, sie nun von Sand und Staub zu reinigen und sie dann wieder hinunterzustoßen, wieder hinaufzutreiben, wieder von neuem zu putzen und zu betuen usw. Auf die Frage nach dem so schwer erkennbaren Zweck dieses Mühens habe Diogenes geantwortet: Ja, das wisse er auch nicht so recht; er sehe nur, daß alle Welt ringsum so mühselig beladen, spektakelnd und unverständlich beschäftigt sei und da fühle er sich doch beschämt und ausgestoßen, still zu sein und wenig oder nichts zu tun.

Revolution und Reaktion

Europa deutet heute seine betont revolutionären Kulturerscheinungen oder Kulturzustände, die im Verlaufe der jüngeren und jüngsten Geschichte gerne als Anfangserscheinungen oder als Anfangszustände einer wesentlich neuartigen und zukunftsreichsten europäischen Kulturwelt.
Diese Deutung ist gewissermaßen sehr naheliegend oder verständlich, aber ist genauso haltlos, nur sehr bedingt zutreffend oder sehr bedingt richtig, genauso wie es alle führenden Anschauungen aller betont revolutionären Kulturbewegungen sind.
Revolutionäre Kulturbewegungen bedeuten immer eine Kultur*wende*, bedeuten immer das Enden einer mehr oder weniger überlebten und irgendwie auch immer das erste Beginnen einer völlig neuen Kulturwelt; aber bedeuten nie, daß diese bereits *zukunftsreich* begonnen haben, sondern daß – umgekehrt – ihr zukunftsreiches Werden außerordentlich fraglich sei. Wo sie bereits erkennbar begonnen hat, müssen alle betont revolutionären Bewegungen zwangsläufig enden, während diese umgekehrt dort, wo sie sich zunehmend mehr betonen, ein bester Beweis dafür sind, daß sie zunehmend mehr dem Beginnen einer neuen Kulturwelt widersprechen oder in der Gefahr sind, nicht nur eine bereits mehr oder weniger überlebte sondern überhaupt jede Kultur zu verneinen.
Diese Gefahr bedroht *alle* revolutionären Bewegungen und bedroht sie um so mehr, je mehr die revolutionierende Kulturwelt schon ihrem Wesen nach dem Revolutionären sehr zugeneigt ist. Darum sind im besonderen auch alle wesentlich großstädtischen Kulturwelten, sobald ihre an und für sich immer schon revolutionären Anschauungen, Bestrebungen, Erscheinungen usw. beginnen, sich als revolutionär noch extra zu betonen, immer in der großen Gefahr, gegen alles und jedes revolutionär zu kämpfen. Es ist allem Großstädtischen wesentlich, einmal, daß es sich selbst weit überschätzt und alle geschichtlichen Kulturwerke zunehmend mehr verneint und zum anderen, daß es in seiner eigensten Entwicklungsbahn zunehmend mehr seine eigensten Kulturerscheinungen revolutionär zu übertrumpfen sucht.
Alle *wesentlich* großstädtischen Kulturentwicklungen sind revolutionärer Art, sie wurzeln im Revolutionären und sind darum auch immer um so schwungvoller, je mehr das Revolutionäre sich als solches betont.
Alles nicht betont Revolutionäre ist im Grunde genommen großstadtfeindlich und folglich zielen auch alle wesentlich großstädtischen Welten – ob bewußt oder nicht – dahin, das Revolutionäre soviel wie nur irgend möglich zu steigern, so daß jede wesentlich großstädtische Entwicklung ganz zuerst eine Steigerung des Revolutionären ist.

*

Jede Kulturwelt oder jede ihrer einzelnen großen Entwicklungsperioden kommt früher oder später dahin, in sich viel scharfe und schärfste gegensätzliche oder viele vibrie-

rende Spannungen zu haben, so daß schließlich ein gewaltsamer Kampf gegen sie explosiv aufblitzt.
Mit anderen Worten: Jede Kulturwelt oder jede ihrer einzelnen großen Entwicklungsperioden endet mit mehr oder weniger gewaltbetonten revolutionären Zuständen und dementsprechend *herrscht* dort auch immer die mehr oder weniger kriegerische *Gewalt*, dort herrscht immer ein Kampf zwischen den betont gewaltgläubigen Weltmächtigen.
Dort herrscht immer ein Kampf der „feindlichen Brüder", die sich dort soviel wie nur irgendmöglich gegenseitig vernichten. Dort wird in jedem Fall die Kultur weitgehend gereinigt von solchen Bürden.
Jede Kultur gewinnt mit jeder Revolution schließlich vielen freien Raum für die Auswirkungen solcher Anschauungen oder Bestrebungen, die *nicht* gewaltgläubig sind, und auf *diesem* Gewinn, und zwar nur auf ihm, beruht das Beglückende oder das Erlösende oder das Strahlende, das den Kulturen gerade dann sehr oft eigen war, nachdem sie soeben eine Revolution hinter sich hatten.
Der Gewinn, den betont revolutionäre Bewegungen oder Zustände bringen *können*, besteht darin, daß sie etwas Kulturfeindliches vernichten; es ist immer wesentlich negativer Art, besteht nie darin, daß die revolutionären Bewegungen unmittelbar etwas bilden, das kulturell genommen besser wäre als das, was sie zerstören, sondern besteht immer nur darin, daß nachfolgend bestimmte Anschauungen, Bestrebungen, Zustände oder Dinge nicht mehr regieren, die vorher das Werden einer besseren Kultur hemmten oder überhaupt verhinderten.
Dieser mögliche Gewinn aber ist immer mit der Gefahr verbunden, daß die Revolution möglicherweise nicht nur bestimmte Mißstände ausschaltet, sondern daß sie – da sie immer explosiver Natur ist – weit über ihre anfänglichsten oder eigentlichen Ziele hinaus alles verwüstet, was ihr überhaupt in den Weg kommt.
Wäre die Menschheitsgeschichte umfassender und wahrer und überhaupt besser erklärt als sie ist, dann würde sich unter anderem zeigen: Zum einen, daß sehr zahlreiche einzelne Kulturwelten bestanden, die heute völlig unbekannt sind und zum anderen, daß sie dort, wo sie untergingen, immer betont revolutionär waren.
Wir wissen zwar von einzelnen geschichtlichen großen Kulturwelten, daß sie im Verlaufe ihrer Entwicklungen stark revolutionäre Zustände hatten, die durchaus nicht die gegebene Kultur verwüsteten sondern im Gegenteil erneuerten, genauso wie auch die stark revolutionären Bewegungen, die Europa um etwa 900 bis 1000 und später dann wieder im 15. Jahrhundert hatte, Europa nicht vernichteten, sondern ihnen unmittelbar blühendste Kulturen folgten.
Aber dies beweist, daß Revolutionen kulturerneuernd sein *können*; aber es beweist nicht, was Europa heute immer wieder gerne behaupten möchte, daß Revolutionen in jedem Falle sozusagen zwangsläufig kulturerneuernd seien.
Stark revolutionär bewegte Kulturwelten stehen immer in einer gefährlichsten Lebenskrise, und dies gilt vor allem gegenüber allen ausgesprochen großstädtischen Kulturwelten; denn sie sind ihrer ganzen Wesensart nach *immer* revolutionär, so daß ihre

wesenseigensten Entwicklungen zunehmend gerade das Revolutionäre steigern, bis schließlich die Krisen- oder Krankheitskurve jeder betont großstädtischen Kulturwelt ungefähr senkrecht hoch geht.
Und so gibt es auch in der bisherigen Menschheitsgeschichte kein Beispiel dafür, daß je eine großstädtische oder großstädtisch regierte Kulturwelt unmittelbar und für sich selbst zu einer Kulturerneuerung geführt hätte, sondern alle geschichtlichen großstädtischen Kulturen endeten betont revolutionär und katastrophal, und das Erbe, das sie hinterließen, war bisher immer eine gespenstische Kulturwüste.

*

Bisher hatte die einzelne Kulturwelt stille Entwicklungen immer nur in beschränktem Maße, so daß obenhin allgemein eigentlich nur die *revolutionären* Kulturbewegungen als Entwicklungsbewegungen galten, während sie tatsächlich immer nur Kulturverfalls-Erscheinungen sind oder allenfalls nur den Kultur*verfall* entwickeln. Ihr Werden ist nie ein revolutionärer Prozeß, ist das so wenig wie das embryonale Werden eines Menschen. Solches unsichtbare Werden (oder Sein) einer neuen Kulturwelt ist – allem Revolutionären schroff gegensätzlich – außerordentlich innerlicher, stiller, verschwiegener, verschleierter, unbegreiflicher oder auch göttlicher Art. Mit solchem Werden wird die Kultur sozusagen wieder an den Ursprung alles kulturellen oder menschheitlichen Werdens zurückgeführt. So gedeiht auch dieses Werden immer nur insoweit, wie die endende Kultur noch ein einigermaßen lebendiges Verhältnis zu ursprünglichster Menschlichkeit, überhaupt zum Ursprünglichsten oder zu dem hat, was den Menschen, die menschheitlichen Welten nicht nur irgendwie oberflächlich bewegt sondern *zutiefst* bewegt.
Für solches Werden ist das Revolutionäre nicht entscheidend, aber auch entscheidend. So wie die Möglichkeit des Gesundens, die der erkrankte Mensch hat, nur insoweit auch zur Gesundung führt, wie dies Kranksein ihn besonders aktiviert, gesund sein zu wollen, oder wie dieser *Wille* sich mit der an und für sich gegebenen Gesundungs*möglichkeit* intensiv verbindet, sich im Sinne des *Befruchtens* intensiv verbinden muß, genauso muß auch die erkrankte Kulturwelt, um zu gesunden oder um dorthin zu kommen, wo sie „wie neugeboren" ist, die in ihr liegenden Möglichkeiten eines Gesundens oder eines neuen Werdens intensiv oder befruchtend verbinden mit dem *Willen* zu einem Gesunden oder zu einer Erneuerung.
Dieser Wille aber ist immer wesentlich revolutionär; er ist ein Männliches, dem jede Kultur mehr oder weniger immer zugetan ist, aber das in ihr zunehmend männlicher, spezialistischer, einseitiger, unduldsamer, kriegerischer und brutaler wird, je mehr sie an Schönheit, an Unschuld, an Stille und Güte usw. verliert oder je weniger sie noch das ist, was sie einst war und das sie irgendwie doch natürlichst immer wieder sein möchte. Ihre strahlendste Eigenschaft aber war immer das Mütterliche und dementsprechend liegen nun auch alle ihre Wünsche – wenn auch sehr unbewußt – wieder in der Richtung nach dem Mütterlichen hin.

Und so mag nun das Männliche, das Revolutionäre, das Willensbetonte widerlich sein, sich auch in höchstem Maße widerlich äußern, die Kultur bejaht dies und unterliegt ihm doch, und zwar dem *tiefsten* Grunde nach ihrer *Mütterlichkeit* wegen oder damit sie es befruchtet.

Revolutionäre Kulturbewegungen verneinen nicht nur – wie es obenhin oder oberflächlich betrachtet immer zu sein scheint – diese oder jene Mißstände der gegebenen und der eben voraufgegangenen Kultur, sondern sind – wenn auch sehr unbewußt – überhaupt kulturverneinend. Sie setzen immer dort ein, wo sich bereits grobe kulturelle Mißstände weitgehend verbreitet haben, sind immer die *Folge* solcher Mißstände oder wurzeln allein in *ihnen* und entwickeln sich darum auch immer um so mächtiger, je gröber oder verbreiteter oder offensichtlicher diese Mißstände sind.

Revolutionäre Kulturbewegungen sind immer krisenhafteste, lebensgefährlichste, kulturweltliche *Krankheits*erscheinungen, sind immer genauso durch überspannteste, haltloseste Kulturideen gepeitscht wie der fiebernde Kranke durch wilde Fantasien und sind an und für sich oder unmittelbar der Kultur feindlich, wie die fiebernde Krankheit an und für sich oder unmittelbar dem Leben feindlich ist.

Revolutionäre vergleichen sich immer gerne mit allerhöchsten oder schöpferischsten („göttlichsten") Menschen. Diese aber sind immer die natürlichsten oder gefährlichsten Gegner aller Revolutionäre und werden darum auch im Verlaufe jeder betont revolutionären Kulturbewegung immer am erbittertsten bekämpft. Der Revolutionär gleicht dem wahrhaft schöpferischen Menschen immer nur darin, daß sie beide sehr gleichartig eine größte weltliche Macht haben können, aber mit dem Unterschiede, daß der Revolutionär diese Macht nur auf Grund niedrigster und der schöpferische Mensch nur auf Grund höchster Kulturzustände haben kann.

So wie es Menschen gibt, die von Haus aus krank sind und die immer krank bleiben, so gibt es auch Menschen, die immer unter allen Umständen revolutionär sind. Aber es gibt keine revolutionären Kulturen, es gibt immer nur innerhalb der Kulturen auch Revolutionäres. Die Kulturen sind immer gefährdet, revolutionär zu werden, aber daß sie das nicht werden, ist immer eine ihrer höchsten Aufgaben, genauso wie es immer eine höchste, aber auch eine schwerste Aufgabe des Menschen ist, nicht krank zu werden. Und so wenig, wie die Kulturen dieser Aufgabe bisher gewachsen waren, so wenig war es ihnen bisher auch möglich, dahin zu kommen, konstant gleichmäßige oder schrittweise Entwicklungen zu haben.

*

Genausowenig wie die physische Geburt des Menschen ein revolutionärer Akt ist, ebensowenig ist auch jede physische Erneuerung des Menschen ein revolutionäres Geschehen. Sie ist nur möglich auf Grund starker *innerster* Lebensbewegungen, die, im schroffen Gegensatz zu allen revolutionären Bewegungen, innerlichst sehr unbegreiflich, sehr unbewußt, unwissentlich und un*will*kürlich gegeben sind. Die revolutionären Bewegungen sind dagegen immer in einem höchsten Maße wissentlich, programmatisch und willens*betont*.

Und so ist hier im besonderen auch die Kulturerneuerung nie ein revolutionärer Prozeß; sie ist nicht möglich, ohne daß ein solcher voraufging, aber sie ist eine Folge immer nur in dem Sinne wie die Gesundung eine Folge des Krankseins ist.
Die Kulturerneuerung oder die Geburt einer neuen Kultur ist immer lange vorauf schon embryonal im Werden. Sie wird immer *trotz* des Revolutionären, das für sie nur ein Befruchtendes oder Auslösendes ist. Das Erwecken ist das einzige, was das Revolutionäre für die Kultur tun kann. Da bisher die fortschrittlichsten Entwicklungen überall immer begrenzt waren, müßte die Kultur seit langem schon untergegangen sein, wenn nicht gleichzeitig mit dem Ende ihrer Entwicklungen das Revolutionäre geworden wäre.
In dem feindlichen Gegeneinander, das heute die gesamte europäische Kultur im einzelnen wie im großen ganzen fiebernd bewegt, siegen auch heute wieder zunehmend mehr und deutlicher die reaktionären über die revolutionären Willensbewegungen, wie überhaupt immer und überall in allen Kulturen das Revolutionäre verhältnismäßig schnell oder leicht dem Reaktionären oder auch dem Konservativistischen unterliegt. Das Revolutionäre kämpft immer gegen die größte Macht, die den Kulturen eigen ist, das ist die Macht der Gewohnheit. Diese Macht ist immer überlegen stark; wo sie das nicht ist, gibt es keine Kultur.
Und so ist auch der tiefere Sinn des Revolutionären nicht, daß das Revolutionäre siege, sondern etwa, daß es besondere Schwächen der Gewohnheit verdeutliche. Wo es siegen würde, dort würde es die Kultur vernichten. Aber sie wird nie durch das Revolutionäre vernichtet werden, sondern sie wird immer nur ihren Gewonheiten gegenüber kritischer oder unzufriedener. Zugrunde gehen kann sie immer nur, soweit das Gewöhnliche, das Allgemeinste oder das kulturell Mächtigste in ihr so schwach oder unlebendig ist, daß es auf das Revolutionäre nicht mehr reagiert oder soweit das Revolutionäre überhaupt keinen Widerstand hat und also auch nicht ,,siegen" kann.
Das Revolutionäre ist immer gleichbedeutend mit einem hochpotenzierten Veränderungswillen, ist darum auch latent in jedem mehr oder weniger eifrigen Wirken lebendig und richtet sich im Grunde genommen (weitgehend unbewußt) nie gegen die vorhandenen allgemeinen Zustände oder gegen die allgemeinen und allgemeinsten Gewohnheiten, sondern ist selbst durchaus gewöhnlichster Art. Nur: Es will anders sein, und darum kämpft es auch seinem eigentlichsten Wesen nach immer nur *oberflächlich* gegen das Gewöhnliche, immer nur gegen dessen oberflächlichste oder sehr *offenbare* Mängel. Soweit eine Kultur dem großen ganzen nach nur einigermaßen ,,in Ordnung" ist, kann sich in ihr das Revolutionäre überhaupt nicht extra entwickeln oder betonen; seine wesenseigenste Wirkung ist immer obenhin verändernd oder korrigierend; es bildet nie Kulturbewegungen, die als solche neu wären und bildet noch viel weniger neuartige Kulturwerte, ist nie *schöpferisch* verändernd, sondern ist dem Schöpferischen nur insofern ,,weitläufig verwandt", als das Schöpferische *auch* revolutionär ist.
Das Revolutionäre ist weder für noch gegen die Existenz der Kultur entscheidend, sondern ist der Ausdruck einer allgemeinen Kulturkrise, die es nie von sich aus, nie re-

volutionär beheben kann, aber die es immer sehr verdeutlicht und in ihrem Verlauf immer sehr beschleunigt. Nur insoweit wie es im Wesen aller Kulturen oder deren Entwicklungen liegt, hier und dort krisenhaft zu sein, gehört zu ihnen auch als ein Wesentlichstes das Revolutionäre oder kann es als ein kulturell Notwendiges gelten; und soweit jeder Krisenzustand quälend und seine möglichst schnelle Beendigung immer einigermaßen erwünscht ist, kann das Revolutionäre kulturell verdienstlich wirken. Aber es kann immer nur verdienstlich sein, solange die Krise dauert und zwar immer nur in bezug auf das Tempo ihres Verlaufes, im übrigen verläuft sie nie so, wie das Revolutionäre will oder nicht will.

Revolutionäre Anschauungen, Veränderungen usw. sind mehr oder weniger moralisierender Art. Ernstere Lebenskrisen aber lassen sich nicht – und zwar sehr offensichtlich nicht – wegmoralisieren. Darum erweist sich ihnen gegenüber auch das Revolutionäre über seine ersten Wirkungen hinaus immer sehr bald als unzulänglich, und gerade infolge dieser Tatsache wird dann alles Revolutionäre außerordentlich gestärkt, das dort zwar ebensowenig helfen kann wie das Reaktionäre. Dieses wird aber doch gerade durch das Revolutionäre ganz unmittelbar immer noch mächtiger, als es vorauf schon war, so daß jede Kulturkrise von einem gewissen ernsteren Stadium ab insofern nur noch reaktionär verläuft, als sich dort das Revolutionäre seinem eigentlichen Wesen nach so gut wie überhaupt nicht mehr äußern kann. Dort ist es mehr und mehr gezwungen, ruhig oder still zu sein, also ganz anders zu sein, als es an und für sich ist; es ist dort mehr und mehr gezwungen, sich selbst wesentlich zu verändern.

*

Auch heute wieder nimmt Europa die besonderartigen Zustände seiner Kulturwende allermeistens und mehr und mehr von der moralischen Seite. Die natürlichen Widersprüche allen kulturellen Lebens, die sich mit ihr als besonders unverbindlich oder scharf betonen, sucht es in der Weise zu bekämpfen, daß es die sich widersprechenden Anschauungen und Strebungen, Lebens- und Werkformen usw. als an und für sich gut und als an und für sich böse zu unterscheiden sucht, um dann die bösen ganz auszuschalten oder kurzenwegs zu vernichten. Diese Unterscheidung führt von Fall zu Fall zwar wieder zu den gegensätzlichsten Wertungen, wird aber mehr und überall eigenwilligst praktiziert und als eine Maßnahme gewertet, die Europa allein noch vor dem völligen Untergang erretten kann.

Durch diese Moralpraxis wird Europa nicht friedlicher sondern kriegerischer. Sie kann die Gegensätze nicht verringern und noch weniger aufheben, sondern macht sie als solche lebendiger, betont und verschärft sie und stellt dementsprechend mehr und mehr so gut wie alle Kräfte in den Dienst eines kriegerischen oder kriegsbereiten Militärs oder aber unterstellt sie mehr und mehr solchen Gesetzen, Ordnungen und Institutionen, die in einem höchsten Maße dem Militär und seiner ihm eigenen Kraft dienen.

Das Militär aber dient der Kultur immer nur in sehr spezieller Hinsicht. Seine ihm eigenste Aufgabe ist nicht, die Kultur als solche etwa zu befruchten, oder ist nicht, kulturell Neues zu bilden, sondern seine Aufgabe ist es, eine sehr bestimmte, schon vorhandene Kultur zu schützen oder auch durch gewaltsame Eroberungen zu sichern und zu stärken. Wo das Militär besonders stark und besonders hoch geehrt ist, dort ist die Kultur immer in hohem Maße konservativistisch oder dort ist sie immer in einem hohen Maße für die Erhaltung und Sicherung, die Steigerung und Verherrlichung eines ganz bestimmten schon vorhandenen Kulturbesitzes interessiert.

*

Europa ist heute zukunftsgläubiger, als es je war und steht andererseits seiner Zukunft fragender und skeptischer gegenüber, als es ihr je gegenüberstand. Europa erlebt heute eine Revolution, neben der alle seine geschichtlichen Revolutionen als harmlos unruhige Kulturbewegungen gelten können. Und da die werklichen Mittel des heutigen Europa unvergleichlich viel mächtiger sind, als je die werklichen Mittel geschichtlicher großer Kulturwelten waren, so wird die gegenwärtige europäische Revolution sich auch, soweit es sich mit ihr wie mit jeder Revolution ganz zuerst um eine weitgehende Verneinung bestehender kultureller Zustände oder um eine weitgehende Vernichtung kultureller Werte handelt, mehr und mehr unvergleichlich viel vernichtender auswirken, als je eine geschichtliche Revolution sich auswirken konnte.

5 Deutsche Fragen nach den Kriegen

Von Handwerk und Kleinstadt

Der große Werktag unserer letzten Jahrzehnte mit seinem rasenden Hin und Her, mit seinem fürchterlichen Spektakel usw. hat einen Neben- oder Unterton, der wie ein Probeläuten neuer Kirchenglocken ist. Er hat uns gewaltig Großes versprochen, aber er hat uns bisher doch auch immer wieder ebenso großartig betrogen.
Die hohe Entwicklung unserer Verkehrsverhältnisse, der neue Reichtum unserer Arbeitsmittel, unserer Maschinen, unsere vielen exakt wissenschaftlichen Erkenntnisse, die große Verbreitung bester Literatur usw. sind wohl, so vorsichtig wir das alles auch bewerten mögen, tatsächliche Leistungen gewaltigster Art. Aber bei alledem geht es uns im allgemeinen doch auch wieder erbärmlich schlecht.
Etwas obenhin gesehen, erschien es oft, als sei uns, sofern wir nur wollten, überhaupt nichts mehr unmöglich, und wir wollten sehr. In dieser Zeit lag wirklich so etwas wie ein Bemühen, den Himmel herunterzuholen; nur um diesen Preis konnte uns das quälendste Arbeiten überall fast selbstverständlich sein. Wir arbeiteten ununterbrochen und spannten alle Kräfte ein, und wenn wir ruhten, so war das nur, um noch wieder besser arbeiten zu können, wir hätten selbst richtige Teufel angestellt, sie hätten nur so das Allergröbste, etwa den Pferdefuß und den Schwanz, ein bißchen unauffällig zu verstecken und hätten dann nur zu kommen brauchen, sich uns als Mitarbeiter anzubieten.
Und während wir so das Allerbeste wollten, bekamen wir den Krieg, der uns oft sehr unverständlich ist. Aber unverständlich ist vielleicht nur die gelegentliche Meinung, als hätte er durch einzelne Menschen, durch einzelne Gesellschaften oder Völker zuletzt noch vermieden werden können.
Es ist nur nötig, etwa die Häuser und Straßen und Wohnungen usw. des jüngeren Europa ordentlich anzusehen: Dort ist überall der drohende Schatten, den dieser Krieg uns vorausgeworfen hat; er ist im wesentlichen nichts Neues, sondern ist nur noch ausdrücklicher oder greifbarer und gesteigert das, was uns in den letzten europäischen Jahrzehnten schon bewegte.
Wir wundern uns gelegentlich wohl, daß wir diesen Krieg so lange ertragen können, aber wir vergessen dann, daß Europa in den letzten Jahrzehnten tiefes Leiden und zähes Gedulden gründlich gelernt hat.
Wir wundern uns gelegentlich wohl, daß wir diesen Krieg so lange ertragen können, ohne in ihm eine wirklich große führende Idee zu erkennen oder ohne den Preis nennen zu können, der groß genug wäre, diese unendlichen Leiden überzeugend zu rechtfertigen, aber wir vergessen dann, daß wir schon jahrzehntelang beispiellos hart gekämpft und gelitten haben für Ideen, die sehr dunkel waren.
Wir verneinen diesen Krieg wohl sehr oft, aber das hilft nur wenig, denn wir verneinen nur selten oder gar nicht seinen Ursprung oder das besonders Eigenartige der letzten Jahrzehnte, in dem dieser Krieg wurzelt, sondern wir wehren uns gegen ihn etwa so, wie wir auch immer unsere Maschinenprodukte billig und erniedrigend gescholten haben, um dann doch immer noch wieder neue und noch größere Fabriken zu bauen.

Wir sind sehr viel triebhafter, sind im entscheidenden Wollen viel unklarer oder dumpfer, als wir gewöhnlich meinen. Die Menschen haben vielleicht noch nie so unerklärlich widerspruchsvoll, wie wir es tun, das Bestehende kritisiert und an ein Besserwerden geglaubt, um dann gleich daneben wieder die zeitlichen Leistungen mit höchsten Worten zu feiern und zu behaupten, es sei doch eigentlich alles gut so. Europa steht heute da etwa wie ein gewaltiger Riese, der wohl nicht gut und nicht böse ist, aber er hat einen schrecklich großen Hammer in der Faust. Und es ist möglich, daß dieser Riese eine Welt aufbauen wird, neben der alles Bisherige nur ein armseliges Versuchen ist. Aber es ist ebensogut auch möglich, daß er alles zertrümmert und daß von der ganzen Geschichte nur so etwas wie ein unbrauchbarer Haufen Schutt und Staub und Eisenrippen übrigbleibt.

Das Entweder-Oder war vielleicht nie wichtiger als es heute ist; entweder wir schaffen wirklich eine Art Himmelreich, oder wir schaffen eine Hölle; jedenfalls für so gewöhnliche Halbheiten sind uns Wille und Kraft zu groß; das gewisse riesenhaft Unmenschliche, das in ihnen ist, ist auch der Grund für die Tatsache, daß wir uns dem heutigen großen Ganzen gegenüber so machtlos sehen; wo wir Menschen es auch anpacken mögen, es ist immer wieder, als lache es mitleidig und spöttisch über unsere kleine Person; und doch halten wir selbst uns gleich wieder für groß und für sehr bedeutend. Die persönliche Eigenliebe kann kaum größer sein, als sie heute ist; aber sie kann auch kaum tiefer gedemütigt werden, als sie heute gedemütigt wird. Und so sind wir überall, auf allen Gebieten und in jeder Hinsicht, nervös – unsicher und voll vernichtender Widersprüche, behandeln mit fürchterlichem Ernst die höchsten Aufgaben und lassen dann gleich daneben wieder das Allergewöhnlichste gut sein. Und im Kriege, für dessen Umfang und Elend uns so ungefähr noch jeder Ausdruck fehlt, sprechen wir von Weltfrieden, fast, als sei es ein Kinderspiel, ihn tatsächlich zu bilden.

Dieses scharf Gegensätzliche überall oder das maßlos Übertriebene auf allen Gebieten unseres Lebens und Arbeitens wird besonders zu beachten sein.

Wir behaupten oft, das allein Verderbliche in uns seien unsere einseitig kapitalistischen oder rücksichtslos wirtschaftlichen Interessen, und die sind auch sehr übel. Aber wir sind genau ebensoviel empfindsam-schöngeistig wie wir nüchtern-praktisch sind: So viele und gewaltige Techniker, Fabrikdirektoren, Kaufleute und Firmenschilder wir auch haben, wir haben ebenso viele und ebenso fanatische Eigenbrödler, Naturschwärmer, Ölbilder und Opernsänger. Unsere Fabriken und Warenspeicher, unsere Kaufhäuser und Kanzleien, so massenhaft und groß und einflußreich sie auch sind, sie sind kaum größer und massenhafter und einflußreicher als unsere Kunstausstellungen, Theater und Konzertsäle, oder sozusagen: Das Butterbrot ist uns entsetzlich wichtig, aber das Märchenerzählen ist uns auch entsetzlich wichtig.

Wir haben alles Gegensätzliche in großer Kraft, und das kann sehr gut sein, aber es fehlen uns für unsere starken Einzelheiten die nötigen unmittelbaren oder innerlichen Verbindungen.

Die starken Gegensätze haben nur Sinn oder entsprechend höchste Frucht – etwa wie Mann und Frau sie haben – indem sie sich intensiv verbinden.

Wir haben uns werktätig mehr und mehr so sehr auf Einzelheiten eingestellt, daß wir sie an sich fast notwendig übertreiben und ihre Verbindungen vernachlässigen mußten. Und so bleiben unsere Werke größtenteils fruchtlos und stehen sich nur noch als stark feindlich gegenüber.

Das Maßgebende, Entscheidende oder Eigenartige unserer Leistungen ist im Großen, was etwa die Leistungen der Varietébühne im Kleinen sind. Dort ist auch alles, gegenseitig konkurrierend, ins Tolle übertrieben oder gesteigert und ist doch unerbittlich immer noch mehr Steigerung gefordert. Alle diese speziellen oder einseitigen Leistungen, besonders auch, soweit wir sie entsprechend einseitig bewerten, sind sehr ergreifend oder großartig, aber sie sind schließlich nur so etwas wie ein ergreifender oder großartiger Unsinn, es fehlt ihnen fast jede hohe oder edle Wirkung, und soviel der Varietékünstler uns auch zulachen mag, um uns zu beweisen, daß sein Mühen ihn erfreue, wir wissen schon, daß sein Lachen eine Maske ist. Aber – wie gesagt – er widerspiegelt uns gut, so peinlich das auch sein mag.

Soviel sich unsere heutigen Aufgaben auch voneinander unterscheiden, sie sind doch alle gleich eigenartig oder varietémäßig einseitig, kümmern sich alle gleich wenig darum, daß wir selbst „von Haus aus" unendlich vielseitig sind und immer sein wollen, oder daß wir selbst der Weltmittelpunkt sind und uns von diesem Punkt aus notwendig und immerfort für unendlich vieles interessieren, unsere Aufgaben lachen über solche Weisheit und fordern kurz und bündig, daß wir Spezialisten seien; es handelt sich ihnen nicht mehr darum, daß wir einfach klug, sondern daß wir spitzfindig sind, wir haben nicht mehr fleißig, sondern clownhaft betriebsam, nicht mehr meisterlich, sondern raffiniert zu sein usw.

Und so stehen wir heute in einer Welt, die den sozusagen richtigen Menschen, mit einfach gesundem Verstand und mit einfach gesunden fünf Sinnen, kaum noch gebrauchen kann und tatsächlich auch diese sozusagen rundherum vollgültige Menschenart als wertlos fast ganz beiseitegeschoben hat, nämlich die Menschenart, die wir besonders gut mit dem selbständigen Handwerker begreifen.

Die überragende Bedeutung des Handwerkers besteht darin, daß er im Arbeiten am wenigsten einseitig ist und am meisten verbindet. Er ist auch einseitig, aber am wenigsten, und er verbindet nicht alles, aber am meisten.

Die Handwerker-Gemeinde in Hellerau

Die Handwerker-Gemeinde in Hellerau besteht aus mehreren selbständigen Handwerksmeistern mit ihren eigenen Werkstätten und aus einigen Handwerkerfreunden. Die Gründung dieser Handwerker-Gemeinde wurde im Sommer 1918 beschlossen und wurde besonders beraten und befürwortet von Harald Dohrn, Jakob Hegner, Hertha König, Karl Scheffler, Professor Dr. Roman Woerner und Dr. Gustav Wyneken.
Die Handwerker-Gemeinde soll in ihrem ersten wirtschaftlichen Bemühen noch besonders gestützt werden durch ein größeres Kapital, das Frau Hertha König der Handwerker-Gemeinde schenkte und das zunächst von mir verwaltet wird; es soll besonders dazu dienen, den einzelnen Handwerksmeistern zu helfen, soweit es sich ihnen um die erste Einrichtung ihrer Werkstätten oder überhaupt um den Beginn ihrer Praxis handelt und soll der Handwerker-Gemeinde gewisse größere hochschulartige Vortrags-Veranstaltungen in Hellerau ermöglichen.
Die gemeinschaftliche oder die gegenseitige Bindung der verschiedenen Werkstätten in der Handwerker-Gemeinde ist in erster Linie geistiger und nur sehr nebenbei oder indirekt wirtschaftlicher Art; sie sind nicht etwa genossenschaftlich gebunden und unterstehen auch nicht – einem fabrikmäßigen Sinne nach – einer gemeinsamen Direktion. Soweit hier von einer besonderen Direktion überhaupt gesprochen werden kann, besteht sie nur darin, daß ich mich – als Gründungsleiter – in Gemeinschaft mit der Leitung der Gartenstadt Hellerau bemühe, bestimmte Handwerker zu gewinnen, daß sie sich der Handwerker-Gemeinde anschließen, um darin als selbständige Meister zu leben und zu arbeiten; das Was und Wie ihres Arbeitens aber ist danach ihnen möglichst allein überlassen.
Uns Nichthandwerkern in der Handwerker-Gemeinde wird es gelegentlich ganz gewiß sehr schwer sein, unser Wollen und Können gegenüber dem Wollen und Können des ausgesprochenen Handwerkers zurückzustellen; aber da wir davon überzeugt sind, daß der Weg des selbständigen Handwerkers – verglichen mit den Wegen andrer Menschen – immer der bessere ist, so können wir uns in seiner Gemeinschaft vernünftigerweise nicht für seine Führer halten oder uns als seine Führer behaupten, sondern können dort nur suchen, ihm nach seinen Angaben zu dienen.
Wir sehen im Handwerklichen nicht – dem landläufigen Sinne nach – ein wesentlich Einfach-Technisches, sondern sehen dort ein Unendlich-Reiches, glauben ebensoviel

an das Empfindungsmäßige oder an das nichterlernbare Persönliche wie an das gesellschaftlich oder schulmäßig Nüchterne des selbständigen Handwerkers.
Wir sind dem selbständigen Handwerk gegenüber nicht kritiklos, aber wir neigen dazu, sämtliche andren Stände mehr zu kritisieren.
Wir glauben, daß ein selbständiges Handwerk kommt, das besser sein wird als das heutige Handwerk ist, aber wir glauben auch, daß ein solches besseres Handwerk im Wichtigsten nur kommen kann durch das selbständige Handwerk selbst, nicht etwa durch ein „Besserwissen" der Nichthandwerker oder durch Industrie, durch Schulen, durch Zeitungsartikel oder dergleichen; dem Handwerk kann gewiß von allen möglichen Seiten her geholfen werden, dem Wesentlichen nach aber ist es auf sich allein angewiesen. – Wir glauben an ein kommendes Handwerk, in dem die Meister geistig sehr hochstehende Menschen sind und glauben an eine kommende Gesellschaft, die das selbständige Handwerk ohne weiteres als etwas sehr Hochstehendes anerkennt.
Diese Zukunft scheint uns heute so ungefähr im ersten Morgendämmer zu liegen, es scheint uns nur nötig zu sein, das große Ganze unsrer Tage einigermaßen unbefangen anzusehen, um in einem Glauben an das selbständige Handwerk befestigt zu werden.
Wir sehen uns heute überall sehr dringlich genötigt, unsre bisherigen Werturteile zu prüfen und zu korrigieren; das aber kann gar nicht geschehen, ohne daß das selbständige Handwerk gewinnt; denn tiefer als wir es während der letzten Jahrzehnte werteten, kann es überhaupt nicht mehr gewertet werden.
Die besondere Art unseres Lebens und Treibens der letzten Jahrzehnte hat das selbständige Handwerk und mit ihm den besten gesellschaftlichen Mittelstand fast vernichtet; wir meinen heute wohl gelegentlich, das habe allein der Krieg getan, aber er ist hier – wie auf tausend anderen Gebieten auch – nur der unerbittliche Richter unsrer bisherigen Lebensführung; er ist nicht von diesen oder jenen, sondern ist von uns allen verschuldet, am meisten aber natürlich von denen, die vor ihm das große Ganze am meisten führten; am wenigsten aber führte dort das selbständige Handwerk oder der Mittelstand; denn er galt fast nichts; er aber ist von allen Ständen der wichtigste Stand, mit ihm steht oder fällt unmittelbar das große Ganze.
Es mag Staaten geben, die ohne einen guten einflußreichen Mittelstand leben können, ähnlich so, wie es alte Weidenbäume gibt, die ganz munter zu sein scheinen, obgleich ihr Stamm fast nur noch Rinde ist; aber das sind Ausnahmen.
Wir brauchen es nur erkennen zu wollen, so müssen wir erkennen, daß wir uns dem Völkerkrieg näherten genau in dem Maße, in dem diese Völker den handwerklichen Mittelstand beiseite schoben. Angenommen, daß der Krieg überhaupt etwas Gutes fruchtet, so kann dies Gute nur sein: (zunächst) zu erkennen, daß alle führenden Menschen oder Kräfte, die außerhalb des handwerklichen Mittelstandes sind, die Völker notwendig und verhältnismäßig schnell dem Kriege und schließlich der gänzlichen Vernichtung zuführen.
Der Mittelstand ist hier nicht im Sinne der politischen Partei zu nehmen. Wir suchen hier mit dem „Mittelstande" ein Gesellschaftliches oder Weltliches zu treffen, das dem eigentlich Menschlichen sehr nahe steht, für das – ganz einfach genommen – das Kör-

perliche so wichtig ist wie das Geistige (wir können ohne Körper so wenig Mensch sein wie ohne Geist), wir halten hier etwa das Wollen für genauso wichtig oder unwichtig wie das Können, das Kraftgefühl für so wichtig wie das Gefühl der Schwäche, das Gesellschaftliche für so wichtig oder unwichtig wie das Persönliche, stehen dem Reichtum so nahe oder so fern wie der Armut, dem Mühen so nahe wie dem Faulenzen usw.

Ein solches Inmittenstehen ist nie ganz zu verwirklichen, aber ist uns immer – ob wir wollen oder nicht – ein höchstes Ziel. Denn nur dort sind wir mit uns selbst und mit der Welt im Gleichgewicht oder in Harmonie. Dieser Mittelstand ist nur im Geiste oder in der Vorstellung, aber es gibt doch auch einen weltlichen Mittelstand, der dem idealen Mittelstande nahe oder – verglichen mit andern Ständen – am nächsten ist.

Mit diesem Kriege geht es weitaus in erster Linie um den handwerklichen Mittelstand: Entweder um seinen (und damit um unser aller) tiefsten Fall oder um dieses Mittelstandes (und damit um unser aller) größte Herrlichkeit.

Und so – meinen wir – wird jedes nennenswerte Bemühen um das selbständige Handwerk zu einer wichtigsten Angelegenheit aller Menschen, zu allererst aber der Menschen, die dem guten Mittelstande angehören oder sich doch diesem Mittelstande zurechnen.

Und so rechnen wir in der Handwerker-Gemeinde auch damit, daß ihr Nachwuchs in erster Linie aus dem Mittelstande komme; wir glauben, daß ein Großteil der reiferen Jugend unserer Gymnasien und ebenso ein Großteil resignierender Studenten verhältnismäßig leicht für das Erlernen eines Handwerks zu gewinnen ist, daß für sie jede mittelgroße selbständige Werkstatt sehr viel Verlockendes hat, besonders noch dann, wenn der Handwerksmeister sich etwas mehr als bisher auf geistig reifere Lehrlinge einstellt. Eine solche Einstellung aber ist den Meistern der Handwerker-Gemeinde selbstverständlich, sie werden ohne weiteres gerne in jedem Lehrling einen zukünftigen besten Meister, einen zukünftig überall wirklich maßgebenden Menschen sehen und werden sich immer und gerne bemühen, besonders einer reiferen Jugend beste Lehrstätten zu bieten.

Allerdings werden alle Lehrlinge in der Handwerker-Gemeinde auch nur als Lehrlinge behandelt, nicht etwa als ,,Volontäre" oder als Schüler oder so ähnlich; die Lehrlinge müssen hier durchaus die übliche Arbeitszeit aller Handwerkerlehrlinge einhalten und unterstehen in ihrem Leben und Arbeiten ganz so wie jeder sonstige Handwerkerlehrling dem Meister und den Gesellen. Soweit diese Bestimmung hart oder abschreckend anzuhören ist, sei nebenbei doch daran erinnert, daß auch das Leben des modernen Studenten, des Kontorlehrlings usw. durchaus nicht nur aus Jubel besteht.

Das handwerkliche Leben und Arbeiten hat – wenn man will – viele niedrige Grobheiten; aber diese sind – richtig besehen – nicht niedriger oder zahlreicher als die Grobheiten im Leben und Arbeiten anderer Menschen; der Unterschied zwischen diesen und dem Handwerker besteht nur darin, daß dieser die Grobheiten offener zeigt oder – seiner besonderen Welt entsprechend – notwendig offener zeigen muß; er steht der Wahrheit immer am nächsten; so wird deutlich auch jedes Volk oder jede Zeit mit geringem oder mit einem wenig geachteten selbständigen Handwerk immer in einem besonders hohen Grade das Verlogene haben, und so sind auch wir in der modernen Welt mit dem beispiellos niedrig stehenden Handwerk in einem unerhörten Maße auf Verlogenheiten eingestellt, so daß wir dann, wenn wir die Wahl haben, immer wieder so gerne und wie ganz selbstverständlich dorthin gehen, wo das Lügen bequem ist; im Handwerk aber ist es am schwersten.

Wir glauben an eine Jugend, welche die Wahrheit mehr sucht, als wir Erwachsenen sie alltäglich suchten, und dann weniger, als wir es getan haben, vor handwerklichen Grobheiten zurückschreckt.

Im Laufe dieses Jahres werden in der Handwerker-Gemeinde voraussichtlich folgende Werkstätten arbeitlich voll eingerichtet sein: zwei Tischlerwerkstätten, eine Buchbinderwerkstatt, eine Buchdruckereiwerkstatt mit Handdruckpresse, eine Silberschmiede, eine Töpferwerkstatt mit keramischer Abteilung.

Im Laufe des nächsten Jahres sollen dem bisherigen Plane nach noch neu hinzukommen: eine Färbereiwerkstatt (mit Zeugdruck), eine Tapezierwerkstatt, eine Steinmetzwerkstatt, eine Zimmerei und eine Maurerei.

Und es ist angenommen, daß dieser Werkstättenkreis sich im Laufe der nächsten 5 Jahre auf etwa zwanzig Werkstätten erweitert, womit unter andern besonders auch eine Schneider- und eine Schuhmacherwerkstätte eingerichtet werden sollen.

Für jede Werkstatt ist eine geringe bis mittlere Betriebsgröße angenommen, so daß dort außer dem Meister zwei bis fünf Gesellen und etwa drei Lehrlinge arbeiten.

Und diese rund zwanzig Werkstätten dann mit ihrem ganzen lebensfrohen Drum und Dran, die Meister mit ihren Familien und mit den Gesellen und Lehrlingen, überhaupt diese ganze Handwerker-Gemeinde „mit Kind und Kegel" sollen dann der Grundstock sein einer neuen Kleinstadt. Vielleicht, nach fünf Jahren, beschließen die Meister, meinem Plane entgegen, nach wie vor in Hellerau zu bleiben, wenn ja, so mag das recht sein, vielleicht ist mein heutiger Plan in diesem letzteren Teile schon übermäßig literarisch oder so ähnlich; aber es ist sicher, daß in einer solchen Gemeinde von etwa einhundertundfünfzig bis zweihundert einfach handwerklich gerichteten Menschen eine außerordentlich vornehme städtebauliche Kraft enthalten ist, die auch wohl ganz sicher nach Ausdruck suchen wird, und es wird wohl nur nötig sein, dieser Kraft eine einigermaßen freie Bahn zu schaffen, so wird die Handwerker-Gemeinde doch wohl in der hier geplanten Weise auf neuem Boden eine neue Siedlung bauen, eine Kleinstadt, die – den sonstigen neueren Städtesiedlungen entgegen – nicht damit beginnt, Fabriken zu bauen oder Häuser für Rentner oder Lohnarbeiter, sondern die zuerst und als Wichtigstes Werkstätten baut und Wohnungen für Handwerker und Ackerbürger.

Eine solche Gemeinde wird ganz gewiß noch zu klein oder arbeitlich zu unzulänglich sein, um sogleich die ideale Aufgabe erfüllen zu können, eine Welt zu bilden, die reiche geistige Interessen und reiche materielle Bedürfnisse ohne fremde Hilfe befriedigt; eine solche neue Siedlung wird – von ihrer Gründung ab gerechnet – sicher noch viele

Jahre lang fremde Hilfe als wichtig fordern, wird noch sehr lange Ausfuhr und Einfuhr sehr gut sein lassen müssen und wird sich überhaupt wohl mit der Erkenntnis abzufinden haben, daß aus der Welt kein Himmelreich zu machen geht, aber ebenso gewiß wird eine solche Gemeinde höchste Aufgaben in einem besonderen Maße als höchste Aufgaben erkennen und bearbeiten und in einem besonderen Maße geeignet sein, der Lösung höchster Aufgaben nahe zu kommen.

Es ist hier nicht angenommen oder als wichtig beabsichtigt, daß die Handwerker-Gemeinde mit einer solchen Siedlung etwas unerhört Neues bilde; (in einem gesund handwerklichen Leben und Arbeiten ist das Neue genauso wichtig oder so unwichtig wie das Alte). Das eigentlich Neue einer solchen Siedlung wird nur darin liegen, daß sie in allem Wesentlichen von selbständigen Handwerkern begonnen und geführt wird, womit dort allerdings wohl auch allerlei entstehen wird, das als neu zu gelten hat; es ist anzunehmen, daß diese gewissermaßen neue Führung dort ganz besonders auch die Erziehung der Kinder als etwas hervorragend Wichtiges treffen und gewissermaßen neu gestalten wird; denn man kann nicht großgemeinschaftlich Führer sein, ohne die Jugend für sich zu haben oder ohne als wichtig zu suchen, diese für sich zu gewinnen; und so wird es sich dann wohl ohne weiteres ergeben, daß die Schulen dieser neuen Siedlung in betonter Weise – unsern sonstigen Schulen entgegen – dorthin zielen, daß die Kinder lernen, das einfach handwerkliche Leben und Arbeiten zu sehen, zu kennen und als etwas Höchstes zu schätzen und zu lieben.

Übrigens bewegen sich auch heute schon viele unserer Schulreformen – ob gewollt oder nicht – sehr deutlich nach dieser Richtung hin; so sehen wir zum Beispiel, daß mehrere sogenannte Landerziehungsheime – den alten Gymnasien gegensätzlich – das körperlich-praktische, einfach-nützliche Arbeiten durchaus hoch werten; es ist fast nur noch nötig, in dieser Richtung etwas bestimmt sozusagen wenige Schritte vorwärts zu gehen, so würden viele unserer Gymnasien ihre Primaner sehr schmerzlos und lebensfroh als Lehrlinge in die Handwerkerwerkstätten führen, wo sehr Grobes und sehr Feines, wo Schweres und Leichtes, wo Arbeiten und Schweiß und Lieder usw. schön nahe beieinander sind, wo die ganze runde Welt sich spiegelt, wo man der Weltmitte am nächsten steht, wo man ein wirklich „ganzer Mann" sein muß: stark und klug und großherzig, um ein bester Meister zu sein, dorthin, wo nur allerbeste Menschen am besten sind und Bestes schaffen.

Die Meister der Handwerker-Gemeinde rechnen damit, daß ihnen – wie jedem andern selbständigen Handwerksmeister auch – ihre vorhandenen persönlichen Beziehungen zur Welt zusammen mit gelegentlichen persönlichen Bemühungen genügen, um für die Werkstätten die nötigen Arbeitsaufträge und ebenso auch die erwünschten Gesellen und Lehrlinge zu erhalten; die Handwerker-Gemeinde wird suchen, jede Reklame als unhandwerklich oder als wesentlich handwerker-feindlich zu vermeiden; und so mögen auch diese Mitteilungen hier nicht als eine Reklame angesehen werden, sie sollen nur dazu dienen, den Menschen, die uns freundschaftlich nahe stehen, oder die sich sonst für unser Wollen und Arbeiten besonders interessieren, das Wichtigste zu erklären; sollten aber darüber hinaus und unbeabsichtigt diese Erklärungen für die Handwerker-Gemeinde werbend sein, so wird sie das nicht für ein Unglück halten, sondern sie wird sich im Gegenteil immer freuen, zu erfahren, daß ihrem Tun und Wollen zugestimmt wird; denn ein Hochnasiges der Welt gegenüber gilt uns auch als handwerkerfeindlich. (...)

Hellerau, im Herbst 1919

Das unglückliche Land in der Mitte,
eine Aufgabe

Unsere Gegenwart ist so voller Probleme oder dringlichster Fragen, daß es sich wohl empfiehlt, jede schickliche Gelegenheit zu benutzen, um zu suchen, daß wir uns in größerer Gemeinschaft gegenseitig wenigstens einige der wichtigeren Fragen beantworten.
Allerdings, daß wir uns gegenwärtig großgesellschaftlich gut verständigen, ist wohl ungefähr ebenso schwer oder selten zu erreichen, wie es wichtig ist.
Wenn wir gegenwärtig suchen, ernstere Lebens- oder Arbeitsangelegenheiten gemeinsam entsprechend ernst zu behandeln, ist es nicht selten, als habe jeder von uns eine andere Sprache.
Es geht uns ungefähr wohl ebenso, wie es denen ging beim Turmbau zu Babel: Nach einer Zeit mühevollsten Arbeitens und nach einer Zeit himmelstürmender Pläne sehen wir alle uns wie plötzlich im tollsten und zersetzendsten Durcheinander. (...)
Überhaupt überall stehen die schärfsten Gegensätze hart und feindselig nebeneinander, und es fehlt beinahe alles, das diese Gegensätze ausgleichen oder fruchtbar miteinander verbinden könnte, oder das aus dem großen Ganzen, in dem wir leben und arbeiten, so etwas wie eine schöne und glückliche Welt machen könnte. Und soweit es in solcher Hinsicht für uns überhaupt noch nennenswerte Hilfe gibt, werden wir große Mühe haben, sie aufzufinden; jedenfalls dort, wo wir bisher diese Hilfe suchten, wird sie kaum sein; denn sonst müßte es uns inzwischen schon sehr gut gehen; wir suchen sie nicht erst etwa seit den letzten Jahren, sondern wir wissen schon seit lange vor dem Kriege, daß das große Ganze auffallend minderwertig ist; sagen wir etwa: neun Zehntel aller unserer europäischen Arbeitswerte der letzten Jahrzehnte stehen, kulturell genommen, auf sehr niedriger, um nicht zu sagen, auf niedrigster Stufe; und ziemlich ebenso wie unsere Arbeiten sind, ist doch wohl auch unsere ganze Lebensart.
Und das alles wissen wir schon lange, und ungefähr ebenso lange suchen wir – und zwar sehr ernst und gewissenhaft – daß das große Ganze besser werden möchte, aber es ist doch wohl nicht besser geworden, jedenfalls nicht so einfach sichtbar besser.
Und so bleibt schließlich doch wohl nichts anderes übrig, als zu erkennen und einzugestehen, daß wir wesentliche Hilfe dort suchten, wo sie als einfach erkennbar oder als großgesellschaftlich richtig nicht sein kann.
Wo suchten wir, oder von woher erwarteten wir die Hilfe? Nun, wir erwarteten sie betont etwa von der Wissenschaft, von der Industrie, von den Schulen, von der Politik, von Zeitungen und Büchern usw.
Und es ist gewiß auch gar kein Zweifel, daß dort überall für uns gewisse Hilfsmöglichkeiten sind, denn gewissermaßen kann uns überhaupt alles dienlich sein, oder wie es heißt: „Es ist alles gut"; aber es ist eben auch alles böse.
Dies ist zwar eine richtige sogenannte Binsenweisheit, aber um so erstaunlicher ist es, zu beachten, mit welch unbedingtem Vertrauen wir immer wieder auf diese einzelnen

Gebiete losgegangen sind, oder wie sehr bedingungslos wir sie verherrlichten und immer noch wieder verherrlichen.
Nehmen wir zum Beispiel die Politik: Es ist doch wohl so, daß der ganz weitaus größte Teil aller erwachsenen und halberwachsenen Europäer, wenn es darauf ankommt, jede wesentliche Verbesserung des großen Ganzen betont und eigentlich mit ergreifendem Ernst von der Politik erwartet.
Natürlich ist die Politik, das heißt: natürlich sind unsere großgesellschaftlichen äußeren oder materiellen Bindungen oder Maßnahmen immer als etwas Wichtiges zu beachten, und sozusagen ganz ohne Politik geht es nicht.
Aber eben das Maßhalten ist überall die große Aufgabe; und so ist eben auch unser Interesse für die Politik immer nur bis zu einer gewissen Grenze zu rechtfertigen, und sobald wir diese Grenze überschreiten, führt jede politische Einstellung in das Unsinnige. Wir könnten das heute, da wir im allgemeinen diese Grenze bereits weit überschritten haben, ganz besonders gut erkennen, nämlich: da heute sozusagen alle Welt sehr bedingungslos für Politik ist, wird von der Politik auf der einen Seite begeistert schon wieder niedergerissen, was auf der anderen Seite begeistert aufgebaut – werden sollte.
Und so könnte man wohl meinen, es müsse – gerade auch im Hinblick auf unsere heutigen Gesamtzustände – außerordentlich leicht sein, den Unsinn zu erkennen, der darin liegt, daß wir der Politik so grenzenlos vertrauen; aber nein, unser Vertrauen zur Politik ist unerschütterlich; man könnte versuchen, etwa noch folgendermaßen gegen die Politik zu eifern; man könnte etwa sagen: Du glaubst so sehr an die Politik, und je mehr du das tust, um so mehr betonst du, daß die Politik etwa auf der linken Seite sehr häßlich sei, und auf der rechten Seite auch sehr häßlich sei, und hinten, so behauptest du, da sei sie noch häßlicher; ja, aber so darf man vielleicht doch fragen, ist dann nicht diese ganze Politik ein richtiges Scheusal? ,,O nein, pardon", heißt es dann, ,,sieh mal hierher, diese eine Seite, die ist doch sehr schön." Das heißt: es hilft hier eben alles Beweisen gegen die Politik gar nichts.
Und ungefähr ebenso wie es uns hier mit der Politik geht, geht es uns auch mit den anderen vorhin erwähnten großen Einzelgebieten, etwa mit der Industrie, mit der Wissenschaft, mit der Druckerschwärze usw.
Hier überall ist unser Vertrauen felsenfest, und je fester es geworden ist, um so unglücklicher sind gleichzeitig überall die Gesamtleistungen dieser einzelnen Gebiete. Aber mit vernünftigen Erwägungen oder überhaupt mit Vernunft ist hiergegen nun eigentlich nichts mehr zu ändern; hier kann unmittelbar oder nennenswert oder entscheidend eigentlich nur noch – sagen wir – der liebe Gott helfen oder das tiefste Wesen aller Dinge, das dort, wo wir Menschen die Dinge nicht mehr meistern, die Dinge durch sich selbst vernichten läßt.
Eine solche Selbstvernichtung ist auch auf vielen der genannten Gebiete – sobald wir nur etwas andächtig hinsehen – sehr deutlich erkennbar; allerdings, da solche Vernichtungen sehr oft uns persönlich sehr in Mitleidenschaft bringen, so ist es natürlich,

daß wir an allerlei Vernichtungserscheinungen gerne vorbeisehen, aber ein solches halbes Nichtsehenwollen wird uns wohl nicht viel helfen. (...)
Soweit wir von europäischen Problemen oder Aufgaben sprechen können (und das können wir doch wohl schon seit mehreren Jahrhunderten tun und können wir heute mehr tun als zuvor) sind überhaupt wir Deutsche immer in erster Linie berufen oder genötigt, solche Aufgaben zu lösen.

Nehmen wir an, es sind etwa in Frankreich irgendwelche wirtschaftliche oder geistig entscheidende Umwälzungen, so mag das irgendwie auch auf Rußland übertragen werden, aber wenn schon, so werden dann die meisten Wege von Frankreich nach Rußland über Deutschland führen, und umgekehrt etwa ist es ebenso, und wenn wir statt Frankreich Skandinavien und dann statt Rußland Italien setzen, so stimmt es auch wieder. Das heißt, soweit sich die Angelegenheiten der einzelnen europäischen Völker überhaupt auf die anderen Völker übertragen, um damit mehr oder weniger zu europäischen Angelegenheiten zu werden, wird davon unmittelbar und ganz praktisch – einfach schon der geographischen Lage wegen – Deutschland zunächst und am meisten getroffen, am meisten unter anderem auch deshalb, weil die räumlich sehr entgegengesetzt wohnenden Völker, zum Beispiel die Skandinavier und die Italiener, geistig nur im ganz Ungefähren übereinstimmen, während etwa das sehr südlich liegende Deutschland, im Denken und Wollen, Italien sehr verwandt oder doch sehr nahe ist, und umgekehrt keine besonders großen Unterschiede sind zwischen dem Denken und Wollen der Skandinavier und der sehr nördlichen deutschen Bevölkerung.

Und so bilden wir Deutsche in Europa nicht nur geographisch oder räumlich, sondern ebenso auch geistig das Volk, das am meisten zu verbinden oder zu vermitteln hat; wir stehen in Europa am meisten in der Mitte, im Zentrum, und so ergibt es sich, daß es sich dort, wo es sich für Europa um die Zentral- oder Haupt- oder Kernfragen handelt, ohne weiteres und besonders oder am meisten um deutsche Angelegenheiten handelt.

Wir als Volksganzes haben in dem Europa der letzten Jahrhunderte wesentlich die gleichen Aufgaben, die in der früheren Geschichte im Kreise der verschiedenen mittelmeerländischen Völker das sehr inmitten stehende Griechenland und später Italien hatten, wenn wir uns im übrigen auch nicht weiter mit den alten Griechen oder Römern vergleichen wollen; aber sie in erster Linie hatten die damals großweltlich tragenden Willensrichtungen zu bestimmen und praktisch zu verfolgen, ungefähr ebenso wie seit Jahrhunderten für Europa in erster Linie wir Deutsche das zu tun haben. Nicht wir Deutsche allein, aber wir in erster Linie. (...)

Die große Pracht und Kraft der deutschen etwas späteren mittelalterlichen Gesellschaftsordnung und Arbeit, die reich verbindliche und starke Art der deutschen Frührenaissance und ebenso des deutschen Barock, überhaupt unsere deutschen großgesellschaftlichen Bemühungen, die Kulturen aller europäischen randständigen Völker gut zu kennen oder zu verstehen, um dann den Wert dieser verschiedenen Kulturen verbindlich zu steigern; das und ähnliches ist hier als wesentlich für uns zu beachten, und hiermit sind dann tatsächlich auch durch unser deutsches Volk ganz überragende Werte gebildet.

Albrecht Dürer, Martin Luther, Grünewald, und, wie schon gesagt, auch Rembrandt, dann etwa Goethe, Beethoven, Kant usw. sind die großen persönlichen Repräsentanten unserer Kraft und sind mehr oder weniger auch für ganz Europa die großen Repräsentanten hoher – um nicht zu sagen höchster – Menschlichkeit.
Nehmen wir diese und ähnliche Deutsche als unsere Fürsprecher und vergleichen wir dann – immer im Hinblick auf die letzten Jahrhunderte – unser Deutschland mit den Ländern ringsum, so wird es deutlich, was wir für das geschlossene Europa waren.
Trotzdem aber haben wir nicht genug getan, oder trotz unserer durchaus anerkannten Großtaten haben wir Europa gegenüber noch versagt; denn wir haben bisher nicht die geistige und weltliche Kraft aufgebracht, die alle europäischen Völker zu einer geistig und weltlich sehr gleichartig gerichteten Einheit förderlich verbunden hätte.
Eine derartige großvölkische europäische Verbindung aber ist unerbittlich gefordert, und in erster Linie ist diese Forderung nach wie vor an uns Deutsche gerichtet, und entweder es gelingt uns bald, diese Forderung größtenteils zu erfüllen, das heißt auch, allen Völkern ringsum das Beispiel zu geben, das in einfacher und damit in großgesellschaftlich überzeugender Weise eine wirtschaftliche und eine geistige Gesundung Europas verspricht, oder man wird uns aus Deutschland mehr oder weniger vertreiben, das heißt: aus dem Lande vertreiben, von dem aus die verschiedenen Völker noch am leichtesten zu verbinden sind; es werden dann an unserer Stelle andere Völker die große Aufgabe zu lösen versuchen, die wir sehr weitgehend noch nicht lösen konnten. Aller Voraussicht nach bedeutet das dann für Europa und besonders für dessen zentrale Landteile eine Jahrhunderte lange Kriegszeit und müßte in erster Linie für Deutschland die unerhörtesten Verwüstungen ergeben. (...)
Wir Deutsche halten es so im allgemeinen schon für ganz selbstverständlich, daß wir in Deutschland wohnen, aber selbstverständlich ist das eigentlich gar nicht.
Ebenso wie unsere deutschen überragenden Großtaten der letzten Jahrhunderte nicht ohne weiteres selbstverständlich sind, ebenso bestand für uns seit Jahrhunderten die Möglichkeit, daß wir aus Deutschland vertrieben wurden, und diese Möglichkeit der Vertreibung steht immer noch vor uns, und zwar gegenwärtig ganz besonders drohend.
Gelingt es uns nicht, daß wir Deutsche uns während der nächsten Jahrzehnte großgesellschaftlich in geistiger wie in arbeitlicher Hinsicht wesentlich neu orientieren, in dem Sinne, daß wir mehr oder weniger allen europäischen Völkern in großartiger Weise vorbildlich werden, so ist es eigentlich leicht vorauszusehen, daß wir Deutsche in Deutschland nichts mehr zu sagen haben werden, und in großen und immer größeren Massen gedemütigt auswandern müssen, um mehr und mehr nach allen Himmelsrichtungen hin verstreut zu werden, in unruhigster und in vielleicht jahrtausendlanger Wanderschaft, ähnlich so vielleicht wie das jüdische Volk flüchtig wurde und jahrtausendelang gedemütigt in aller Welt umherirrte und heute noch große Mühe hat, so richtig seßhaft zu werden.

Wir waren schon vor dem Kriege und noch viel deutlicher vielleicht während des Krieges von allen Völkern das Volk, das am meisten interessierte, und wir sind das heute noch viel mehr, nicht weil wir das so wollen, sondern weil wir inmitten der anderen Völker stehen.(...)
Das am meisten Mittelständige ist immer und überall das Wichtigste oder das meist Entscheidende. (...) Und ungefähr ebenso, wie wir als das mittelständigste Volk für ganz Europa das am meisten entscheidende oder das tatsächlich wichtigste Volk sind, so ist innerhalb unseres eigenen Volkes der Volksteil der wichtigste, den wir ganz landläufig den gesellschaftlichen Mittelstand oder den einfachen Bürgerstand nennen.
So wie wir als Volksganzes innerhalb der verschiedenen und gegensätzlichen europäischen Völker wesentlich das völkerverbindende Glied sind, so hat unser gesellschaftlicher Mittelstand die gesellschaftlich sehr gegensätzlichen Menschen, Interessen oder Kräfte usw. miteinander zu verbinden.
Diese wesentliche Aufgabe hat der Mittelstand nicht nur bei uns, sondern hat der Mittelstand in allen Völkern und erfüllt er mehr oder weniger auch überall; er ist in allen Völkern der wichtigste Volksteil, nur für uns ist es am wichtigsten, diese Tatsache zu beachten und planmäßig geltend zu machen.
So wenig wie die in Europa sehr randständigen Völker, etwa England, Frankreich, Rußland usw. die heutigen europäischen Haupt- oder Kernfragen begreifen oder beantworten können, ebensowenig können die Hauptfragen, die für Deutschland zu beantworten sind, von den gesellschaftlich sehr randständigen Klassen, das heißt von den Klassen, die eben nicht mittelständig sind, etwa von den Großagrariern, Kommerzienräten oder Proletariern begriffen oder beantwortet werden.
Und ebenso wie Europa nicht gesunden kann, ohne daß zuerst das deutsche Land gesunde, so kann Deutschland nicht gesunden, ohne daß zunächst einmal sein einfaches Bürgertum sozusagen obenauf sei. (...)
Der Bürgerstand ist als besonderer Stand immer reichlich schwer zu bezeichnen oder zu begreifen, er ist innerhalb der verschiedenen gesellschaftlichen Stände als besonderer Stand am undeutlichsten, oder am wenigsten scharf abgegrenzt; seine wichtigsten Interessen oder Aufgaben oder Kräfte usw. sind sehr schwer gut zu nennen; zum Beispiel er ist ungefähr ebensoviel oder ebensowenig für Industrie wie für Kunst, für gesellschaftliche Bindungen, wie für persönliche Eigenbrötelei, er hat ein durchaus lebendiges Verhältnis zum realen Besitz, ohne doch dem Wesen nach eigentlich materiell reich sein zu können usw.
Das heißt auch innerhalb des Bürger- oder Mittelstandes ist immer reichlich viel Durcheinander, oder sehr viel Hin und Her, er ist immerfort nach den verschiedensten Seiten hin beansprucht oder interessiert, aber dadurch eben auch am vielfältigsten oder am meisten gehemmt.
Er ist am wenigsten einseitig oder eindeutig, er hat es am schwersten zu sagen, was er eigentlich will und was er nicht will, und ist darum auch einem gewissermaßen oberflächlichen politischen Sinne nach am wenigsten zu gebrauchen oder am wenigsten schlagfertig.

Und mit dieser gewissen Unklarheit des Wesens hat der Bürgerstand oder der Mittelstand als besonderer gesellschaftlicher Stand überall, in allen Ländern dem Wesen nach, eine sehr große Ähnlichkeit mit dem gesamten geographisch mittelständigen Deutschland.

Und so schwer wie es immer und überall ist, an den Mittelstand zu glauben, ungefähr ebenso schwer ist es auch, an Deutschland zu glauben; Deutschland steigt und fällt mit der steigenden und fallenden Geltung, die der Mittel- oder Bürgerstand in Europa hat.

Alle besonderen Tugenden oder Untugenden, die wir als Volksganzes haben, sind innerhalb unseres Bürgerstandes geschlossen beieinander, aber sind ungefähr ebenso innerhalb des Bürgerstandes aller Länder.

Zum Beispiel wenn es heißt, daß wir Deutsche politisch besonders unklar oder untüchtig sind, so muß diese politische besondere Untüchtigkeit auch im Bürgerstande oder Mittelstande aller Länder sein.

Und tatsächlich sind auch wohl überall die gesellschaftlich nicht mittelständigen Klassen, die Großbesitzer ebenso wie die Garnichtsbesitzer, die politisch Schärfsten oder Tüchtigsten.

Oder wenn man betont, daß wir Deutsche immer so sehr auf das Ausland sehen, so haben wir hier wieder eine wesentliche Eigenschaft des Mittelständigen: Wir müssen, als mittelständig, überall hinsehen, oder ringsum alles möglichst gut kennen oder verstehen, denn sonst können wir nicht das Randständige, das heißt auch das Extreme großwirksam miteinander verbinden.

Das Mittelständige ist das, was ungefähr inmitten der Gegensätze steht, das heißt inmitten der Interessen oder Kräfte oder Tatsachen steht, die immer dazu neigen, sich zu bekämpfen und sich gegenseitig zu vernichten.

Wenn wir Wasser in das sehr gegensätzliche Feuer gießen, so wird dadurch entweder das Feuer verlöschen oder – wenn das Feuer der stärkere Teil ist – es wird das Wasser verdunsten; das heißt durch die unmittelbare Verbindung der Gegensätze wird hier – einem einfachen Begriffe nach – das eine oder das andere vernichtet. Wenn wir aber das Wasser in einen Topf gießen und diesen dann über das Feuer bringen, so erreichen wir damit, daß die scharfen Gegensätze – Feuer und Wasser – uns in vielleicht sehr großartiger Weise dienen.

Hier ist es nun, wenn es darauf ankommt, nicht ganz leicht zu sagen, ob für uns das Feuer oder das Wasser oder ob der Topf das Wichtigere sei.

Das heißt, es ist hier so ohne weiteres schwer zu entscheiden, ob es mehr auf die gegensätzlichen Teile Feuer und Wasser, oder mehr auf den Topf, also mehr auf den Teil ankomme, der die Gegensätze für uns dienlich verbindet.

Und so wie hier geht es uns ungefähr überall: Es läßt sich so ohne weiteres nie gut entscheiden, ob es wichtiger für uns sei, daß in der Welt viele und scharfe Gegensätze bestehen und als solche ausgebildet werden, oder ob es wichtiger sei für uns, daß in der Welt das Verbindliche viel und stark sei; aber hier kommt eine Tatsache als sehr beachtlich hinzu, und die entscheidet wohl, nämlich: das Gegensätzliche bildet sich an-

dauernd und überall fast ohne unser Zutun, und soweit es für uns nützlich wirken soll
– wie vorhin etwa das Feuer und das Wasser – ist nur besonders wichtig für uns, daß
wir es überhaupt schätzen und gelten lassen und zusammenbringen; aber das nötige
Verbindliche – wie vorhin der Topf – bildet sich nie allein, sondern muß immer ganz
extra von uns Menschen geschaffen werden.

Und so ist der verbindliche oder vermittelnde Teil zwischen den Gegensätzen für unsere arbeitlichen oder überhaupt bildenden Pläne oder Maßnahmen usw. ganz fraglos immer der wichtigere oder vornehmere Teil.

Es ist nicht immer selbstverständlich, daß wir Feuer machen können und daß wir Wasser zur Hand haben; also müssen wir uns sehr wohl auch um das Gegensätzliche bemühen; aber es wird in der Regel für uns doch viel leichter sein, Feuer machen zu können oder Wasser zu holen, als einen wasserdichten oder feuersicheren Topf zu bilden, der hier die Gegensätze für uns dienlich verbinden soll.

Das heißt, es ist im großen Ganzen nicht nur viel wichtiger, sondern auch viel schwerer, das Verbindliche oder das sinnreich Vermittelnde zu bilden, als das Gegensätzliche.

Und das Verbindliche ist doppelt schwer zu bilden oder zu verfolgen, weil es das Unansehnlichere oder das äußerlich Unschönere ist, zum Beispiel ist das Feuer wie auch das Wasser an sich viel schöner oder reizvoller als der Topf.

Also das Verbindliche ist im großen Ganzen nicht nur das Wichtigste und das Schwierigste, sondern ist auch noch äußerlich das Uninteressanteste.

Es ist im allgemeinen viel leichter oder viel verlockender, für das Gegensätzliche oder für das, was verbunden werden soll, einzutreten, als für das Verbindende.

Und so ist es zum Beispiel auch im allgemeinen viel bequemer oder verlockender, etwa für Frankreich oder für England oder für Skandinavien oder Rußland oder Italien zu schwärmen, als für Deutschland, das geographisch für alle diese europäischen Randstaaten in der Mitte steht und dieser Stellung wegen für ganz Europa am meisten genötigt ist, überhaupt das Vermittelnde oder Verbindende zu sein.

Infolge dieser betonten Mittelstellung ist das deutsche Volk – äußerlich oder oberflächlich genommen – (wie etwa der Topf zwischen Feuer und Wasser) ganz zweifellos oder ganz notwendig von allen europäischen Völkern das unliebenswürdigste Volk.

Man könnte auch sagen: Für oberflächliche Gesichtspunkte ist überhaupt alles um so unliebenswürdiger, je wichtiger es ist.

Oder zum Beispiel nehmen wir einen Wissenschaftler, das heißt einen Menschen, der betont oder in erster Linie gedanklich arbeitet, und stellen wir daneben den sehr gegensätzlichen Menschen, den modernen Künstler, der betont oder in erster Linie empfindungsmäßig arbeitet, so haben wir zwei Menschen, die – so obenhin beurteilt – hochinteressant sind, etwa wie das Feuer und das Wasser.

Und nun stellen wir zwischen diese beiden einen gewöhnlichen tüchtigen unmodernen Handwerksmeister, das heißt einen Menschen mit einfach gesundem Verstand oder mit dem alltäglich nötigen Denkvermögen und Wissen und aber auch mit gesunden fünf Sinnen, das heißt mit einem einfach richtigen Empfindungsleben, also einen Men-

145

schen, der zwar nicht betont Gedankenmensch und nicht betont Empfindungsmensch ist, aber doch sowohl zu der Welt des einen wie zu der Welt des anderen ein durchaus lebendiges Verhältnis hat und damit zwischen dem einen und dem anderen ungefähr in der Mitte steht.
So wird nun wohl von diesen drei Menschen – obenhin betrachtet – unser Handwerksmeister der durchaus Unansehnlichere sein; er ist hier vielleicht so uninteressant wie ein Kochtopf und ist doch zwischen Feuer und Wasser der wichtigere Teil.
Nun, an dieses Resultat, nach welchem der Handwerksmeister wichtiger sein soll als der Gelehrte und der moderne Künstler, daran können wir so auf den ersten Sprung heute wohl nicht glauben?
Nein, das glauben wir nicht, und das glauben auch die anderen nicht.
Wir und die anderen glauben hier in erster Linie an den Wissenschafter und den Künstler, und dann glauben wir ganz lange vielleicht überhaupt nichts, und zuletzt glauben wir auch an den Handwerksmeister.
Und ebenso glauben wir und die anderen in erster Linie an die größten Städte und an die einsamsten Dörfer, aber möglichst überhaupt nicht an die dazwischenstehende Klein- oder Mittelstadt.
Wir glauben an alles, nur es darf nicht mittelständig oder vermittelnd sein. (...)
Wir glauben an die lärmendsten deutschen Fabriken und an die weltentlegensten deutschen Ateliers, wir glauben an deutsche Herrenmenschen und an deutsche Proletarier usw., nur nicht an das Wichtigste, an das mittelständige oder vermittelnde Deutschland, und wir glauben noch weniger an den eigentlichen Repräsentanten des Mittelstandes, an den selbständigen Handwerksmeister.
Und doch hat er zu entscheiden; versagt hier und dort der Mittelstand, so sind zunächst einmal wir Deutsche erledigt und die anderen Völker kommen hinterher.
Er ist im großen ganzen und für alle Völker der eigentlich entscheidende oder wichtigste Teil, aber er ist immer besonders wichtig für Deutschland, weil er als der mittelständigste Teil dem wesentlich mittelständigen Deutschland am meisten gemäß ist.

Generell genommen ist alles Bauen zuerst ein Siedeln. So sind auch dort, wo eine Kultur neu beginnt, alle baulichen Bewegungen so ungefähr nur Siedlungsbewegungen. Jede „Kulturwende" deutet immer nur insoweit auf das Werden einer „neuen Kultur" hin, wie in einem solchen Wandlungsprozeß sich die Siedlungsinteressen und Siedlungsbewegungen praktisch auswirken. Neben ihnen sind alle sonstigen baulichen Erscheinungen, die dort immer in einem höchsten Maße lärmend oberflächlich und trumpfig sind, End- oder Untergangserscheinungen, genauso wie auch der Turmbau zu Babel für das Untergehen der babylonischen Kulturwelt symbolisch geworden ist.

Über den Aufbau nach 1945

Alle unsere Städte, besonders alle unsere größeren und unsere Großstädte stehen und standen schon seit vielen Jahrzehnten vor Bauaufgaben, die in jeder Stadt zunehmend unlösbarer und zunehmend zahlreicher wurden. Und um so merkwürdiger nun ist es, daß heute im allgemeinen fast als selbstverständlich erwartet wird, nach einer mehr oder weniger weitgehenden Zerstörung unserer Städte könnten mit einem Wiederaufbau alle diese vielen bisher immer unlösbaren Probleme plötzlich ohne weiteres bestens gelöst werden. Recht besehen, sind diese Probleme heute unlösbarer als je vorauf und wäre das auch nur, weil alle diese Städte außerordentlich verarmten und infolge dieser Verarmung den immer schon bestehenden Aufgaben gegenüber eine weit geringere Baukraft haben als sie vorauf hatten.

Um die in Betracht kommenden Schwierigkeiten einigermaßen gut zu erkennen, oder um nicht immer wieder von dem Wiederaufbauen unserer kriegsverwüsteten Städte ganz unmögliche schönste Lösungen zu erhoffen, empfiehlt es sich, nur einige gewichtigste Tatsachen eingehender zu bedenken, zum Beispiel etwa dies: Von dem Standpunkt aus, den der Verkehrsfachmann im allgemeinen einnimmt, sind alle unsere älteren Städte, speziell alle unsere mittelalterlich angelegten Städte, so etwas wie ein einziges unlösbares Problem. Angenommen, für Lübeck würde die Aufgabe bestehen, eine Stadt zu erbauen, die hinsichtlich ihres Verkehrs, das heißt speziell hinsichtlich des Wagenverkehrs usw., eine gewissermaßen ideale Stadt wäre, so würde doch wohl der Plan für eine solche Stadt völlig anders aussehen als etwa der Plan der Lübecker Altstadt?

Der mittelalterliche Lübecker Altstadtplan und ein Stadtplan, der sogenannt vom Verkehrsstandpunkt aus als ein annähernd idealer Plan gelten könnte, sind einander direkt gegensätzlich, und dementsprechend wird auch alles, was ein Wiederaufbau der

Lübecker Altstadt von dem betonten Verkehrsstandpunkt aus bestenfalls ergeben kann, unabänderlich immer nur eine ungefähre oder eine behelfsmäßige Lösung sein können.

Oder vergleichen wir hier etwa die Interessen des Verkehrsfachmannes mit den Interessen des Baugeschichtlers.
Ich las in jüngerer Zeit einmal, daß mit dem Wiederaufbau unserer Städte der Baugeschichtler sozusagen immer um so mehr befriedigt werde, je mehr die Forderungen des Verkehrsfachmannes erfüllt würden; aber ich bekenne, daß ich diese Behauptung nicht verstehe.
Meines Wissens wünscht der Baugeschichtler immer, daß alle Altbauten – soweit es sich nicht um Reparaturen handelt – möglichst unberührt, unverändert bleiben möchten, während andererseits der Verkehrsfachmann als solcher immer weitaus am liebsten sehen würde, wenn alle Altstädte durch modernste Stadtanlagen ersetzt würden.
Es ist gewiß oft gut möglich, geschichtliche Bauwerke mit modernen Bauanlagen erträglich zu verbinden, aber meistens bedingt das ein Gestaltungsvermögen größter Art, wie wir es heute – wenn schon überhaupt – nur äußerst selten haben.
Ob bei der Bearbeitung der Wiederaufbaupläne alter Städte die Gesichtspunkte des Verkehrsfachmannes oder des Baugeschichtlers wichtiger sind, das ist meistens eine heikle Frage, deren Beantwortung dann fast immer darauf hinausläuft, daß sowohl der Verkehrsfachmann wie der Baugeschichtler sich mit ungefähren oder behelfsmäßigen, kompromißlichen Lösungen bescheiden müssen; nur daß solche Lösungen für den Baugeschichtler sehr oft kaum noch den Rest eines vernichteten Werkes übrig lassen, während sie für den Verkehrsfachmann meistens noch eine Verkehrsmöglichkeit bilden, wo recht besehen, überhaupt kein Verkehr sein dürfte.

Neben den Verkehrs- und Baugeschichtsfragen betonen sich mit dem Bemühen um einen lebendigen Wiederaufbau unserer Altstädte vor allem auch die Wohnungsfragen oder -forderungen, die heute ähnlich so wie die Verkehrs- und Baugeschichtsfragen mit einem Wiederaufbauen unserer Altstädte bestenfalls nur sehr unzulänglich beantwortet oder erfüllt werden können, einfach weil die Wohnungsfragen zu der Zeit, da diese alten Städte angelegt wurden, etwa im Mittelalter, wesentlich anderer Art waren, als die Wohnungsfragen oder -forderungen es heute sind; sie, mit denen sich die Forderungen nach vieler ,,Luft und Sonne", nach Garten usw. und überhaupt nach ,,Natur" schon seit vielen Jahrzehnten mehr und mehr betonten, führen zunehmend gradliniger zu Wohnungsanlagen, die sich von altstädtischen Wohnungsanlagen in allen wesentlichen Hinsichten mehr und mehr weitgehend unterscheiden.
Zwar haben die langjährigen Kriegszustände und mehr vielleicht noch die Nachkriegszustände hier eine Entwicklung unterbrochen, die zunehmend heftiger den Wohnungsbau, speziell auch den Kleinwohnungsbau revolutionierte oder zu revolutionieren suchte und auch bereits sehr deutlich auf zukünftige Wohnungsformen hin-

weist, die aber von den Wohnungsformen unserer Altstädte schon sehr weit entfernt sind.

Unsere Altstädte können heute für einen modernen Wohnungsbau, speziell modernen Kleinwohnungsbau kaum noch etwas Nennenswertes tun; soweit sie mit ihrem Wiederaufbau neue Wohnungen schaffen werden, werden das weitaus größtenteils immer nur Wohnungen sein können, die man mit Recht als Wohnungen alter Art benennen darf.

Für eine Entwicklung betont moderner Wohnungen, das heißt wieder speziell moderner Klein- und Kleinstwohnungen, wird es der Altstadt immer an der Möglichkeit fehlen, der einzelnen Wohnung relativ viel Gartenland zuteilen zu können. Und darum wird auch der Wiederaufbau unserer Altstädte den lebendigen Bestrebungen des modernen Wohnungsbaues immer fernstehen und für die hier in Betracht stehenden modernen Entwicklungen unmittelbar kaum einmal etwas tun können.

Zusammenfassend sei hier betont, daß man von dem Wiederaufbau unserer Städte im allgemeinen weit mehr erwartet oder fordert, als er je erfüllen kann, und dies gilt besonders von dem Wiederaufbau kriegszerstörter Altstädte. Sie sind ihrer eigentlichen Art nach fast allen führenden Lebenswelten der neueren Geschichte und also auch allen Entwicklungstendenzen dieser Lebenswelten mehr oder weniger gegensätzlich. Dieser Gegensatz betont sich mit dem Wiederaufbau unserer Altstädte fast auf Schritt und Tritt, sobald diese auch nur in bescheidenem Maße ihre starken Eigenheiten zu behaupten suchen.

Und so sind auch unsere Altstädte heute sehr gefährdet, durch ihren Wiederaufbau noch die letzten Reste ihres Bestehens zu verlieren. Unsere sogenannte moderne Welt hatte nie besonders viel Bedenken, ihren Göttern und Halbgöttern von dem kulturellen Reichtum unserer Altstädte zu opfern, und sie hat sich hierin auch bis heute noch kaum geändert. Sie hat – seit nun etwa 100 Jahren schon – von dem reichen Besitz eigenartigster schönster Dinge unserer Altstädte zunehmend mehr vernichtet und zwar um so mehr, je mehr diese sich sogenannt entwickelten; ihre Entwicklungen waren im Sinne hoher Kultur lange schon immer gleichbedeutend mit einem Verarmen.

Die jüngsten Kriegsverwüstungen unserer Altstädte sind zwar wilder oder waren brutaler und waren im Tempo anders, aber sind nicht überhaupt etwas anders als das, was unsere Altstädte seit langer Zeit immer schon erlebten.

Unsere sogenannte moderne Welt ist – wenn auch sehr unbewußt – unseren Altstädten lange schon tief feindlich, und so wie ihr dies immer schon sehr unbewußt war, so ist sie auch heute den Altstädten feindlich, ohne das so recht zu wissen. Tatsächlich sucht sie nach wie vor – und zwar sehr eifernd – völlig neuartige Lebenswelten zu bilden, die sich mit den Altstädten so gut wie überhaupt nicht verbinden lassen, und nur, weil unsere moderne Welt diese anderen Lebenswelten oder Lebensformen immer noch wieder nicht schöpferisch neu bilden konnte, so bemüht sie sich auch immer noch wieder, mit den Altstädten fertig zu werden, beziehungsweise sie heute wiederaufzubauen; dabei wird sie diese aber – in einem sozusagen natürlichen Gegensatz zu ihnen – immer mehr oder weniger vergewaltigen.

Die Verkehrsfragen, das heißt besonders die Fragen des Wagenverkehrs, gehören seit vielen Jahrzehnten bereits in jedem Stadtrat jeder älteren und alten Stadt zu den am meisten erörterten und doch immer wieder unbeantworteten Fragen, und sie nun heute mit den Wiederaufbaufragen zu verbinden und die Forderungen zu stellen, jetzt die alten Straßenführungen zu korrigieren, die Straßenbreiten zu vergrößern usw., gilt überall als selbstverständlich; solche Forderungen heute nicht zu stellen, würde überall für unverzeihlich kurzsichtig gehalten werden. (...)
Leider lassen sich diese Fragen überhaupt nicht recht beantworten oder richtiger: Die für eine zuverlässige Beantwortung dieser Fragen nötigen Bauausführungen lassen sich wohl weder heute noch in näherer Zukunft in irgendeiner deutschen Stadt verwirklichen. Wären diese Bauausführungen möglicher, so würden die immer wieder unbeantworteten Verkehrsfragen überall wohl lange schon einigermaßen gut beantwortet sein.
Man kann in jeder Stadt verhältnismäßig leicht einige Straßenzüge ändern, verbreitern usw., aber man kann wohl in keiner Stadt, besonders nicht in mittelalterlich angelegten Altstädten, um für die Straßen einen flüssigen Wagenverkehr zu ermöglichen, einen großen Teil dieser Straßen weitgehend ändern, sie verbreitern, die Baufluchten verschieben, das heißt meistens auch, bestehende Häuser in Massen niederreißen und von Grund auf erneuern.
Das auszuführen würde Unsummen kosten, selbst dort noch, wo die Kriegszerstörungen schon sehr aufräumten. Aber auch von solchen Kosten ganz abgesehen und auch abgesehen davon, daß solche Veränderungen vieles vernichten würden, was planmäßig zu vernichten keine Stadt verantworten kann, das ernsteste Bedenken ist wohl dies, daß heute niemand weiß, wie die Verkehrsentwicklungen im Verlaufe selbst einer nur kurzen Zeit, etwa im Verlaufe der nächsten 50 Jahre, sein werden. Es ist sehr gut möglich, daß selbst in wenigen Jahrzehnten schon der Wagenverkehr sich dermaßen ins Massenhafte entwickelt haben wird, daß selbst Straßenbreiten, die heute als verschwenderisch gelten, sich als völlig unzureichend erweisen werden, so daß etwa innerhalb der jetzigen Altstädte mit ihren vielen Straßenkreuzungen der Wagenverkehr entweder so gut wie ganz ausgeschaltet oder doch viel weniger freie Fahrt haben wird als er heute noch hat. Oder aber es ist auch möglich, es ist sehr wahrscheinlich sogar, daß die ganzen Verkehrsentwicklungen überhaupt völlig anders sein werden, als wir heute im allgemeinen gerne annehmen.
Es ist jedenfalls nicht weitsichtig, heute die späteren Verkehrsentwicklungen voraussehen zu wollen und bereit zu sein, unsere Straßen schon heute für den von uns vorausgesehenen zukünftigen Wagenverkehr einzurichten und uns das Unsummen und auch wohl sehr viel Altes kosten zu lassen.

*

Alles, was gegen die Großstädte spricht oder was sie dahingehend kennzeichnet, daß sie gegenwärtig enden, daß sie gegenwärtig ihre Kulturführung verlieren, wird heute im allgemeinen überall, soweit extra darauf hingewiesen wird, zu bagatellisieren versucht, etwa mit der Entgegnung, daß das nun einmal die Schwächen allen menschlichen Lebens seien und nichts gegen die Großstädte und ihre Macht und ihre großstädtische weitere Entwicklung beweise. Und also wird weiter gegroßstädtert; die verwüsteten Großstädte werden nicht etwa nach Maßgabe gegebener Möglichkeiten besinnlich und bescheiden und naheliegend wieder als ungefähr ,,menschenwürdig" hergerichtet, sondern die ,,Wiederaufbaupläne", voller krankhafter Ideologien, wuchern wie Unkraut; die Trümmerhaufen der Großstädte werden täglich gespenstischer; die Unwohnlichkeit aller großstädtischen Zivilisation führte inzwischen zu Lebensformen, deren fratzenhafte Primitivität noch vor wenigen Jahrzehnten für ,,unmöglich" gehalten wurden; das großstadtweltliche Denken und Wollen, Vernichten und Gestalten entwickelte sich unaufhaltbar mehr und mehr und, recht besehen, geradlinig dahin, wo es heute ist; seine kulturverwüstenden Folgen datieren nicht etwa erst seit vorgestern sondern setzten bereits vor reichlich 100 Jahren deutlichst ein, entwickelten sich zunehmend mehr zum Verwüstenden und entwickelten sich während der letzten Jahrzehnte nur besonders rapide und trafen nicht etwa nur Europa, sondern unmittelbar und unabänderlich die ganze menschliche Kultur.

Sie hat sich ihren gelegentlich stillen Gedanken, Betrachtungen und Ängsten, ihren stillen Wünschen und Bestrebungen nach seit langer Zeit schon, ohne es selbst so recht zu wissen, von allem speziell Großstädtischen mehr und mehr entfernt; die Kultur geht, aufmerksam betrachtet, seit langer Zeit bereits durchaus nicht mehr den geradlinigen Weg großstädtischer Entwicklung.

Aber alles, was alltäglich obenhin praktisch führend ist, sucht diesen Weg zu verherrlichen und fordert zunehmend eigensinniger, doktrinärer und unduldsamer diesen Weg zu gehen. Alle großstädtischen Lebenswelten speziell in ihrer Führung, ihrer obenhin großenteils außerordentlich mächtigen, außerordentlich selbstherrlichen Führung sind allem verbissen und vernichtend feindlich, was nicht die Großstadt und den Glauben an sie und ihre Zukunft verherrlicht oder zu verherrlichen sucht.

Die Großstadt glaubt heute an neuartige Worte und überhaupt an neuartige Äußerlichkeiten mehr als je vorauf und um so mehr, je mehr sie sich als neuartig betonen, nur: sie müssen ausdrücklich großstadtbejahend sein. Sind sie das, so öffnet ihnen die Führung der großstädtischen Welt beide Arme, beide mächtigen Arme und drückt jeden Unsinn um so fester ans Herz oder richtiger: an die Weste, je unsinniger er ist. In diesem Verstehen sind die großstädtischen Welten potenziert worden und sind sie das vor allem auch ihren offiziellen Führungen nach. Und doch sind diese so düster reaktionär, wie etwa das führende Kleinstadtregiment des spätgotischen Mittelalters war, nur daß dort eine Kultur endete, die ein strahlend kindheitliches Handwerk im Blute hatte und während ihres Endens noch heller strahlte.

Und ganz so wie damals dürfen auch heute die Worte oder Formen, etwa die Hausformen, überhaupt die Äußerungen, nicht neuen Geistes sein, die über die Großstadtwelten hinausdeuten, sondern sie sollen, echt großstädtischen Geistes, nur modifizieren und zwar möglichst derart, daß alles ist, als sei es völlig anders, völlig ,,modernen Geistes".

So wie zum Beispiel mit den offiziellen Wiederaufbauplänen unserer verwüsteten Großstädte fast überall verwegen in eine dunkelste Zukunft hinein geplant wird, damit alles noch großartiger werde, als es je war, so ist es auf allen Gebieten, in allen Hinsichten. Es zielt alles immer wieder und ganz ausgesprochen dahin, die Großstädte oder die großstädtischen Lebenswelten mehr zu verherrlichen oder zu preisen, als sie je verherrlicht und gepriesen wurden; und diese ganz eigentlich offizielle Zielsetzung, so machtgläubig wie oberflächlich und jedem Widerspruch todfeind, ist nicht von Ungefähr, sondern sie gehört zum Enden der großstädtischen Lebenswelten oder zum Enden ihrer Kulturführung. Sie ist heute gegenüber jedem Glauben an Bewegungen, die über das Großstädtische hinausstreben, betont reaktionär und verweist dort, wo solcher Glaube sich äußert, überheblich, selbstbewußt auf „trumpfige" Äußerlichkeiten als Beweise einer lebendigen zukunftsgläubigen Entwicklung der Großstadt.

*

Geistig sehr einheitliche Welten hatten wohl noch nie in dem Sinne Baufragen, daß sie nicht gewußt hätten, was oder wie sie bauen wollten, während es uns heute nicht nur an den materiellen Mitteln sondern – recht besehen – viel mehr noch an den überzeugenden Plänen oder Richtlinien für einen auch nur ungefähr flüssigen Wiederaufbau fehlt.
An den heutigen offiziell maßgebenden Stellen sind die Schubkästen voller neuer und neuester Wiederaufbaupläne, die sich nicht nur hinsichtlich dieser oder jener Einzelheiten, sondern nicht selten gerade den generellen Grundlinien nach völlig widersprechen.
Und diese Tatsache ist auch im Hinblick auf die ganze jüngere Weltgeschichte, im Hinblick auf die Kulturentwicklungen der etwa letzten hundert Jahre durchaus nicht irgendwie überraschend, sondern entspricht durchaus der geistigen Zersplitterung, die sich seit langer Zeit schon in aller Welt zunehmend mehr betonte und zunehmend mehr zu sozusagen „unmöglichen Lebenszuständen" führte, die – nebenbei bemerkt – nicht erst kriegerisch verursacht, sondern durch Krieg nur potenziert wurden.
Es handelt sich mit einem Wiederaufbau unserer Städte, speziell auch unserer Großstädte, nicht so sehr um schwierige, speziell baufachliche als um sehr heikle ganz allgemeine Lebensfragen.
Diesen Wiederaufbau ausführen zu können, ist sicher außerordentlich schwierig und zunächst eigentlich unmöglich, weil es dafür so ungefähr an allen nötigen Baumaterialien fehlt. Aber es fehlt uns viel mehr noch an dem *Geist*, der nötig wäre, diesen Wiederaufbau zu verwirklichen.

6 Allerlei vom Lehren und Lernen und vom Menschen

Wir können uns darauf verlassen: Für das Gedeihen unseres großen Ganzen ist durchaus entscheidend, daß wir in erster Linie alles das sehr lieben und hochschätzen, was mit dem Werkplatz grundlegend zu tun hat. Die Werkstatt ist wichtiger als das Atelier.

Kinder und Schulen

Und unsere Kinder? Es ist anzunehmen, daß in der späteren Geschichte das Kapitel über die heutige Kinderbehandlung ebenso traurig, wenn nicht trauriger sein wird als das Kapitel über den gegenwärtigen Krieg; man wird wohl einmal einfach nicht die Tatsachen glauben, die davon erzählen, daß wir den weitaus größten Lebensteil unserer Kinder den Schulen opferten, die, großstädtisch geführt, mit ausgesprochen großstädtischem Wollen, alles Kindliche zu töten suchen. Wir beachten es kaum noch, daß im alltäglichen Großstadtleben, etwa in der Großstadtstraße, fast überhaupt keine Kinder mehr zu sehen sind, außer – mit Büchern beladen – auf dem Weg in die Schule oder auf dem Weg von der Schule nach Hause; im übrigen sind die Kinder so ungefähr von morgens bis abends, jahraus, jahrein, durch Buchstaben und Zahlen und Dazugehöriges festgehalten oder in der Großstadt – Schafherden gleich – in umzäunten Plätzen.
Ist in der uns führenden Großstadt noch irgendwo ernstlich die Rede davon, daß den Kindern Zeit und Gelegenheit gegeben werde, kindermäßig selbständig herumzutoben oder – wenn sie anders wollen – still verträumt zu sitzen und in die Welt hineinzusehen und zu „lügen"?
Unsere Schule, die mit ihren reichen Mitteln den Kindern ein Himmel sein könnte, indem sie ihnen ihre tausend Fragen unterhaltlich beantworten würde, ist den Kindern fast eine Hölle. Sie gehen nervös schlafen, in der Furcht, nicht alles richtig gelernt zu haben, und erwachen gequält in der Sorge, sie könnten das Erlernte wieder vergessen, und träumen beinahe nur noch von guten Zensuren und von glücklicher Versetzung. Die Kinder wollen fragen, aber („wohin sollte das wohl führen!") sie dürfen nur antworten, nein, sie dürfen möglichst nur in einer genau festgesetzten Form antworten. Aber das alles ist uns beinahe schon wie selbstverständlich, wir denken kaum noch daran, daß es anders sein könnte, halten es schon für selbstverständlich, daß unsere Kinder in erster Linie für die Schule sind, die nun, ganz natürlich, ihrer Eigenliebe wegen, immer dreister wird dem Kindlichen gegenüber und ohne nennenswerte Rücksicht auf kindliche Freiheit – den Lehrplan erweitert wie die Großstadt ihren Umfang.

Wir schulen unsere Kinder nicht mehr, um ihnen, da sie Kinder sind, kindlich zu helfen, wir rufen sie nicht mehr, damit wir sie ansehen oder damit sie uns von ihrer eigenen schönen Welt – uns befreiend – erzählen, sondern damit sie lernen, jeden kindlichen Eigenwillen abzulegen, um es dann, so schnell wie irgend möglich, uns Erwachsenen gleichzutun.

Und so haben wir mehr und mehr eine Kindererziehung bekommen, die in ihrer Härte und Trostlosigkeit eigentlich jeder Beschreibung spottet.

Natürlich, die einzelne Schule kann das große Ganze nur wenig ändern, sie steht im Dienste eines übermächtigen Großstadtwollens und ist damit verpflichtet, zu suchen, daß jedes Kind ein möglichst tüchtiger Großstädter werde. Je größer des Kindes Gedächtnis, je exakter des Kindes Wissen und Antworten, je verstandlich nüchterner und je herzloser das Kind ist, um so höher muß die Schule, dienstwillig, es bewerten, denn um so besser ist es für die Großstadt zu gebrauchen.

Und so sehr auch unsere Schulmänner als Menschen diese Zustände bedauern und zu bessern suchen: Alle Reformen werden hier nichts Wesentliches bessern, solange hier immer wieder die Großstadt den Ton angibt.

Es wird hier ganz zuerst nötig sein, zu erkennen, daß alles Großstädtische das denkbar Unkindlichste ist und also nie dem Kinde und seiner Entwicklung gerecht werden kann, sondern notwendig immer wieder dahin zu kommen sucht, alles Kindliche zu unterdrücken, genau ebenso wie die Großstadt, ganz einfach materiell genommen, am wenigsten die Kinder will.

In wirklicher Kinderliebe oder in betont kindlichen Interessen müssen wir folgerichtig schließlich fordern, daß kein Kind in der Großstadt sein oder erzogen werden darf. Alle Schulreformen werden fast ohne weiteres das Richtige treffen, sobald es gelingt, uns im Reformieren betont auf die Kleinstadt einzustellen und damit betont auf das Handwerk.

Suchen wir unsere Kinder zu schulen, in der Annahme, daß sie alle Handwerker werden, so bekommen sie beinahe so etwas wie ein Paradies.

Suchen wir mehr das Handwerk in seinen hohen Werten zu verstehen, um uns dann den Kindern mitzuteilen, so werden sie und wir mit ihnen aus dem Frohsein fast gar nicht mehr herauskommen. Sie werden fragen und lernen und wetteifern und wissen und tüchtig sein und uns zulachen und werden gedeihen über jedes Erwarten, einfach weil alles Handwerkliche sie im höchsten Maße interessiert.

Werfen wir doch einmal vielleicht nur etwa die Hälfte aller Schultische auf den Hof – nur einmal versuchsweise – und stellen wir dafür Hobelbänke in die Schulsäle und Schraubstöcke und Schneide- und Bohr- und Nähmaschinen usw. und Farbtöpfe und Zirkel und Maßstöcke und Hämmer und Beile und Holz- und Steinblöcke und Eisen usw. und Schrauben und Nägel, nur versuchsweise, und führen wir nun die Kinder dorthin und fragen sie, ob es ihnen so besser gefalle? Und wenn ja, warum wollen wir dann unsere Schulen nicht in großem Maße zu Werkstätten machen?

„Die Kinder werden alles ruinieren", sicher werden sie das tun, aber was schadet das? Sie werden auch vieles gerne wieder zusammenflicken, und zwar viel gescheiter, als wir gerne glauben. ,,Sie werden sich selbst beschädigen"; sicher werden sie das tun, sie werden sich sicher auf die Finger klopfen, werden sich hier und da sogar Arme und Beine brechen usw. Aber alle solche Schäden sind nichts gegen die Schäden, die unsere Kinder, und wir mit ihnen, durch die heutige Eigenart unserer Schule erleiden. Diese Schäden bluten nicht gleich, aber später, dann aber auch um so mehr. (...)

*

So wie jeder ,,richtige Junge" ungefähr restlos glücklich ist, wenn er werkstattliche Werkzeuge in die Hände bekommt und werkstattlich herumbastelt, so hat alles sehr beglückende männliche Gestalten seine stärksten Wurzeln im einfach oder handwerklich Werkstattlichen.
Unsere Fabriken und Kanzleien usw. mögen in einem höchsten Maße geeignet sein, männliche Arbeitskraft in betont wirtschaftlicher Hinsicht auszuwerten, aber sie erlahmen und beirren auch in einem höchsten Maße unsere Energien und sind immer äußerst gefährliche Arbeitsstätten, soweit es uns um persönliche wie um großweltliche Zielsicherheiten, dauernde Arbeitsfreude und dergleichen zu tun ist.
Alle sogenannten Degenerationserscheinungen, die persönlichen wie die familiären wie die großweltlichen, stehen immer in unmittelbarer Beziehung zu einer deutlichen Armut, Vernachlässigung oder Verachtung der einfach handwerklichen Tätigkeit, wie umgekehrt eine allgemeine Gesundung unseres Lebens und Treibens nicht möglich ist, ohne daß wir lernen, das eigentliche Werkstattliche allgemein zu lieben, hochzuschätzen oder überhaupt mit ihm sehr vertraut zu werden; sozusagen die einfache Zahl der handwerklichen Werkstätten eines Volkes ist der zuverlässigste Maßstab für die Bewertung der physischen und seelischen Gesundheit des Volkes, speziell für die Bewertung seiner Gesundheit, die es im Männlichen hat.

Kunstschulen – Handwerkerschulen

Wir wollen keinen Alltag ohne die Liebe zur Kunst, im Gegenteil, sie soll unsern Alltag vergolden, unsern Alltag, das heißt nicht unsere Salons; unsere Liebe zur Kunst, sie hat unmittelbar zusammenzustehen mit unserer Alltagsarbeit, hat diese zu begleiten, aber soll nicht etwas bilden, das als Kunst besonders eingerahmt werden muß.
Auf diese unmittelbare Verbindung der sozusagen einfachsten und allgemein wichtigsten Alltagsarbeit mit der Liebe zur Kunst, auf diese Verbindung kommt es an, nicht nur heute, sondern immer und überall.
Sozusagen wo die Bilderrahmen und die Postamente anfangen, dort ist dem großen Ganzen ein sehr Wesentliches nicht mehr richtig.
Bedenken wir vielleicht doch einmal ordentlich die Tatsache, daß während der letzten Jahrzehnte der weitaus größte Teil unserer sozusagen hoffnungsvollsten und besten Jugend auf die Universität, auf die technischen Hochschulen oder auf die Kunstakademien kam, um hier – mehr oder weniger ausgesprochen – zu gesellschaftlichen und arbeitlichen Führern erzogen zu werden, und so haben wir nun sehr folgerichtig überall sozusagen sehr gebildete Arbeiterführer und überall – wenn man das sagen darf – sehr ungebildete Arbeiter; selbst unsere werklichen besseren Mittelschulen, zum Beispiel unsere Kunstgewerbeschulen, sind mehr und mehr dorthin gekommen, die eigentlich alltäglichen Werkarbeiter oder Handwerker nicht als solche, sondern als Werkführer auszubilden, oder als solche Menschen auszubilden, die auf Papier angeben, wie es gemacht werden soll; werklich arbeiten aber läßt man alles – soweit es irgend gehen will – die andern.
Und so sind mehr und mehr alle Hämmer und Meißel, alle Schrauben und Nägel, alle Stein- und Holzblöcke usw., das heißt überhaupt alle die Werkzeuge und Materialien, die dazu dienen, ganz eigentlich das große Ganze unseres Alltags in Form zu bringen, in erster Linie den Menschen in die Hände gegeben, die jedenfalls am wenigsten gebildet sind. Und je gebildeter wir anderen wurden, um so weicher wurden unsere Hände, um so leichter und spitziger unsere Werkzeuge, und um so mehr bearbeiten wir natürlich nur noch die Oberfläche. (...)
Wie kann das große Ganze, in dem wir leben, gesund und wertvoll sein, wenn wir unsere alltäglichen dringlichsten und weitaus meisten arbeitlichen Forderungen beinahe nur noch an solche Menschen richten können, die wir gesellschaftlich direkt oder indirekt und auch mit vielem Recht als Arbeiter dritten und vierten Ranges werten.
Ein einfach solides, bürgerlich selbständiges, werkstattliches Arbeiten wird bei uns großgesellschaftlich fast schon verachtet.
Die Menschen mit schwieligen Händen, mit gekrümmten Rücken und schönen ausdrucksvollen, großen Köpfen sind zu Seltenheiten geworden und stehen gesellschaftlich ganz hinten bei uns.
Und so haben wir mehr und mehr überhaupt die Arbeit in einer Weise entwürdigt, die wohl ohne Beispiel ist, und folglich steckt ungefähr die Hälfte aller unserer Interessen

und Kräfte im Handel und in Verwaltungen usw., so daß sie für eine unmittelbar handgreifliche Produktion überhaupt nicht mehr in Betracht kommen, und so ist es ganz in der Ordnung, wenn wir als Volksganzes arm sind oder wenn das große Ganze unseres völkischen Lebens und Arbeitens überall armseligste, niedrige oder flüchtigste Werte zeigt.
Irgendwie sind immer noch so allerlei vorchristliche Ideen in uns lebendig vom Herren- und Sklaventum; aber wenn es darauf ankommt, so wollen wir doch wohl weder das eine noch das andere, sondern wollen wir überall Menschen mit einfachen oder großgesellschaftlich einfach verständlichen Rechten und mit großgesellschaftlich einfach verständlichen Pflichten. (...)

*

Soviel wir uns auch bemühen, die Kunst als solche zu erklären, so gelingt es uns doch nie, das gut zu tun; auch unsere besten Kunsterklärungen haben immer noch etwas sehr Dunkles. Wir sagen zum Beispiel etwa: Es gibt nur zweierlei Kunst: Kunst und Nichtkunst und meinen in diesem Falle mit Kunst gewisse allerhöchste Arbeiten; oder auch im allerbesten Falle hat unsere Arbeit noch einen respektablen Teil, der – streng genommen – unkünstlerisch ist, genau ebenso wie auch die allerniedrigste Arbeit immer einen Teil enthält, den wir – streng genommen – künstlerisch nennen müssen. Und so kommt es dann, daß wir einmal nur gewisse allerbedeutendste Menschen als Künstler gelten lassen und dann nachher gleich wieder jeden beliebigen Maulwurf Künstler nennen. Es ist das eine so richtig oder so unrichtig wie das andere; einen eigentlichen Wert können unsere Kunstbetrachtungen oder Kunsttheorien nur haben, soweit sie ganz einfach Arbeits- oder Lebensbetrachtungen oder -theorien sind.
Da es unvermeidlich ist, daß wir im Leben irgend etwas tun oder arbeiten, und da in aller Arbeit auch ein Künstlerisches ist, so ist auch die Kunst unvermeidlich; aber sie ist nie ursprünglich zielmäßig oder ist nie einfach richtunggebend; so ist auch in keiner unserer anerkannt höchsten Lehren unmittelbar oder betont Künstlerisches gefordert.

Die Menschheit will nie unbedingt ein Erhellen, sondern ist hierin immer, als ob sie fürchte, daß ein Erhellen ihrer dunkelsten Tiefen gegen sie sprechen könnte. Und so bekennt sie sich vorsichtig immer nur schrittweise. Sie kann sich aber überhaupt nicht zunehmend mehr betonen, kann nicht zunehmend mehr mit sich selbst ins Reine oder ins Helle kommen, kann sich nicht mehr und mehr von den tierischen Welten unterscheiden, die überhaupt nichts von sich wissen, ohne eben zunehmend menschlicher zu werden, humaner zu werden.

Hoffnung auf neues Leben – Eine Utopie von 1909

(...) Die heutigen Wirtschaftsverhältnisse zwingen den Handwerker, für sein tägliches Brot fast ausschließlich mechanisch, niedrig-praktisch, menschenunwürdig zu arbeiten und jede Minute mit solcher Arbeit auszufüllen; auf die Dauer geht dem Handwerker dabei die Arbeitsfreude verloren, und es ist eine einfache Folge dieser Verhältnisse, wenn auch die Handwerkerarbeiten selbst nichts Freundliches mehr haben.

Fotografie und die vielen Reproduktionsmethoden, die modernen Verkehrsverhältnisse usw. bilden Neuerungen, die uns das Übernehmen, das Nachmachen fremder Formen sehr nahelegen. (...) Es kam den Leuten früherer Zeiten nur selten etwas Neues, das sie zum Nachmachen reizte, in den Weg. Dieser Reiz, Formen, die uns neu erscheinen, nachzubilden, dem wir sehr gerne nachgeben, hat für uns – auch besonders, wenn wir an das Aussehen unserer Handwerkerarbeiten denken – eine ganz gewaltige Bedeutung gewonnen, und wir erhielten dies unerfreuliche, aufdringliche, so eigentlich unkultivierte Formendurcheinander dieser Arbeiten. Es handelt sich darum, daß neben diesen weiter ausgebauten Verkehrsverhältnissen, Reproduktionsweisen usw. auch entsprechende menschliche Eigenschaften weiter ausgebaut werden: wir müssen uns neuen Formen gegenüber viel vernünftiger, ruhiger verhalten, müssen viel kräftiger fühlen als die Leute früherer Zeiten das nötig hatten; diese durften viel mehr als wir gewissermaßen kindlich-gefühlsmäßig fremde Formen wählen, ohne daß sie dahin kamen, eigentlich Fremdes in ihr Leben zu stellen. Der heutige Handwerker braucht, um – dem Handwerker früherer Zeiten ähnlich – gedeihlich ruhig vorwärts zu arbeiten, eine viel weitgehendere allgemeine Bildung als dieser. Nun kann dem heutigen Handwerker infolge unserer neuen Schulverhältnisse oder auch infolge der vielen Möglichkeiten, billig gute Bücher zu benutzen usw., auch wirklich eine bessere Ausbildung zuteil werden als dem früheren Handwerker; aber unser neues Volkswirtschaftsleben brachte uns eine Reihe neuer Berufe, deren Erlernen ungefähr die gleiche

Vorbildung fordert wie der Handwerkerberuf, die aber im ganzen angenehmere Lebensstellungen versprechen und damit ganz natürlich dem Handwerk einen guten Nachwuchs kürzen. Und es ist bald nur noch selten, daß ein junger, rüstiger, begabter Mensch sich dazu entschließt, ein Handwerk zu erlernen; und doch nur eigentlich für diesen Menschen kommen die heutigen besseren Schulverhältnisse und die vielen Möglichkeiten, sich später selbständig auszubilden, so recht zur Geltung. Die heutigen Handwerkerlehrlinge haben nur selten, wie in früheren Zeiten, das Ziel, später als selbständiger Handwerksmeister zu arbeiten; unsere Großbetriebe lassen diesen Plan kaum aufkommen; beispielsweise 90 % aller heutigen Schlosserlehrlinge haben das Ziel, später in Eisenbahn-Betriebswerkstätten oder sonstigen Fabriken zu arbeiten. Diejenigen jungen Leute, die als Künstler hervorragend begabt sind und ein Handwerk erlernen, tun dies entweder von vornherein mit dem Plan, später irgendwelche Kunstschulen zu besuchen, um dann als bildende Künstler nach Brot zu gehen. (...)

Wenn ein Zimmermann bei seinem Hausbau einen Balken zu transportieren hat und er tut sich zu diesem Zwecke mit einem anderen Zimmermann zusammen, so wissen beide Zimmerleute, daß die gleiche Kraft des Einzelnen durch das Zusammenarbeiten größeren Effekt gibt als bei Einzelarbeit.
Das gemeinschaftliche Arbeiten, das direkte Zusammenarbeiten bietet dort, wo niedrig-praktische körperliche Arbeit zu leisten ist, immer große Vorteile, weshalb wir Menschen dies Zusammenarbeiten immer erstrebten, obgleich diese Arbeitsart ein selbstherrliches Arbeiten, ein ideales menschliches Arbeiten ausschließt.
Es gibt natürlich heute immer noch Zustände, unter denen es klug ist, das direkte körperliche Zusammenarbeiten einzuschränken oder von einem solchen Zusammenarbeiten ganz abzustehen; aber diese Zustände werden um so seltener, je mehr wir als Menschen vorwärts kommen.
Das Streben, Großbetriebe zu schaffen, ist nicht neu; neu ist, daß wir gewaltige Kraft, gewaltige Mittel besitzen, diese Großbetriebe zu erreichen; dieses Zentralisieren, dies eigentliche Großmachen unserer körperlichen Arbeitskraft muß – in den entsprechenden Bahnen – dahin führen, aus unserem deutschen Ackerbesitz sozusagen ein großes Treibhaus zu bilden, muß dahin führen, auch dem geringsten Manne sein eigenes freundliches Wohnhaus zu bauen usw., muß uns schließlich alle niedrigen menschlichen Bedürfnisse spielend befriedigen. Aber nach diesen sogenannt niedrigen Bedürfnissen kommt der Luxus, der auch schließlich Bedürfnis wird, und hier beginnen wir, verschiedener Meinung darüber zu sein, wie die Kraft, die wir durch unser Zusammenarbeiten erreichen, anzuwenden sei. Der Kampf selbst, der dann folgt, ist wieder eine alte Geschichte, aber er unterscheidet sich doch gegen diese Kämpfe früherer Zeiten darin, daß heute die Möglichkeit, einen gewissen Wohlstand zu verallgemeinern, viel größer ist als früher, und zweitens, daß die besitzlosen Menschen heute viel kräftigere Waffen haben, mit denen sie für eine Verteilung unseres Besitztums kämpfen, als früher (mehr geistige Kraft). Die körperliche Kraft war im Vergleich mit der geistigen Kraft immer nur sehr schwach, Besitz zu schaffen und zu erhalten; es ist eine Frage, ob

es überhaupt in unserer menschlichen Natur liegt, geistigen Fortschritt für uns zu behalten, geistige Macht nicht mitzuteilen; die Erfahrung zeigt uns das Gegenteil; aber sicher ist, daß geistige Kraft früher in einem ganz anderen Maße zusammengehalten wurde (werden konnte) als heute. Diese Kraft muß heute sozusagen populär werden, was auch sehr weitgehend soviel heißt, daß Reichtümer, die wir gewinnen, sehr weitgehend verteilt werden müssen, und gerade hierin liegt das Hoffnungsvolle, wenn wir an die Entwicklung, an den Ausbau unserer modernen Wirtschaftsverhältnisse denken.

Das gemeinschaftliche menschliche Zusammenarbeiten bietet uns dort, wo es sich darum handelt, niedrige menschliche Bedürfnisse zu befriedigen, wenn es sich darum handelt, z.B. reichliche gute Nahrungsmittel zu gewinnen, jedem Menschen sein eigenes Haus zu bauen usw., ganz gewaltige Reichtümer, und es ist ebenso eine direkte Folge dieser Zusammenarbeit, daß gewonnene Reichtümer weitgehend verallgemeinert werden müssen. (...)

Entwürfe zu gewerblichen Arbeiten kann heute im allgemeinen (und darauf kommt es hier an) aber nur derjenige ausreichend bezahlen, der diese Entwürfe vielfach ausführen kann, d.h. der Großbetrieb, die Fabrik; und der Künstler wird um so mehr nur für die Fabriken entwerfen, je mehr diese ihren Betrieb vergrößern, d.h. je bedeutungsloser, wirtschaftlich schwächer unsere Kleinbetriebe werden. Die Stärke der fabrikmäßigen Arbeitsweise liegt aber gerade darin, daß das einzelne Stück immerfort in großen Massen hergestellt wird, und so können immer nur verhältnismäßig wenige Künstler ihre wirtschaftliche Lage verbessern, indem sie gewerbliche Arbeiten entwerfen. Nun sehen wir aber heute schon hier und da, daß Künstler, besonders wenn sie von Haus aus genug Praktiker sind, kleinere gewerbliche Arbeiten nicht nur entwerfen, sondern direkt Hand anlegen und praktisch ausführen. Und hier keimt ein Beruf, der sich heute noch kaum ans Licht wagt, aber der eine gewaltige Größe verspricht. Und diesen Beruf schafft der Ausbau unserer modernen Wirtschaftsverhältnisse, die wir so leicht verurteilen, wenn wir unseren kranken, alten, ehrwürdigen Handwerkerstand ansehen.

Dieser neue Beruf bildet nicht eine direkte Entwicklung des Handwerkerstandes, sondern bildet ein neues Stadium oder einen Zweig der bildenden Kunst, und wenn diese sich heute auch noch verschämt weigert, in dies neue Stadium zu treten, im Grunde steht dieser neue Beruf an sich, soweit wir an unsere gesellschaftliche Klassifizierung denken, weder höher noch tiefer als der Beruf des bildenden Künstlers, und ebenso wird das Schaffen in diesem neuen Beruf, das Leben in ihm, dem Leben des bildenden Künstlers gleich sein. Die Arbeiten, an die ich hier denke, werden den Werken der bildenden Kunst ganz nahe stehen und die Arbeiten des alten Handwerks in jeder Hinsicht weit überragen, weil es sich einmal um Arbeiten solcher Menschen handelt, deren Bildung viel tiefer ist und viel mehr umfaßt als die Bildung des alten Handwerkers, und weil uns zweitens für das Bewältigen technisch-praktischer Arbeiten weit reichere, vollkommenere Mittel zur Verfügung stehen als den Leuten früherer Zeiten.

Die Arbeiten der Großbetriebe, die Fabrikarbeiten, können (oder besser werden) der ganzen Art ihrer Herstellung, der eigentlich fabrikmäßigen Arbeitsmethode entsprechend, nie eine gewisse enge Grenze künstlerischer Art überschreiten, und dies wird um so schärfer hervortreten, je mehr der Großbetrieb sich ausbaut, je mehr er die Herstellung etwa unserer Wohnhäuser und der Hausgeräte usw. übernimmt. Und dann werden wir – menschlich natürlich – nach besseren Arbeiten suchen, d.h. hier besonders nach künstlerisch höher stehenden Arbeiten, und hier beginnt dieser neue Beruf stark zu werden; denn obgleich seine Arbeiten – neben den Arbeiten der Großbetriebe, der Fabriken – sehr teuer sein werden, so werden sie doch unserem täglichen Leben näherstehen als etwa ein Wandbild und darum auch ganz natürlich leichter in dies Leben gestellt, d.h. für dies Leben gekauft werden.

Man wird dann zwei Hauptarten gewerblicher Arbeiten unterscheiden: die Arbeit des freien Künstlers und die Fabrikarbeit; diese letztere wird – ihrer eigentlichen Natur gemäß – unserer großen Formenwelt eine nie gekannte Einheit geben (Streichholzschachtel, Wiener Rohrstuhl usw.), und man wird die Abwechslung ihrer selbst wegen so wenig schaffen, wie man heute schon kaum sucht, der Abwechslung wegen die Form unserer Glühbirne zu variieren. Es entspricht unserem Vorwärtsstreben, daß wir unsere Kraft nicht verschwenden und daß wir dem gleichen Gegenstand nur dann eine neue Form geben, wenn wir die Gewißheit haben, daß diese neue Form als Ausdruck vollkommener ist als die alte.

Die Fabrikarbeit, die Maschinenarbeit zwingt den Arbeiter zu einem weitgehend mechanischen, d.h. menschenunwürdigen Arbeiten; der Maschinenarbeiter muß verhältnismäßig jedenfalls viel mehr mechanisch arbeiten als der Handwerker früherer Zeiten; aber auch dessen Arbeit war zum sehr großen Teil (um nicht zu sagen größtenteils) das, was wir niedrig-mechanische Arbeit nennen, und war oft schwere körperliche, mechanische Arbeit (z.B. Hobeln, Bretter schneiden, Steine tragen); daneben gibt uns aber der weitere Ausbau der Fabrikarbeit, das läßt sich schon heute übersehen, die Möglichkeit, daß dem einzelnen Arbeiter die nötige Arbeitszeit sehr viel kleiner zugemessen wird als früher, so daß für ihn die nötige mechanische Arbeit durch den Ausbau unserer Großbetriebe nicht wächst, sondern im Gegenteil kleiner wird; und die übrige Zeit – abzüglich einer verhältnismäßig kurzzeitigen elektrischen Bahnfahrt – bleibt für Haus und Garten und Bienenzucht. Und wir werden so sicher dorthin kommen, wie es sicher ist, daß wir über die rohe Kraft einen Sieg nach dem anderen erkämpfen; und je mehr wir suchen, für diesen Kampf Kraft zu gewinnen, desto mehr werden wir gewisse moderne Großbetriebe – hier im besonderen unsere Fabriken – noch vergrößern; während es wahrscheinlich ist, daß unsere Schulen an Umfang relativ abnehmen, soweit es sich nicht darum handelt, gewisse niedrige, elementare Kenntnisse zu lehren; je mehr wir erwachsen sind, desto stärker haben wir ja auch – neben aller Gleichheit, die uns mit unseren Nebenmenschen verbindet – unsere menschlichen Eigenheiten entwickelt, und das verringert die Vorzüge eines Massenunterrichts; das trifft besonders den Unterricht an unseren Hochschulen, und es ist fraglich, ob nicht schon heute sehr viel von dem, was noch vor versammelten Schülern gelehrt wird, richtiger in das Gebiet des Selbststudiums gewiesen würde. (...)

Die Kunstgewerbeschulen erhalten mit dem Ausbau unserer modernen Arbeitsweisen eine ganz gewaltige Bedeutung, sie müssen in der Folge alle anderen Kunstschulen verdrängen; Wandbilder und Statuen werden dann immer seltener; denn es widerspricht letzten Endes der Kultur, die wir erstreben, Ölgemälde an unsere Wände zu hängen oder Statuetten auf unsere Möbel zu stellen; wir werden viel mehr als bisher suchen, alle Kunst ins augenblickliche Leben zu stellen, alle Kunst mit dem Leben zu vereinen, viel mehr als wir das mit der bisherigen bildenden Kunst erreichen können; diese strebt – ihrem eigentlichen Wesen nach – dahin, menschlichen Geist zu konzentrieren, der damit in einen gewissen Gegensatz zu unserem alltäglichen Leben gestellt wird; aber unsere Geisteskraft wächst, indem sie verteilt, mitgeteilt wird; darum auch: Je mehr Menschen, desto mehr geistige Kraft, die sich mitteilen und damit diese Kraft selbst in ihrer Qualität erhöhen kann. (Wenn wir heute suchen, möglichst weitgehend, alle bildende Kunst zu reproduzieren und zu verbreiten, so entspricht das unserem Streben nach schneller Entwicklung; aber es handelt sich hierbei nicht darum, bildende Kunst zu schaffen, sondern den Geist, den die bildende Kunst sammelte, zu verbreiten.) Unsere körperliche Kraft wächst, indem sie gesammelt, vereint wird; darum auch: Je mehr Menschen, desto mehr Möglichkeiten, die körperliche Kraft des Einzelnen zu erhöhen, und so werden schließlich mit der Verbreitung des Menschentums alle Kräfte, die seiner Entwicklung feindlich sind, überwunden und nach des Menschen Belieben in seinen Dienst gestellt, was uns von jeder niedrig-mechanischen oder körperlich schweren, von jeder lästigen Arbeit befreien muß.
,,Und Gott segnete sie und sprach zu ihnen: Seid fruchtbar und mehret euch, und füllet die Erde, und macht sie euch untertan."
Und wir kommen dann dahin, daß jedem Menschen das Bilden als Künstler, höchstes geistiges Schaffen, so natürlich ist wie das Essen und Trinken.
Wenn wir überhaupt daran glauben, daß jeder gesunde Mensch bei einem entsprechend günstigen äußeren Leben geistig vorankommt – und wäre es nur ein denkbar kleinstes Maß –, so haben wir keinen Grund, zu bezweifeln, daß schließlich alle Menschen groß und edel sein werden.
Wenn die geistige Kraft der Eltern in den Kindern nicht direkt erhöht wird, so ist damit der Eltern Geist doch nicht verschwunden, er befruchtet die Masse. Und eine Degeneration ist um so weniger möglich, je mehr wir uns gleichen.

*

Die Kultur (hier im Sinne bestimmter Lebensanschauungen und Lebensformen, bestimmter Lebensordnungen, Gebräuche, allgemeiner Bestrebungen usw.) führte verhältnismäßig schnell immer dahin, daß sie den Menschen zunehmend mehr zwang, ihr zu dienen statt etwa dahin zu führen, daß sie zunehmend mehr ihm diene. Sie führte verhältnismäßig schnell dahin, den Menschen sozusagen als ihr Werkzeug zu deuten, ihn als ihren Diener oder Beamten zu nehmen und anzusprechen, ihn zunehmend mehr zu verbeamten, zu uniformieren, zu numerieren usw. und ihn zunehmend auswegloser zu zwingen, das auch noch alles zu bejahen und hoch zu preisen. Bisher führte noch jede einzelne Kulturwelt verhältnismäßig schnell dorthin, alle ihre *unmittelbar großgemeinschaftlichen* Wirkungseffekte als die eigentlichen Ziele aller Kultur zu deuten und folglich dann alles Staatliche, alles Kirchliche, überhaupt alles Groß- und Größtgemeinschaftliche nicht nur *auch*, sondern mehr und mehr möglichst *ausschließlich* zu kultivieren und gleichzeitig Anschauungen zu konstruieren und zu betonen, nach denen das persönliche Leben der einzelnen Menschen allein den Zweck habe, einer ,,übergeordneten" Gemeinschaft geopfert zu werden. Jede einzelne Kulturwelt verwechselte schließlich immer noch den Menschen mit der Ameise. Und genau so wenig (oder so viel) wie das Wesen des Menschen dem Wesen der Ameise gleicht, genau so wenig (oder so viel) entsprach bisher die einzelne Kulturwelt nach einem längeren Verlauf, in dem sie sich gewissermaßen ruhig entwickelt hatte, den Anschauungen, Gedanken, Empfindungen, Bestrebungen usw., die der Mensch seinem Wesen oder seiner Natur nach hat. Soweit er dann – was allermeistens der Fall war – nicht so recht als Ameise leben wollte oder konnte, konnte er auch unmöglich für längere Zeit noch die gegebene Kultur bejahen. Sie mußte zwangsläufig aufgegeben werden oder enden.

Der harmonische Mensch

Wir sind heute klügste Techniker und Ingenieure, mächtigste Krieger, kaltblütigste Kaufleute, empfindlichste Maler, Musiker usw., sind große Spezialisten, aber wir sind nicht überhaupt groß, sind nicht große Menschen; denn es fehlt uns als Spezialisten in dem Vielfachen die Harmonie.
Der harmonische Mensch ist nicht immer groß, aber wenn der Mensch groß ist, ist er immer auch harmonisch, ist er nicht spezialistisch.
Je mehr aus der Vielheit unserer ursprünglichen Interessen und Kräfte einzelne hervortreten, um sich dann einseitig zu entwickeln, um so mehr ist das Menschliche gefährdet.
Alles Berufliche bringt schon etwas Unharmonisches in unser Wesen, und wir müssen besonders unharmonisch sein, um ein guter Spezialist zu werden.
Soweit wir praktisch das Berufliche nicht vermeiden können, wird es uns menschlich doch um so mehr gerecht, je allgemeiner es ist. (...)
Die Spezialisten haben immer extreme Aufgaben, Aufgaben, die für das große Ganze zweiten Ranges sind, haben immer nur Sinn, soweit sie ein Allgemeineres unmittelbar fördern, genauso wie Dorf und Großstadt nur Sinn haben, soweit sie unmittelbar Kleinstadt und Handwerk fördern.
Von einer gewissen Grenze ab beginnt der Spezialist ungefähr wie ein Haufen menschliches Unglück zu sein. Soweit das kompliziert anzuhören ist, sei hier noch versucht, es zeichnerisch zu erklären:
Das Menschliche oder Rein-Geistige ist nicht darzustellen; aber wir haben eine Form, die dem Rein-Geistigen unmittelbar nahesteht, die jedenfalls als Form ganz extrem vollendet ist und damit das Abstrakte oder das Rein-Geistige eigentlich berührt; das ist die Kugel, die Kugel sozusagen als den im Geiste (in der Vorstellung) gewachsenen Punkt, der ja auch nur geistig ist, während die Kugel schon sehr gut begriffen oder dargestellt werden kann (hier in der Flächenprojektion als Kreis):

Nun gibt es noch wieder eine schön bekannte Kugelform, die als solche wieder sehr ungreifbar ist (oder die sehr gut sichtbar, aber doch wieder nicht im wörtlichen Sinne gut begreifbar ist), das ist die Seifenblase. Und so geht es nun sehr schön, zu sagen etwa: Das Menschliche ist wie eine Seifenblase, kugelrund und schillert in allen Farben, und wenn wir glauben, es eben begriffen zu haben, ist es schon wieder kaputt.

Dieses Menschliche nun, in allem Anfang, steht ganz ruhig, ist im Gleichgewicht, ist ohne Schwere, aber ist (etwa den Farben der Seifenblase ähnlich) voller Erdenliebe, die nach allen nur denkbaren Richtungen hin ausgestrahlt wird.

Nun kommt aus dem Raum, dem Geistigen entgegengesetzt, das Materielle, etwas, das Geistiges erst als solches sein läßt oder wirksam macht, das Irdische, irgendein Körper, den die Kugel (das Menschliche), der Erdenliebe folgend, annimmt und der hier mit A bezeichnet sei:

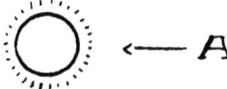

Und nun geht die Geschichte los: Die Kugel verliert die frühere Balance, beginnt sich ängstlich zu drehen, beginnt sich im Raum zu bewegen.
Das A kann nicht mehr abgeworfen werden, denn es ist durch die Verbindung ein Teil des Geistigen geworden, und soviel es auch in Reue sucht, zum Ursprung zurückzukommen, in das Zeitlose, Gewichtslose, in das Ruhen, ins Gleichgewicht, es geht nicht mehr zurück; aber das Gleichgewicht ist einigermaßen wieder damit zu erreichen, daß dem A ein anderes Erdenschweres entgegengesetzt wird, etwa ein B.

Da aber A und B irdisch sind, so sind sie ungleich, auch ungleich schwer, und so kann B das volle Gleichgewicht nicht bringen. Und nun kommen im Suchen nach dem Gleichgewicht und in der Liebe zum Irdischen noch etwa C und D und E usw., so daß sich nach allen Richtungen hin um die Kugel irdische Ansätze bilden:

Und so könnte möglicherweise das anfängliche Gleichgewicht wiederhergestellt werden, man könnte so langsam Punkt für Punkt ausprobieren, hier ein bißchen ansetzen und dort ein bißchen usw., bis alles wieder stimmt.

Und tatsächlich suchen wir auch immer, auf solche Art mit uns und mit der Welt wieder ins Gleichgewicht zu kommen. Aber da ist noch eine besondere Unbequemlichkeit: Das angenommene Weltliche behält in der Verbindung mit dem Geistigen nicht die anfängliche Form oder Schwere, sondern sucht in Eigenliebe immerfort, daß es sich auswachse, dem Geiste entgegen; zum Beispiel der Adam will, des Gleichgewichtes wegen, für sich eine Eva, die Eva will für sich und für Adam, des Gleichgewichtes wegen, einen Apfel; gut; aber der Apfel hat in seinem Kern den Willen, daß Apfelbäume werden, die Apfelbäume aber wieder wollen, daß Adam Gärtner sei usw.

Und während wir also anfangs, voller Liebe und sonst ganz harmlos, Weltliches annahmen, sehen wir nachher, daß wir in die fürchterlichsten Schwierigkeiten geraten sind, mit denen wir immer nur einigermaßen gut fertig werden, soweit es uns gelingt, daß die Spitzen unseres vielseitig Geistigen oder die Spitzen unserer vielseitigen Interessen in ihrer Verbindung ungefähr – dem Ursprung ähnlich – eine Kugelform ergeben.

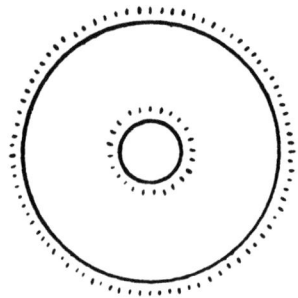

Wir können dem Gleichgewicht auch damit dienen, daß wir die einzelnen Interessenauswüchse sozusagen beschneiden:

Solches Beschneiden vorhandener Interessen ist ja auch durchaus gebräuchlich und kann auch, gewisser praktischer Erfolge wegen, ganz recht sein; aber es ist nicht ideal, ist nicht ursprünglich oder geistig, denn wir sind im Geiste nicht nur im Gleichgewicht, sondern immer auch voller Erdenliebe, und so ist es immer besser, aber allerdings auch viel schwerer, die Auswüchse gut sein zu lassen und die längsten als Maßstab zu nehmen, daß auch alle anderen Interessen möglichst die genau gleiche Länge bekommen. Den vorhandenen Auswüchsen gegenüber ist nur wichtig, zu suchen, daß sie nicht noch länger werden, bevor alles andere die gleiche Länge habe.
Jedenfalls: Je länger unsere Auswüchse, um so unähnlicher sind wir dem Ursprung und um so schlimmer geht es uns.
Dem tüchtigen Verstandesspezialisten zum Beispiel geht es ungefähr so:

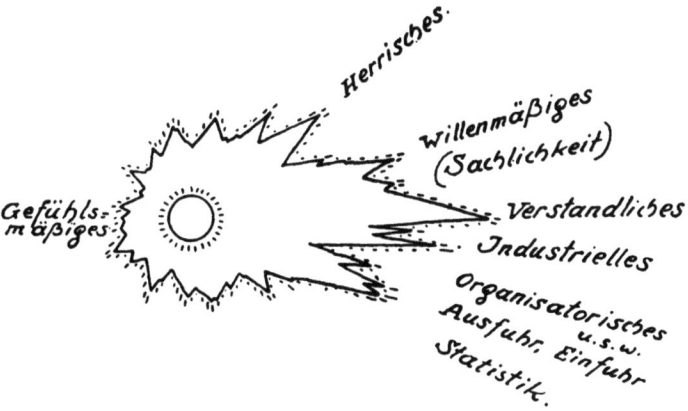

Dem tüchtigen Empfindungsspezialisten geht es ungefähr so:

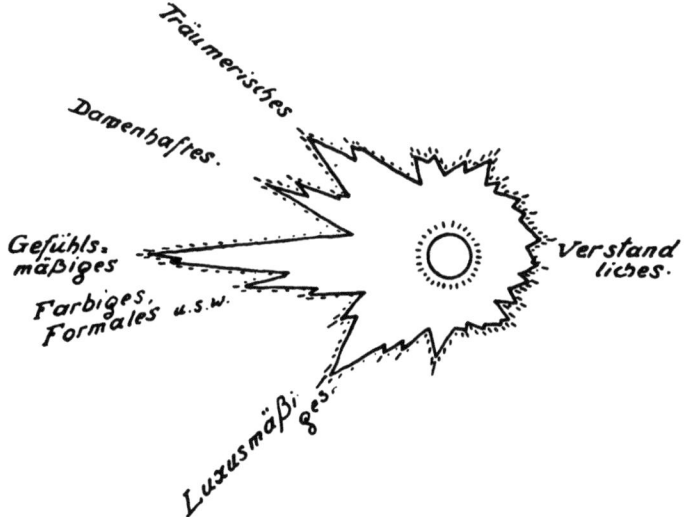

Dem einfach harmonischen Menschen geht es etwa so (hat wohl zurückgeschnitten):

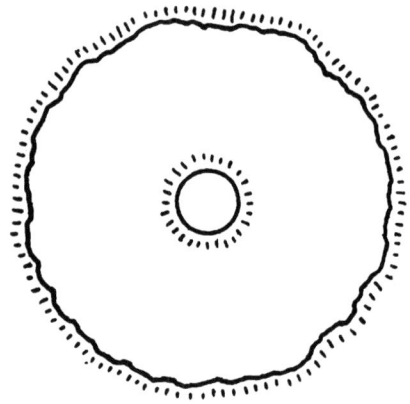

Dem großharmonischen Menschen (dem Künstler) müßte es heute etwa so gehen:

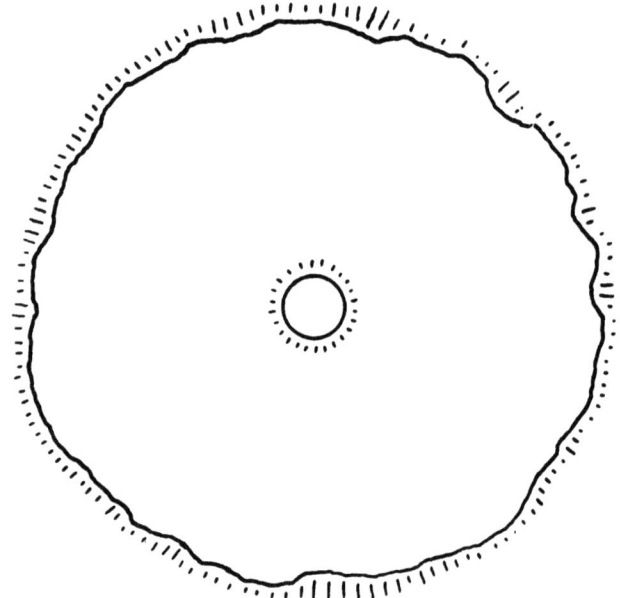

(Der einfachharmonische Mensch unterscheidet sich vom Künstler nur dadurch, daß dieser größere Liebe zum Weltlichen hat und betätigt, ohne weniger im Gleichgewicht zu sein. Er erfüllt mehr Weltliches, mehr Räumliches, mehr Zeitliches, aber er erfüllt für sich nicht besser, er erfüllt nur besser für die Welt.)

Im großen ganzen geht es uns heute etwa so:

Und das Ideal für das große Ganze ist etwa so:

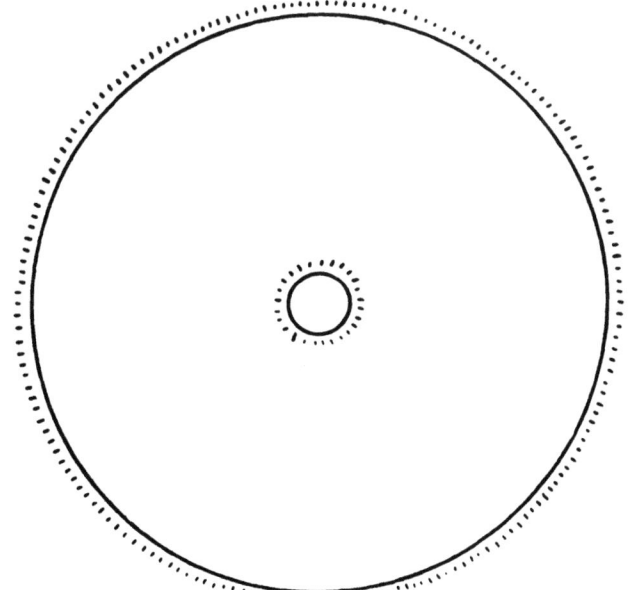

Und später etwa so:

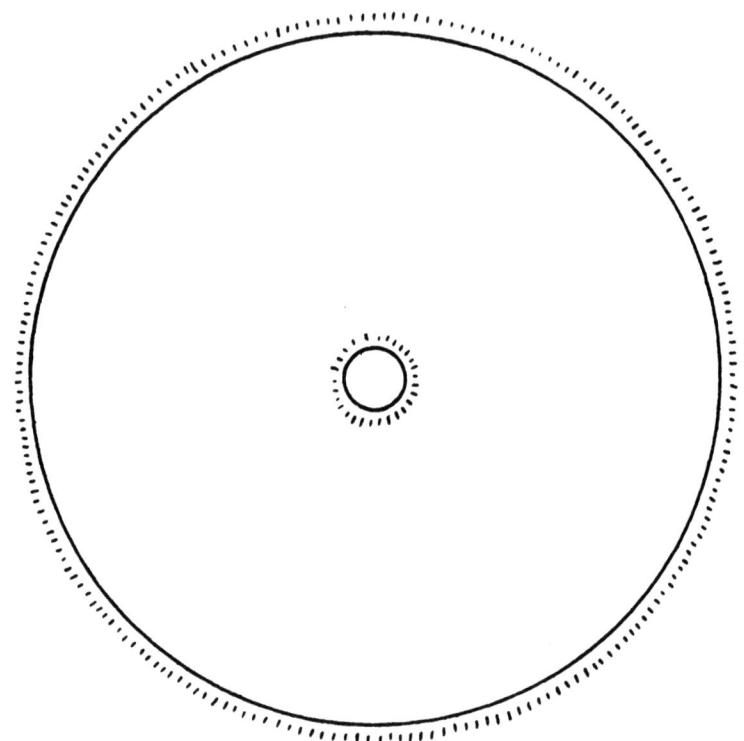

usw., immer größer, bis in der Unendlichkeit aller Raum vergeistigt ist und wir damit alles Weltliche gerechtfertigt haben.

Nachwort

Über Heinrich Tessenow und seine Schriften
Von Otto Kindt

Im Jahre 1896, das als das „Entstehungsjahr" des Jugendstiles gilt, wird Tessenow zwanzig Jahre alt; dreißig zählt er, als die Kraft des Aufbruches dahingeschwunden ist. Mit fünfundzwanzig Jahren beendet er, der zunächst hatte Lehrer werden wollen, die Ausbildung zum Architekten und geht anschließend einige Jahre auf Wanderschaft. Die Lehrjahre Tessenows fallen so mit den für die Kunstentwicklung in Deutschland wichtigen zehn Jahren zwischen 1896 und 1906 ziemlich genau zusammen.
Die neue Bewegung, die in England ihren Anfang nimmt, entspringt gleichermaßen neuen gestalterischen wie sozialen Bedürfnissen. Sie versucht, mit Formänderungen dem Historismus zu entkommen und neue künstlerische Grundlagen zu schaffen. Parallel dazu wendet sie sich den sozialen Schäden zu, die unter anderem in der schnell wachsenden Technisierung, der Ausbreitung der Industriearbeit, dem Wachsen der Städte und dem mangelnden Behaustsein der Arbeiter gesehen werden. Vor allem wird dabei erkannt, daß eine seit langer Zeit bereits in Gang befindliche Bewegung mit einer Entfremdung des Menschen von allem bisher Vertrauten, von der Natur, vom Nächsten, von der Arbeit, von der Wohnung eine ungeheure Beschleunigung erfährt. Trotz aller sichtbarer Verbesserungen breitet sich die seelische und geistige Verödung immer weiter aus, wachsen geistiges und materielles Leben als wuchernde Gegensätze.
Beim Überdenken dieser Gegebenheiten geht der Blick sowohl in eine neue Zukunft als auch in die vor- und frühindustrielle Geschichte mit ihren Traditionen. Während sich die Bestrebungen von „arts and craft" als eine verhältnismäßig einheitliche geistige Bewegung definieren läßt, zeigt die „Neue Stilrichtung von 1900" in Deutschland eine wesentlich größere Vielfalt geistiger Strömungen. Es entsteht kein einheitliches Bild; dies läßt allein schon die Aufzeichnung einiger Begriffe – Naturalismus, Impressionismus, Heimatkunst, Symbolismus, Neuer Klassizismus, Monumentalismus und so fort – erkennen.
Die in sich widerspruchsvolle Epoche sieht ihren Ehrgeiz darin, einen Überschwang an neuen Formen zu entwickeln, die sich teils streng an die organische Natur halten, sich aber auch, einer ungeheuer reichen Phantasie entspringend, als Linien- und Formschöpfungen ohne Vorbild darstellen.
In Künstlerkreisen herrscht eine rauschhafte Stimmung, die vom Singen einer neuen, noch nie erreichten, glückhaften Zeit erfüllt ist. Es herrscht der Glaube, daß die Wende von einer historisierenden, verstaubten zu einer einfachen, künstlerisch bestimmten Zeit bevorsteht. Diese wird zu einer neuen Lebensbestimmung unter der Leitung von künstlerisch denkenden und handelnden Menschen führen. Das Geistige

wird das Materielle besiegen, die Kunst wird das Volk erreichen, durchdringen und erlösen.
Die Männer, die dies glauben und mit Worten und mit Werken in die Wirklichkeit umzusetzen suchen, sind zwar Gläubige, aber Einzelgläubige; sie sehen mehr das Ich-Bezogene und weniger das Allseits-Umspannende. Daraus entspringt die Suche nach der „Form als solcher", des „Immer-nur Neuen", des „Noch-nie Dagewesenen". Sie leben von der allgemeinen Gesellschaft gelöst und getrennt, so wie es sich aus dem Bewußtwerden der Persönlichkeit nach dem Mittelalter ergeben und wie es vor allem der Künstler immer stärker für sich gefordert hat. Die Künstlerschaft bildet so lediglich eine Teilgesellschaft, die außer Künstlern nur wenige andere zählt und die dank des herrschenden materiellen Wohlstandes und äußeren Friedens in Ruhe leben und den Ästhetizismus immer weiter treiben kann. Sie steht dem großgesellschaftlichen Leben fremd gegenüber und sieht nicht über die eigenen Grenzen hinaus; ihre Programme beziehen sich in großem Umfange nur auf kleine Kreise, elitäre Minderheiten, Kultgemeinden.
Dieser Gesellschaft gegenüber stehen die Massen der Arbeiter, wie Tessenow schreibt, *bereits formiert mit Berechtigungsscheinen in der Hand**, um teilzuhaben am Gewinn ihrer Arbeit, an einer besseren Zukunft, die auch sie dank geänderter Arbeitsformen heraufziehen sehen. Viele von ihnen sind und werden in Bildungsvereinen zum Denken über das Engste hinaus erzogen; aber auch sie bilden keine Einheit, sind nicht einheitlich der vierte Stand, und das Trennende äußert sich unter anderem im Gedanken des Klassenkampfes. So steht neben der Welt der Schönheit und des Geistes die Welt der Arbeit mit ihrem materiellen politischen Kampf, herrscht neben dem Luxus die Armut, und der Bau von neu konzipierten Villen, in denen man dem Alltag entfliehen möchte, beseitigt nicht das Wohnungselend der Massen in den Städten.
Hinsichtlich der reinen künstlerischen Entwicklung läßt sich nicht leugnen, daß in jenen zehn Jahren um 1900 eine ungeheure Arbeit geleistet wird. Vieles von den verschiedenen Einzelprogrammen bleibt lebendig und trägt Früchte. Dazu gehört vor allem das von Morris wiedererweckte Ethos der Arbeit. Begriffe wie Werktreue, Zweckmäßigkeit und ähnliche, die sich auf die Begriffe Ehrlichkeit und Aufrichtigkeit stützen, sind so gegenwärtig wie die neuen Baustoffe, Beton und Eisen, vorhanden sind. Die Werke der Einzelnen mit ihrer ungeheuren Phantasie, ihrem großartigen Sinn für Formen und Farben und handwerklicher Fertigkeit gehen in die Öffentlichkeit und wirken darin weiter.
So ist durchaus zu verstehen, daß damals auf vielen Seiten der Glaube, eine neue schönere Welt sei angebrochen und mit allen ziehe eine neue Zeit, weit verbreitet ist. Tessenow schreibt darüber später: *Etwas obenhin gesehen, erschien es oft, als sei uns, sofern wir nur wollten, überhaupt nichts mehr unmöglich, und wir wollten sehr. In dieser Zeit lag wirklich so etwas wie ein Bemühen, den Himmel herunterzuholen.*
Wenn Tessenow hier von „Wir" spricht, so zeigt das, daß er sich der damaligen Welt mit ihren Bestrebungen und Hoffnungen völlig zugehörig fühlte. Aber es muß dabei bedacht werden, daß er zu einer Gruppe gehört, der das Soziale ebenso wesentlich für

ihre Arbeit erscheint wie das Künstlerische. Diese Schaffenden sind sich bewußt, daß ihr eigenes Tun ohne Einbindung in das große Ganze des allgemeinen gesellschaftlichen Lebens auf die Dauer nicht bestehen kann. Hamann und Hermand weisen in ihrer „Stilkunst um 1900" auf die besondere Bedeutung Tessenows in der Reihe der künstlerisch Tätigen hin. Sie sehen in dem „Wir" mit Recht den Ausdruck einer Wesenseigenschaft, die dem „Ich-Bezogenen" der Zeit entgegengesetzt ist.
Tessenows Wesen und damit die Art seines gesamten Lebens und Schaffens findet seine Begründung im Herkommen aus einer Handwerker- und Ackerbürgerfamilie. Er war sich dessen immer froh bewußt; denn er sah im ursprünglichen Handwerk und Bürgertum stets die Mitte einer starken Lebensgemeinschaft. Die einfache Art ihres Denkens und Lebens, das Beobachten von der Mitte aus ringsum nach allen Seiten hin war für ihn bei allem Tun immer entscheidend.
Seine Gedanken sind mehr tastend als fest bestimmend, sie sind aber immer einfach und klar. Alles Gedachte entspringt einer großen Bescheidenheit und Lauterkeit und – wie einmal gesagt wurde – einer „heiligen Nüchternheit". Er mißtraut allem, was sehr selbstsicher daherkommt, das Fragende und das Infragestellen sind ihm lieber; sein Leben lang hat er sich als ein Fragender, Suchender gefühlt. Das Grüblerische vereint sich dabei mit dem beharrlichen Willen, so weit wie nur irgend möglich gedanklich vorzustoßen.
Auf glückliche Art verbinden sich bei Tessenow die beiden Komponenten des künstlerischen Schaffens: das Denken und das Fühlen. Karl Scheffler[1], der ihn aus jahrelanger Verbundenheit sehr gut kannte, hat so von ihm gesprochen: „Eine Mischung war darin, die selten angetroffen wird: eine durch nichts zu verwirrende sachliche Vernünftigkeit und eine patriarchalische Romantik, Kraft und Zartheit, Sinn für ein Ganzes und Liebe zum Kleinen waren innig gemischt"; und weiter: „In allem war er ganz Mensch."
Chilla Schlichter[2] berichtet von seinem großartigen Humor, den er besonders allen „groß-leeren Worten" entgegenzusetzen wußte. Sie rühmt vor allem seine Erlebnis-Intensität beim allgemeinen Erschauen von Dingen und beim Mitleiden. Dieses „Mitleiden-Können" muß als ein wesentlicher Schlüssel für das Verständnis von Tessenow als Mensch und für das Verstehen seiner Schriften angesehen werden.
Beide Genannte charakterisieren ihn als einen sehr sensiblen Menschen mit Schwierigkeiten und Heftigkeit. Scheffler erklärt damit gleichzeitig mehr vom Denken und Arbeiten Tessenows: „Ein im Grunde heftiger Mensch hatte als Lebensaufgabe das Nicht-Heftige erkoren, er wollte alles Forcierte vermeiden und forcierte nur diesen Willen." Hinzuzufügen wäre: Er wollte immer im „Wir" leben.

Tessenows Tätigkeit als bauender und schreibender Architekt beginnt mit dem Wohnungsbau, vor allem mit dem Kleinwohnungsbau. Er sieht darin neben der eigentlichen Aufgabe des Herstellens ganz zuerst ein auslösendes Element für die Beantwortung vieler Zeitfragen. Unter diesen ist die Frage: „Neue Handwerker- oder Fabrikarbeit" wiederum von besonderer Bedeutung. Sie spielt in den damaligen Dis-

kussionen eine große Rolle, weil sie als schicksalhaft für den einzelnen und für die Gesellschaft angesehen wird.
Tessenow geht es bei der Beantwortung nicht um Handwerk *oder* Industrie sondern um die Erkenntnis, daß der Begriff „Arbeit" auf Grund der neuen Gegebenheiten neu gesehen werden muß. Er erkennt den Wert der Fabrikarbeit, wendet sich aber fragend und klärenwollend der Betrachtung beider Arbeitsformen zu, um deren Stärken und Schwächen und ihre Auswirkungen für den einzelnen und die Gesellschaft zu erkennen.
Die sich bei der Fabrikarbeit ergebenden Schwierigkeiten sind für ihn nicht nur wirtschaftlich-äußerer Art; in ihrem tiefen Wirken betreffen sie die menschliche Natur. Beiden Arbeitsformen ist die *niedrig-körperliche* Arbeit gemeinsam, die in weitem Umfange geisttötend, menschlich unbefriedigend ist. Hier droht die Fabrikarbeit nicht nur keine Verbesserung, sondern eine Verstärkung des Übels mit sich zu bringen. Bei der Handwerkerarbeit gehört zur Tätigkeit der Hand die des Geistes als gleichstarke Komponente; beide haben gemeinsam den Handwerker als Menschen in der Blütezeit des Standes geformt. Tessenow spricht deshalb immer wieder von den Tugenden dieses Menschen, von seinem einfachen Fleiß, vom Ernst, von der Ausdauer, Ordnungsliebe usw.; er rühmt die allgemeinen Fähigkeiten bei der praktischen Arbeit und beim gemeinsamen Handeln und seine geistige Beweglichkeit. Es ist nicht nur ein *Einfach-Technisches* sondern ein *Unendlich-Reiches*, was zum hohen Wesen dieses Standes geführt hat und was Tessenow dazu bewegt, ihn als vorbildlich für mögliche folgende Berufsgruppen mit anderen Arbeitsformen zu erachten.
Die Stärke der Industriearbeit sieht Tessenow in der Vergrößerung *äußerer* Gewinne, bei der Befriedigung einfacher, niedriger Bedürfnisse: Ernährung, Kleidung, Wohnung usw. Er sieht zugleich mit ihrer weiteren Ausbreitung die Folgen für den einzelnen und die Gesellschaft. Es ist nicht nur die Entlastung von schwerer körperlicher Arbeit, es ist auch die geringe *Zumessung* von Arbeit mit ihren weitreichenden Auswirkungen und vieles andere. Die äußerlichen Gewinne sind jedoch für Tessenow ohne Gewinn an geistigen Kräften nicht vorstellbar; und von der Stärkung dieser erhofft er sich wiederum die Lösung der anderen schwereren Aufgaben, wie zum Beispiel die der Verteilung alles Gewonnenen.
Die Geschichte der Arbeit zeigt eine lange Entwicklung ihrer Formen und ihrer Stellung in der Gesellschaft. Sie wird frei und unfrei ausgeführt, es gibt niedere und hohe Arbeit, sie wird als Freude und als Fron empfunden, als von der Natur gegeben oder von den Göttern auferlegt. Tessenows Gedanken über die Stellung der Arbeit sind von der Achtung vor jeder Art Arbeit und vor jedem, der sie ausführt, geprägt. Jeder einzelne nimmt nach seinem Können mit seiner höchsten Leistung an ihr teil: entweder als ein wirtschaftlich, künstlerisch, geistig oder als körperlich Schaffender. Die Arbeit ist aber immer nur ein Teil des menschlichen Lebens. Sie steht in der Mitte, aber nicht im Mittelpunkt. Sie ergibt sich aus dem Leben in der Großgesellschaft und verlangt nach Sinngebung.

Das Arbeitsleben ist nicht statisch; in seiner Entwicklung sieht Tessenow drei mögliche Perioden: eine des sozusagen groben, vorbereitenden Arbeitens, eine des reifen Könnens und eine dritte, die diesen beiden folgt und vielleicht ein künstlerisches Zeitalter genannt werden kann. Wir befinden uns heute noch im ersten Abschnitt, und für diesen erhofft er sich *eine weitgehende Gleichheit unseres Arbeitens (...), wo uns das Einfach-Nützliche sehr leicht erkennbar maßgebend wichtig ist, ein weitgehendes gegenseitiges Verstehen im Zusammenarbeiten, eine Riesenarbeitskraft und die Feinheiten des Arbeitens.* Dazu gehört jedoch eine Versachlichung des Verhältnisses des Menschen zur Arbeit, weder eine Über- noch eine Unterbewertung, eine sozusagen „natürliche" Einordnung der Arbeitsformen in das Gesamtleben unter Einbeziehung aller äußerlich-wirtschaftlichen und zugleich aller innerlich-menschlichen Konsequenzen.

Für Tessenow ist die Frage „Industriearbeit oder Handwerkerarbeit" also nur eine Teilfrage. In der neuen Arbeitsform sieht er zugleich hoffnungsvolle und zerstörerische Tendenzen. Bei ihrer Behandlung verweist Tessenow, wie auch sonst immer, auf die allgemein gültige Notwendigkeit: Neues kann nicht aufgebaut werden, ohne daß dafür neue Fundamente gelegt werden; diese müssen immer innerlicher Art sein, dem Geistigen entspringen.

Seinem Wesen nach war Tessenow ein „häuslicher" Mensch; für ihn bedeutete die Wohnung oder das Haus und der Garten den Lebensraum, in dem alles einzelne und gemeinsame Leben seinen Ursprung nimmt. Für ihn ist die Wohnung nicht „Burg" oder „Fluchtstätte", sondern, *wie durch unendlich viele Fäden mit aller Welt verbunden, hat zu den verschiedenartigsten und fernsten Welten unmittelbare Beziehungen.* Darüber hinaus ist das Verhältnis des Menschen zur Wohnung Maßstab für das allgemeine Denken und das kulturelle Leben einer Zeit. Wohnlichkeit und Unwohnlichkeit entsprechen sich wie Kultur und Unkultur.
Die Bemühungen um neues Wohnen und neue Wohnungsformen reichen bis in die Mitte des 19. Jahrhunderts zurück. Sie gehen über die vielfältigen Fragen der Gestaltung weit hinaus und betreffen zum Beispiel auch solche von Erziehung und Arbeitsformen; sie sind tief im sozialen Bereich verankert. In diese Auseinandersetzungen ordnen sich Tessenows Schriften ein. Sie sind Bücher des „Wohnungsbaues" und gleichermaßen wichtige Beiträge zur Theorie der Architekturentwicklung; sie nehmen darüber hinaus zu allgemeinen Lebensfragen Stellung und vertreten, insgesamt gesehen, eine bestimmte Lebensform.
Tessenow empfindet offenbar das Randständige der künstlerisch Schaffenden besonders stark. Das veranlaßt ihn, auch hier nach einer Mitte, nach dem weithin Verbindenden zu suchen. Mit einem „Einfachsten" muß ein neuer Anfang gemacht werden, erst daraus läßt sich ein „Reicheres" entwickeln, das vielleicht wieder in viele Richtungen strahlt. Es geht in keinem Falle darum, einen neuen „Stil" zu erfinden. Hier bietet der Wohnungsbau einen besten Ansatzpunkt. Bei diesem und allem sonstigen Gestalten kann jedoch immer nur ein allgemein-verbindendes und nicht ein individua-

listisch-spezialistisches Denken förderlich sein. Es geht um Gemeinschaftsarbeit. Tessenow weiß, daß dies schwierige Forderungen sind; er hält jedoch eine Einigung für möglich, wenn die nötige Bescheidenheit herrscht und wenn das Bewußtsein davon vorhanden ist, daß sich zur Zeit alles noch in der ersten Periode der harten Arbeit abspielt.

In Hellerau, wo Tessenow seine Wanderzeit beendet, setzt er seinen bereits vielfältig betriebenen Wohnungsbau als Mitgestalter einer der ersten deutschen Gartenstädte fort. Hellerau gehört – trotz aller Kritik, die heutiges Wissen an den zeitgebundenen sozialen Auffassungen übt – zu dem vielleicht vielversprechendsten Anfang neuen Siedlungswesens, der je in Deutschland gemacht wurde. Hier kann Tessenow einen großen Teil seiner Theorien des Bauens, Wohnens und Einrichtens verwirklichen. Mit den ,,Typenhäusern" von 1908 schafft er Kleinwohnungen, die – in Gegensatz zu der damals fast durchweg gültigen Betonung des individuellen Wohnens im individuell gestalteten Eigenhaus – das gemeinsame Wohnen in kleinen Wohneinheiten, in uniformierten Häusern mit gleichem Grundriß, gleichem Aufbau, aber ohne besonderen Eigenausdruck zeigen. Sie bilden einen wichtigen Beitrag zur Klärung des Verhältnisses von Mensch und Wohnung. Herstellung und Arbeitsform, Gestaltung und Kunstform, Bildung von Eigentum, menschliche Annäherung und dergleichen sind untrennbar ineinander verwoben, dem Ausspruch Tessenows entsprechend: *Es gibt letzten Endes keine Teile, so wie es nichts Ganzes gibt, oder jeder Teil bildet ein Ganzes, wie jedes Ganze einen Teil bildet.*

Es gehört sicherlich zu Tessenows Enttäuschungen, daß zu seiner Zeit nur geringe Anfangserfolge erzielt wurden. Die Ansätze bei den Gartenstädten, bei den Werks- und Kleinsiedlungen nach dem Ersten Weltkrieg blieben in den Anfängen stecken; spätere Bemühungen konnten um so weniger Erfolg haben, als sie nur allzu vordergründige Zielsetzungen besaßen.

Äußerlich gesehen haben auch die beiden Weltkriege schwere Rückschläge gebracht. Die durch sie entstandene Wohnungsnot führte und verführte immer wieder zu einem Bauen um jeden Preis mit allen sich daraus ergebenden negativen Folgen. Tessenow ist nicht müde geworden, die Gründe für diese Fehlentwicklung aufzudecken. Sein Schreiben führte ihn dabei über den Wohnungsbau hinaus zum Siedlungsbau, und dies mußte, seinem Denken gemäß, eine umfassende Betrachtung der menschlichen Siedlung und ihrer Einbindung in allgemeine Lebens- und Kulturfragen ergeben.

Tessenow beginnt damit in ,,Handwerk und Kleinstadt", wo das Thema Fabrik- und Handwerksarbeit mit Siedlungsvorstellungen verknüpft wird. Der Erste Weltkrieg hatte den Träumen der Zeit um 1900 ein Ende bereitet. Das gilt für alle Lebensbereiche, für Politik und Wirtschaft, für Erziehung und Kunst und Wissenschaft und so fort. Die Gedanken in ,,Handwerk und Kleinstadt" sind unter dem Druck des Krieges und angesichts der voraussehbaren Folgen für Europa und besonders für Deutschland entstanden. Sie sind als warnender Aufruf zur Besinnung und als Hinweis auf andere Lebens- und Arbeitsformen gedacht.

Am Kriegsende kehrt Tessenow von Wien, wohin er 1913 als Lehrer an die Akademie

gegangen war, nach Hellerau zurück. Hier glaubt er den vorläufigen Ort zu haben, wo er mit Hilfe einer *Handwerkergemeinde* praktisch zur Lösung der in „*Handwerk und Kleinstadt*" geäußerten Theorien beitragen kann.
„*Die erste Mitteilung der Handwerker-Gemeinde in Hellerau*" nennt die Absichten und entwirft das geistige Bild eines neuen Lebens und Arbeitens in der von den Folgen des Krieges bedrohten Welt. Tessenow hat immer betont, daß jede grundlegende Siedlungstätigkeit auf geistigen Bewegungen beruht und nicht auf von außen kommenden Verordnungen. So sollte bei der Handwerker-Gemeinde die geistige Kraft einer Anzahl handwerklich ausgerichteter Menschen mit ihrem Anhang die Grundlage eines beispielhaften Gemeinwesens bilden. Sie muß – neben anderen – als ein Versuch gesehen werden, außerhalb der Großstädte und der Fabriken nach neuen Ansätzen für Zusammenarbeit und Zusammenleben zu suchen. Diese Art Siedlungen nach dem Ersten Weltkrieg sind nicht als Resultat einer „Wiedererweckungs-Bewegung" des Handwerklichen zu verstehen, auch wenn gelegentlich – wie zum Beispiel beim „Bauhaus"-Programm – das Wort „Bauhütte" gebraucht wird.
Hier wäre auch zu vermerken, daß sich bei Tessenow mit dem Begriff der „Kleinstadt" nicht die durch Größe oder politisch-verwaltungstechnische Organisation bestimmte „kleine Stadt" verbindet. Für ihn ist sie immer der bauliche Ausdruck einer bestimmten Lebens- und Kulturäußerung. Daß ihm die Kleinstadt daneben als ein Ort des Wohnens besonders lieb war, ist eine andere Sache. Davon sagt er einmal in einem Brief: *(...) die kleinstädtische Spießerei hin und her: schließlich, bin ich fest überzeugt, ist sie doch die Welt, in der wir am tiefsten und fruchtbarsten ausruhen.*

Aus der Sicht Tessenows und vieler anderer haben die Erschütterungen des Ersten Weltkrieges und die folgenden politischen Änderungen nichts Entscheidendes bewirkt. Von einem allgemein verbindenden und verpflichtenden Erwachen und von neuen „Fundamenten" in seinem Sinne ist nichts zu sehen. Die in der Zeit um 1900 in Ansätzen vorhandenen Bestrebungen, gemeinsam zu denken, das Allgemeine zu erkennen und die Gesellschaft den neuen Gegebenheiten entsprechend weiter zu entwickeln, Gedanken, die über die politischen Grenzen hinaus zu wachsen schienen, sind bereits vor dem Ersten Weltkriege ins Stocken geraten. Nationalistisches, die „nationale" Arbeit, der „nationale" Export und dergleichen haben auf dem Gebiete der gewerblichen Arbeit immer mehr an Boden gewonnen, und in diese Bewegung sind, bewußt oder unbewußt, viele Künstler hineingezogen worden. Mit dem Ende des Krieges belebt sich – ganz gleich aus welchem Grunde – die Aufbruchstimmung aus der ersten Zeit. Es bleibt jedoch wiederum im wesentlichen bei geschriebenen und gezeichneten Manifesten, Aufrufen und Verkündigungen von einzelnen und kleinen Gruppen oder bei Schriften von Unpolitischen.
Von allen Architekturbestrebungen aus der Zeit um 1900 haben sich mit Recht diejenigen als lebensfähig erwiesen, in denen weitgehend einfach-technische Gegebenheiten gemeinsam mit sozialen Forderungen die Aufgaben zu lösen suchen. Sie werden gemeinhin unter dem Oberbegriff „Funktionalismus" zusammengefaßt. Trotz vieler

gemeinsamer Wurzeln zeigen sich dabei – dem Einzel- und Gruppendenken entsprechend – durchaus verschiedene Ausbildungen mit speziellen, individualistischen Merkmalen: sachliche, rationalistische, konstruktivistische, futuristische und ähnliche. So entsteht zu gleicher Zeit Einheitlich-Formales neben grotesker Formlosigkeit, Anorganisch-Kristallinisches neben Organischem und Klar-Funktionelles neben Verspieltem. Dies bestätigt, daß nach wie vor das Allgemeine wenig, das Individuelle um so mehr gilt; der Bau ist nie „versachlicht" und niemals eine „namenlose Sache" geworden.

Beschreibungen jener Jahre reihen Tessenow in die Gruppe der „Puristen" ein, also in die Gruppe, die sich bereits in der Zeit um 1900 als eine Bewegung gegen Formenüberschwang gebildet hatte. Eine Einordnung Tessenows ist – ganz gleich wohin – nicht möglich; diese hier kann unter der Voraussetzung hingenommen werden, daß unter Purismus mehr als nur eine äußerliche Reinigung der Formenwelt, der Oberfläche, verstanden wird. Die Vereinfachungen, von denen Tessenow spricht, kommen aus anderen Bereichen als denen von Form und Stil; sie entspringen einem „logisch-sittlichen Gesetz", das alle Lebensbereiche umschließt, in denen das Formale also nur einen kleinen Teil darstellt.

Aus dem „Purismus" hat sich im Laufe der Jahrzehnte trotz aller einzelbetonten Erscheinungsformen so etwas wie ein internationaler bauweltlicher Formenkanon entwickelt. Dieser geht sehr sichtbar mit den Formerscheinungen der sonstigen äußerlichen Lebensbereiche parallel. Dabei wird offenbar, daß Versachlichung auch ihre Kehrseite hat. Sie kann zum Kalten und Brutalen verkommen und verführt letzten Endes sogar dazu, auch den Menschen nur als Sache zu sehen. Diese rein äußerlichen, inzwischen in der ganzen Welt verbreiteten „Form"-Erscheinungen dürfen nicht darüber hinwegtäuschen, daß es sich hier um äußerlichste Äußerlichkeiten handelt und daß es ein auf gegenseitiges Verstehen und Anerkennen gegründetes allgemeines Denken, ein gemeinsames sittliches Gesetz noch nicht gibt.

Die Welt um die zwanziger Jahre – mit ihrem unerhörten Willen, ihren Träumen und ihrem revolutionären Wollen, ihrem Verneinen alles Gewesenen und ihrem Drängen nach dem Nie-Dagewesenen auf der einen Seite und dem harten, selbstbewußten Realismus auf der anderen – befindet sich nach Tessenow in einem sich stetig fortsetzenden Krisenzustand, wie ihn Kulturwelten ganz allgemein in Krisenzeiten zeigen. In spezialisierte Gruppen aufgespalten stehen sich zwei gegensätzliche Fronten gegenüber: Die eine ist menschheits- und kulturgläubig und sucht *ins Blaue hinein* nach einer besseren Welt; die andere ist realistisch und materialistisch, sie meint zu wissen, welches die bessere Welt ist, daß diese bereits existiere und die weitere Suche nach ihr nur störend und chaotisierend wirke; obendrein ist diese Welt davon überzeugt, daß sie und besonders ihre Führung von allen verherrlicht werden muß.

Es ist verständlich, daß Tessenow in der vergrößerten Wirtschaftskraft und in den ungeahnten Vorstößen in immer neue, bisher unbekannte wissenschaftliche Bereiche bei aller Anerkennung nur Teilerfolge von Spezialisten und nicht den Beginn eines neuen großgesellschaftlichen Lebens sehen kann. Für ihn stellt sich unsere Welt trotz allem

als kranke Welt dar, deren Krankheit tödlich enden kann. Dieses Wissen und Ahnen hat auf Tessenows Tätigkeit offensichtlich einen wesentlichen Einfluß gehabt. Das Schreiben war für Tessenow immer etwas sehr Wichtiges; er hat es für sich als dem Bauen gleichberechtigt gewertet. Freunde sahen dies anders und wollten in ihm immer nur den bauenden Architekten sehen. Chilla Schlichter berichtet, daß Jakob Hegner sie schon sehr früh beschwor, Tessenow vom Schreiben abzubringen. ,,Er muß bauen, was er zu sagen hat, kann er am besten und überzeugendsten im Bauen, nicht im Schreiben ausdrücken."
Tessenow war davon überzeugt, daß die Berufsarbeit – ganz allgemein gesehen und nicht nur bei den Architekten – nicht mehr selbstverständlich, auf sicherer geistiger Grundhaltung beruhend, in das Leben der Großgesellschaft eingebunden ist. Es erschien ihm deshalb unumgänglich notwendig zu sein, immer wieder und mit der Zeit immer dringlicher auf den unlösbaren Zusammenhang unseres äußeren und inneren Lebens hinzuweisen und neben dem Können ein Mehr an Wissen und vor allem an Erkennen zu verlangen. Ganz direkt zur Frage ,,Bauen oder Schreiben" äußert er sich in einem Brief an Chilla Schlichter (um 1928 anzusetzen): *(...) bin ich Dir (...) entgegen, gar nicht der Meinung, daß das Bauen jetzt für mich etwas besonders Wichtiges wäre, es wäre für mich, eine entsprechende Aufgabe vorausgesetzt, gewiß sehr leicht, etwas zu bauen, das einigermaßen nennenswert – ähnlich so wie die Dalcroze-Schule – Beachtung verdiente usw., aber ich bin ganz sicher, daß ich mit meinem Schreiben und Zeichnen zur Zeit viel mehr erwirke und fördere, wie ich jetzt mit meinem allerbesten Bauen erreichen und fördern könnte, und wenn nicht die wirtschaftlichen Fragen immer wieder mit hineinteufelten, dann möchte ich wünschen, sehr wünschen, während einer längeren Zeit jetzt mit allen Bauaufgaben verschont zu bleiben.*
Tessenows Wunsch ist in der Tat weitgehend in Erfüllung gegangen; denn seinen Bauten hat er seitdem nur noch wenige hinzugefügt. Unter diesen ist die Ausgestaltung der Schinkelschen ,,Neuen Wache" Unter den Linden in Berlin zum Ehrenmal für die Gefallenen des Ersten Weltkrieges von hervorragender Bedeutung. Dieser Bau beweist sein Können in vielfacher Hinsicht, nicht zuletzt in der Darstellung von ,,Gefühlswerten". In diesem schlichten Raum wurde das Vergangene lebendig und das Nachdenken über Vergangenheit und Zukunft zum Zwang. Hier ertönte die innere Stimme, von der Tessenow so oft spricht, die für ihn zu allen Zeiten, wenn auch oft unterdrückt, lebendig ist und der es in einer immer dunkler werdenden Zeit zu lauschen gilt.

Von der Möglichkeit, die Kulturgeschichte von der Baugeschichte aus zu betrachten, ist oft Gebrauch gemacht worden; Tessenow folgt hier einer geübten Praxis. Für die Bezeichnungen der Kulturfolgen schafft er sich jedoch als Baumeister seine eigenen Begriffe; er spricht von ,,dörflichen", ,,städtischen" und ,,großstädtischen" Kulturwelten. Die Berechtigung dieser Bezeichnungen ergibt sich für ihn aus dem unmittelbaren Zusammenhang der menschlichen Siedlungen mit dem Gemeinschaftsleben und den inneren und äußeren Lebenszuständen einer Zeit. Mit den Begriffen ,,dörflich", "städtisch", "großstädtisch" verbindet sich eine Lebens- und Geisteshaltung bestimmter Art, nicht nur die Bezeichnung einer Siedlungsform. Diese Begriffe haben bei ihm um so mehr ihre Berechtigung, als sie mit seinem Denken in langen Zeitabschnitten übereinstimmen. Er weiß, daß in den großen Abläufen auch viele kleine Pendelschläge hin- und hergehen, daß manches entsteht und vergeht, was wichtig ist; aber kleine Zeichen verstellen und verundeutlichen oft das zusammenhängende Bild und machen es schwer, das Oberflächliche vom Tiefgehenden, Entscheidenden zu trennen.

Für Tessenow stellt sich die europäische Kulturentwicklung von ihrem Aufbruch aus dem Mittelmeerraum an als eine große Einheit dar, deren vorläufig letzter Abschnitt unsere Zeit, die sogenannte Neuzeit, ist. Diese beginnt für ihn mit dem Ende des Mittelalters, nicht mit anderen geisteswissenschaftlichen oder politischen Ereignissen. Diese Zeit- oder Kulturwende innerhalb einer andauernden Gesamtentwicklung erscheint Tessenow deshalb so wichtig, weil er hier einerseits die Wende zu einer neuen Bewegung sieht, die heute noch anhält, und weil er andererseits in ihr Krisenerscheinungen erkennt, die solchen der heutigen Übergangszeit ähneln, auch wenn die großgesellschaftlichen Voraussetzungen andere sind. Die Betrachtungen, die er dabei über Vergangenes anstellt, sind nie von Romantik, Flucht in die Vergangenheit oder ähnlichem gekennzeichnet. Sie sind unbefangen feststellend und vorausschauend. Sichtbare Zeugen für den Beginn, das Blühen und das Vergehen kultureller Welten sind für Tessenow das Dorf, die Stadt und die Großstadt; sie sind deshalb auch die Ausgangspunkte seiner Betrachtungen der Siedlungsformen des mittelalterlichen und nachmittelalterlichen Europa. Der Großstadt kommt dabei – im Hinblick auf das „Vergehen" – eine besondere Rolle zu. Bei dem Versuch, die Zusammenhänge des Entwicklungsablaufs zu klären, verknüpft er diese Darstellungen mit dem Lebensprozeß des einzelnen Menschen und dem der Gemeinschaften, mit ihrem Geborenwerden, Leben und Sterben und vor allem mit den Krisen, die in alles menschliche Leben unausbleiblich eingeschlossen sind. Aus diesen Darstellungen ergeben sich die weiteren großen, kleinen und kleinsten Überlegungen: über das Verhältnis von Kultur zu Natur, den Ablauf von Kulturwelten, die Evolution, das Revolutionäre, die Formen der Gemeinschaftssiedlungen und so fort. Trotz aller Befürchtungen um den Zustand und die Zukunft der europäischen Kultur lassen Tessenows Aussagen über die europäischen Siedlungen doch seine allgemein grundsätzlich positive Lebenseinstellung erkennen. Tessenow glaubt nicht an ein Ende, auch wenn düstere Voraussagen, die manchen seiner – offenbar zuletzt geäußerten – Gedanken zu entnehmen sind, gelegentlich anders klingen. Europa befindet sich seiner Meinung nach in einer lebensbedrohenden Krise; aber solche Krisen müssen, wie der Verlauf des Überganges vom Mittelalter zur Renaissance gezeigt hat, nicht lebensvernichtend sein. Der Vergleich des menschlichen Lebensablaufes mit dem der Kulturwelten setzt hier bei Tessenow – im Gegensatz zu anderen – eindeutig aus. Er betont, daß der Niedergang des kulturellen Lebens nicht mit einem endgültigen Sterben enden muß, sondern daß auch ein Weiter-dahin-Vegetieren oder auch ein Erneuern möglich ist. Tessenow meint, daß die Kulturgeschichte von den drei Möglichkeiten bisher nur die beiden ersteren verwirklicht hat und gibt immer wieder der Überzeugung Ausdruck, daß auch eine Erneuerung nicht auszuschließen ist. Seiner Meinung nach ist die Menschheit bisher über eine frühgeschichtliche Phase der Kulturentwicklung überhaupt noch nicht hinausgekommen. Alle bisherigen Lebens- und Kulturwelten haben nur einen bescheidenen Reifegrad erreicht. Ihr Enden war stets ein tragisches Selbstverschulden, das seinen Grund im Unvermögen hatte, das eigene Leben, das Werden, Wachsen und Erhalten zu begreifen und neue Erkenntnisse folgerichtig zu verarbeiten. Nach Tessenows Ansicht befindet sich Europa heute in einem Jugend-, nicht in einem Altersleben; seine Krise ist jugendlicher und nicht greisenhafter Art.

Die vielen verschiedenen Darstellungen dieser Krise und der Zeichen für ein mögliches Enden, sein andauernder Hinweis auf Erkennen und Einsicht, die dank des menschlichen Geistes möglich sind, können als Beweis dafür gelten, wie stark er unter den Zeichen der Zeit gelitten haben muß, wie sehr er sich zum Mahnen verpflichtet fühlte und wie stark letztlich der Glaube an den Menschen „trotzdem" war. Tessenow gesteht, daß er nicht weiß, wohin die Entwicklung führen wird. Seine Gedanken beschäftigen sich mit beiden Möglichkeiten, mit dem Weiter-dahin-Vegetieren und mit dem Erneuern.

Auch die Erstarrung erfordert ein menschliches Verhalten. Tessenow erinnert hier an den alternden Menschen, der es aus eigener Kraft dahin bringt, das ihm auferlegte Schicksal mit stiller Überlegenheit und Würde zu tragen; dieser gibt mit einer *adligen* Haltung ein Beispiel für das Altern und kann damit auch beispielhaft für alternde Kulturen sein.

Zu einer Erneuerung gehört für Tessenow ganz zuerst die Mitwirkung des einzelnen Menschen, der bei ihm letztlich immer im Mittelpunkt allen Lebens steht. Dieser muß über sich selbst Klarheit gewinnen; er muß lernen, sein Handeln und dessen Auswirkungen besser zu verstehen; er muß lernen, das laute Äußerliche vom stillen Innerlichen zu unterscheiden; er muß lernen, in dieses vorzudringen und es zur Geltung zu bringen. Im übrigen setzt Tessenow voraus, daß die verschiedenen Lebenswelten zueinander finden, daß das Einheitliche, das alle Menschen miteinander verbindet, erkannt und zum Ausdruck gebracht wird. Es geht um das Allgemeine, das Verbindende, die Mitte. Der Mensch muß über ein *Erhellen* mit sich ins Reine kommen, und nur mit einer *Unterscheidung von tierischen Welten kann die Menschheit humaner werden*. Mit diesem *humaner werden* ist Tessenows Ziel, um das es ihm bei allem und jedem geht, eindeutig bestimmt.

Bei einer Erneuerung stehen die menschlichen Grundgesetze, die Tessenow auch *einfache Wahrheiten* nennt, im Vordergrund. Zu diesen zählt er vor allem die Suche nach Ausgewogenheit zwischen der von Menschen geschaffenen und der natürlichen Welt, das Suchen nach Gleichgewicht zwischen äußerlichem und innerlichem Leben und das Einhalten von Maß und Ziel bei allen Lebensäußerungen.

Von solchen großgesellschaftlichen Gesetzen spricht er bereits bei seinen frühen Betrachtungen über *Normierungen*; dort nennt er sie *beiläufige Gesetze*. Diese hält er für die besten und meint, daß eine wirkliche menschliche Freiheit die wenigsten geschriebenen Gesetze braucht und krisenhafte Kulturen schon an ihrem Verhältnis zu Gesetzen erkannt werden können.

Die unterschiedliche Stellung der Lebensgemeinschaften zu den menschlichen Grundgesetzen findet ihren Niederschlag auch in den Siedlungsformen. Mit der Entfernung des Menschen aus der dörflichen Welt und dem städtischen Siedeln ist eine Entwicklung von Naturnähe und Naturfeindschaft und eine Änderung des Verhältnisses zu Natur- und Kulturgesetzen verbunden. Der Wille des Menschen, die Natur zu beherrschen, nimmt zu. Damit geraten die Gesetze in Widerspruch zueinander. Das Unvermögen, diesen aufzulösen, ist in den immer wieder auftretenden Krisen zu erkennen. Aber auch hier glaubt Tessenow an eine Weiterentwicklung und spricht von einem möglichen höchsten Zustand, in dem als Ideal aller Kultur eine *natürliche Kultur* herrscht.

In der europäischen Kulturentwicklung zum Großstädtischen hin kann Tessenow ein Streben nach diesem Idealzustand, nach einem Ausgleich zwischen Natur und Kultur, allerdings nicht erkennen. Auch hier nimmt mit dem Altern die Tendenz zu, sich die Natur nicht nur untertan zu machen, sondern zu beherrschen und darüber hinaus, sie durch eine künstliche zu ersetzen.

Tessenow erkennt ein Verdienst des Großstädtischen an: Er betont, daß es die Möglichkeit biete, die Einheitlichkeit der gesamten menschlichen Kultur darzustellen und daß es davon Gebrauch gemacht habe. *Die Großstadt hat die Welt aufgeschlossen.* Dennoch hat für ihn das Großstädtische bisher einen kulturweltlichen Reifegrad von nur bescheidener Höhe erreicht. Es ist jugendlich mit allen Schwächen des Jugendlichen. Dieses Jugendlichsein läßt aber auch den Schluß zu, daß das Großstädtische nicht unbedingt ein Zeichen für das Enden einer Kulturperiode sein muß, sondern daß Kulturentwicklungen darüber hinaus möglich sind. Tessenow glaubt, daß wir im Werden eines neuen Kulturbildes stehen, das sich selbstverständlich auch in einer neuen Siedlungsform äußern wird. Aber so wenig, wie er weiß und wissen kann, wohin diese neue geistige Entwicklung führen wird, so wenig kann er über ihre äußeren Formen sagen.

So hat er auch zu den Fragen des Wiederaufbaues nach dem Zweiten Weltkriege immer nur mahnend Stellung nehmen können: Nicht überheblich sein, nicht nur an den Augenblick glauben, bei allem, auch den kleinsten Dingen, mehr als nur Äußerliches sehen. Es geht darum, *geistige Zersplitterung zu überwinden*: Es geht wie seit vielen, vielen Jahrzehnten schon um *ganz allgemeine Lebensfragen.*

Tessenow ist 1941 emeritiert; 1942 beginnt er, sich in einem entlegenen Dorfe seiner Heimat Mecklenburg eine Zuflucht zu bauen. Dort meditiert er weiter. Das Zeichnen und Schreiben hatte er immer fortgesetzt; der Krieg machte jedoch dem Zeichnen – zum Beispiel an Stadterweiterungsplänen für Potsdam und Warnemünde – ein Ende, es blieb das Schreiben. Nach dem Krieg kehrt er noch einmal als Lehrer nach Berlin zurück, daneben arbeitet er an Wiederaufbauplänen für kleine mecklenburgische Städte.

Die politische Entwicklung nahm während seines Schreibens über *Europa siedelt* einen katastrophalen Verlauf. Europa fand sich nicht zusammen, Deutschland ergab sich der Diktatur und brachte der ganzen Welt den Krieg. Sein Ende und die anschließenden Entscheidungen führen zu Völkerwanderung, zu neuen Gegensätzen und zu einer Trennungslinie quer durch Deutschland, der *Mitte* Europas.

Dreißig Jahre sind seit dem Tode Tessenows vergangen, und wir müssen erkennen, daß das seit langem vorherrschende großstädtische Denken sich mittlerweile unterschiedslos von West nach Ost, von Nord nach Süd ausgebreitet hat. Die Siedlungstätigkeit und die bauliche Formensprache geben davon Zeugnis und offenbaren, daß nicht mehr von einer deutschen oder europäischen, sondern von einer Entwicklungskrise der gesamten menschlichen Kultur gesprochen werden muß. Ebenso wie Tessenow sich 1917 fragte, welche Schatten die Häuser und Straßen und Wohnungen auf die Kultur jener Zeit voraufgeworfen haben, so fragen wir uns heute wieder, was die vielen sich zeigenden Schatten, die in der baulichen Umwelt besonders sichtbar werden, für das Heute bedeuten und was in ihnen an Kommendem verborgen sein könnte. Die Schatten bedrängen uns trotz mancherlei großartiger äußerlicher Leistungen, die vollbracht wurden. Wir leben in einer veränderten und sich immerfort und immer schneller ändernden Massengesellschaft, die neue Erkenntnisse fordert. Die Kenntnis der Tessenowschen Gedankenwelt kann bei eigenem Nachdenken hilfreich sein. Es gilt, in allen Hinsichten und allen Disziplinen nach verschütteten und neuen Fundamenten zu suchen, ein Suchen, das von dem Tessenows nicht sehr verschieden sein wird.

---

[1] Karl Scheffler: Kunstschriftsteller und -kritiker. Lange Jahre Herausgeber der Zeitschrift ,,Kunst und Künstler", die viele Veröffentlichungen über Tessenow brachte.
[2] Chilla Schlichter, durch die Erziehung der Dalcroze-Schule in Hellerau gegangen, später Lehrerin an der Schule. Sie war mit Tessenow seit 1922 eng verbunden. Von den Titeln für ein geplantes Buch spricht sie in ihren ,,Erinnerungen an Heinrich Tessenow", die im Tessenow-Archiv aufbewahrt werden.
[3] Jakob Hegner: Mitbegründer der Handwerker-Gemeinde, dort auch Meister der Buchdruckerei und Handdruckpresse, später Verleger.
[*] Kursiv gesetzte Texte sind Zitierungen.

Lebensdaten

7. April 1876	Geboren in Rostock
1894–1897	Zimmermannslehre und Besuch einer Baugewerkschule
1900–1901	Hörer an der Technischen Hochschule, München
1902–1903	Lehrer an den Baugewerkschulen Lüchow und Sternberg
1905–1909	Lehrer an der Schule in Trier
1910–1913	Mitarbeiter an der Gartenstadt Hellerau bei Dresden. Bau von Wohnhäusern und der Bildungsanstalt für rhythmische Gymnastik
1913–1919	Professor an der Kunstgewerbeschule in Wien
1919–1920	Wieder in Hellerau. Gründung der Handwerker-Gemeinde
1920	Mitglied der preußischen Akademie der bildenden Künste
1920–1926	Professor an der Akademie der Künste in Dresden
1926–1941	Professor an der Technischen Hochschule, Berlin. Gleichzeitig bis 1934 Leiter eines Meisterateliers an der Akademie der bildenden Künste, Berlin.
1930	Ausgestaltung von Schinkels „Neuer Wache", Unter den Linden in Berlin, zum Ehrenmal für die Gefallenen des Ersten Weltkrieges
1936	Leiter eines Meisterateliers der Preußischen Akademie der bildenden Künste, Berlin
1945	Wiederaufnahme der Professur an der Technischen Hochschule, Berlin.
1. November 1950	Gestorben in Berlin

Ehrungen

Dr.-Ing. E. H. der Technischen Hochschule, Stuttgart
Dr. phil. h. c. der Universität Rostock
Korrespondierendes Ehrenmitglied des „Royal Institute of British Architects"
Korrespondierendes Mitglied der „Sociedad Central de Architectas Buenos Aires"

Quellen

Kursiv gesetzte Überschriften stammen vom Herausgeber.

1. Kapitel

Wie Adam Baumeister wurde
Aus dem Nachlaßheft „Block", Seite 12-15

Unsere Wohnung
Aus dem Nachlaßheft XXI mit der hier verwendeten Überschrift auf der ersten Seite. Die Aufzeichnungen sind älteren Datums, wahrscheinlich aus der Mitte der zwanziger Jahre. Das ganze Heft enthält Aufzeichnungen über Wohnungsfragen, die aber nicht zu einer Einheit geordnet sind. Die Gedanken sind hier in einzelnen Teilen in der Folge wiedergegeben, wie sie im Heft erscheinen.

Über Arbeiter- und Kleinbürgerwohnungen
Aus „Der Wohnhausbau", 1909[1] (1914[2], 1927[3])

Vom Hausbau
Einleitung zu „Hausbau und dergleichen", 1928[3] (1916[1], 1920[2], 1928[3], 1953[4]; italienische Übersetzung: 1974[1], 1976[2])

Kleinwohnungsbau
Aus „Wohnhausbau", 1927[3]

2. Kapitel

Formwandlungen
Aus dem Nachlaßheft XIV, Seite 2-6

Bauelemente und Bauformen
Aus dem Nachlaßheft XII, Seite 55-57

Die technische Form

Die Ordnung

Die Regelmäßigkeit und besonders die Symmetrie

Die Sauberkeit oder die Reinheit der gewerblichen Arbeit

Empfindsames über das Teilen und Verbinden

Das Ornament

Die gewerbliche Arbeit und das Bürgerliche
Alle aus ,,Hausbau und dergleichen", 1928³, Auszüge aus den einzelnen Abschnitten des Buches unter Beibehaltung der Überschrift.

Normierungen
Aus ,,Wohnhausbau", 1927³.

Die äußere Farbe unserer Häuser
Der Aufsatz erschien zuerst unter der Überschrift ,,Farbe im Stadtbild" in den ,,Mitteilungen des Vereins Sächsischer Heimatschutz", Heft 1/2 1925. Tessenow übernahm den Aufsatz in die 3. Auflage von ,,Wohnhausbau" unter dem hier verwendeten Titel.

Handwerkerarbeit und Fabrikarbeit
Veröffentlicht im ,,Trierschen Jahrbuch ästhetische Kultur", Trier 1908. Auszug. Der Aufsatz ist die Stellungnahme zu einem im Jahrbuch ,,Patria", 1906, veröffentlichten Aufsatz. Tessenow übernahm seinen Aufsatz in die 2. Auflage von ,,Der Wohnhausbau". Nachdruck des Aufsatzes auch in ,,Kleine Schriften" der Heinrich-Tessenow-Gesellschaft (1967).

3. Kapitel

Über Straßen und Plätze
Im wesentlichen aus den Nachlaßheften X, Seite 1–33, und XX, Seite 21–27; auch die Hefte VIII, IX und XII enthalten Aufzeichnungen zu diesem Thema. In Heft VIII verwendet Tessenow die hier gewählte Überschrift. Es sind ältere Aufzeichnungen, die mit Sicherheit bis auf 1925 zurückgehen. Tessenow hielt seinerzeit über dieses Thema einen Vortrag in Berlin, der wahrscheinlich dazu beitrug, daß er 1926 eine Professur in Berlin erhielt. (Nach Chilla Schlichters Aufzeichnungen im Heinrich-Tessenow-Archiv).

Die Siedlungen: Dorf, Stadt, Großstadt
Aus dem Nachlaßheft XVI, Seite 6–21. Die Überschrift ist dort von Tessenow verwendet. Er macht in seinem Schreiben zwar einen Anlauf, die einzelnen Siedlungsformen zu charakterisieren, hält dies aber nicht durch. Der hier wiedergegebene Text ist aus einzelnen größeren Abschnitten zusammengesetzt.

Menschliche Welten und Gemeinschaftswelten
Der Aufsatz entstammt dem Nachlaßheft V, Seite 38–44 und stellt einen Beitrag zur Klärung der vielfachen Beziehungen zwischen individuellen, gesellschaftlichen und baulichen Welten dar, die immer wieder in den verschiedenen Heften zu finden sind.

Gemeinschaftssiedlungen
Tessenow begann das Nachlaßheft V, aus dem auch der vorhergehende Beitrag stammt, mit der hier verwendeten Überschrift und schrieb verhältnismäßig flüssig den hier im 1. Teil wiedergegebenen Text auf den Seiten 1–11 nieder. Der 2. Teil stammt aus den Nachlaßheften XI, Seite 19 und 23–32 und wiederum V, Seite 67–71. Am Anfang des Heftes XI steht als Überschrift ,,Über die Zukunft der Gemeinschaftssiedlungen". Es muß hier erklärend zu der Art des Schreibens von Tessenow gesagt werden, daß gleiche Gedankengänge in den verschiede-

nen Heften immer wiederkehren. Sie sind zum Teil nur skizzenhaft oder mehrfach verbessert, oft fast nicht mehr leserlich vorhanden. Es ist schwer festzustellen, was davon als endgültig angesehen werden kann. Die einzelnen Gedankengänge springen und setzen sich auch unterschiedlich fort.

Die Großstadt
Der einzige Artikel des Nachlasses, der mit der Schreibmaschine geschrieben ist, von Tessenow handschriftlich verbessert. Er bricht aber ebenso unvermittelt ab wie die sonstigen Aufzeichnungen. Handgeschriebenes, das die Vorlage zu dem Maschinengeschriebenen bilden könnte, ist nicht vorhanden.

Die Entwicklungsgrenze des Großstädtischen
Es handelt sich hier um größere Auszüge aus einem langen Aufsatz aus dem Nachlaßheft XV, Seite 1-47 mit dem hier verwendeten Titel. Für dasselbe Thema sind bei den verschiedenen Aufzeichnungen auch die Überschriften ,,Die Großstadt heute und morgen" und ,,Die voraussichtliche Entwicklung der Großstadt" gewählt. Der Text wurde mit größter Wahrscheinlichkeit während des Zweiten Weltkrieges geschrieben. Der angehängte Abschnitt stammt aus Nachlaßheft IV, Seite 2-4.

4. Kapitel

Natur und Kultur
Aus dem Nachlaßheft XVI, Seite 29-38 und 44, aus Heft XIX, Seite 3-6 und vom *Block*, Seite 3. Hier sind einzelne längere und kürzere Gedanken zusammengestellt; es gibt keine zusammenhängende Auslassung über dieses Thema.

Mittelalter und Nachmittelalter
oder Das Vertikale und das Horizontale
Aus dem Nachlaßheft XVII, Seite 22-59. Es handelt sich um einen fortlaufenden Aufsatz, der auch durchkorrigiert, jedoch mitten im Satz abgebrochen wurde. Er ist hier fast vollständig wiedergegeben; lediglich der Anfang, wo Tessenow über die Entwicklung von Kulturen spricht, ist ausgelassen, da die Ausführungen mit denen des folgenden Textes inhaltlich übereinstimmen.

Anfangs- und Endzustände der einzelnen Kulturwelten
Der erste Teil entstammt dem Nachlaßheft XII, Seite 1-21. Es handelt sich um einen geschlossenen Aufsatz gleicher Überschrift, von dem der wesentliche Teil hier wiedergegeben ist. Der zweite Teil stammt aus dem Nachlaßheft XVIII, Seite 15-17. Auch hier handelt es sich um einen Aufsatz, von dem aber – der Wiederholungen wegen – nur ein kleiner Teil in die vorliegende Buchausgabe aufgenommen wurde.

Revolution und Reaktion
Aus dem Nachlaßheft XII, Seite 33 f. und 38-41 und vom Block, Seite 6-8 und 30 f. Die Überschrift ist aus dem Heft IX. Es gibt in den verschiedenen Heften – ähnlich wie in ,,Natur und Kultur" – über das Thema immer nur einzelne Gedankengänge, von denen hier einige zusammengestellt sind.

5. Kapitel

Von Handwerk und Kleinstadt
Auszug aus ,,Handwerk und Kleinstadt", 1919[1] (1972[2])

Die Handwerker-Gemeinde in Hellerau
Es handelt sich hierbei um einen Aufruf, den Tessenow 1919 schrieb und der als Heft veröffentlicht wurde, um die Öffentlichkeit mit Zweck und Ziel der Handwerker-Gemeinde bekannt zu machen. Die Gemeinde bestand, bis Tessenow 1926 von Dresden nach Berlin übersiedelte. Der Text im vorliegenden Band enthält fast den gesamten Aufruf; lediglich technische Angaben entfielen.

Das unglückliche Land in der Mitte, eine Aufgabe
Aus ,,Das Land in der Mitte", 1921. Es handelt sich hier um die Antrittsrede bei der Übernahme der Professur an der Staatlichen Hochschule der Bildenden Künste in Dresden. Das Büchlein erschien bei Jakob Hegner, dem Meister für Buchdruckerkunst der Handwerker-Gemeinde in Hellerau. Tessenow hatte – wie die Original-Handschrift ausweist – als Titel ,,Das unglückliche Land in der Mitte" vorgesehen.

Über den Aufbau nach 1945
Aus den Nachlaßheften IV, Seite 11–13 und XIV, Seite 46–60. Die Niederschrift ist ein Gutachten, das Tessenow 1948 über vorliegende Pläne des Wiederaufbaues von Lübeck für die Stadtverwaltung anfertigte. Er fügte diesem Gutachten einen Plan hinzu. Der Text ist so gekürzt, daß er das speziell für Lübeck Gemeinte ausläßt und das Allgemeine hervorhebt.

6. Kapitel

Kinder und Schulen
Aus ,,Handwerk und Kleinstadt", 1919

Kunstschulen – Handwerkerschulen
Aus ,,Land in der Mitte", 1921

Hoffnung auf neues Leben, eine Utopie von 1909
Auszug aus einem Aufsatz von Tessenow in der Zeitschrift ,,Das Werk", 1. Heft, 1909, mit dem Titel ,,Das alte Handwerk, sein Untergang und neues Leben".

Der harmonische Mensch
Aus ,,Handwerk und Kleinstadt", 1919

Der künstlerische Nachlaß Heinrich Tessenows ist im Heinrich-Tessenow-Archiv gesammelt, das sich in der Kunstbibliothek Berlin, Staatliche Museen Preußischer Kulturbesitz, Jebensstraße 2, 1000 Berlin 12, befindet.

Gerda Wangerin · Gerhard Weiss

HEINRICH TESSENOW

Ein Baumeister 1876—1950

Leben · Lehre · Werk

Die erste zusammenfassende Darstellung der Persönlichkeit und des Wirkens von Heinrich Tessenow erschien 1976 zu seinem hundertsten Geburtstag, herausgegeben von der Heinrich-Tessenow-Gesellschaft mit einem Vorwort von Wilhelm Hofmann und einem Beitrag von Steen Eiler Rasmussen.

274 Seiten 24 X 29,5 cm, mit über 300 Abbildungen
Ganzleinen mit Schutzumschlag

VERLAG RICHARD BACHT GMBH
Postfach 10 06 32, 4300 Essen 1

Bauwelt Fundamente

Dokumente zu Architektur und Städtebau —
Bausteine für die Stadt von morgen

Band 51

Rudolf Schwarz
Wegweisung der Technik und andere Schriften zum Neuen Bauen 1926—1961

Hrsg. von Maria Schwarz und Ulrich Conrads. 1979. 198 S. 14 X 19 cm. Kart.

Mies van der Rohe: „Entscheidend wichtig war — 1928 — Schwarz' ‚Wegweisung'." — Dieser Essay liegt hier im Neudruck vor, ergänzt um die bisher unveröffentlicht gebliebenen Kapitel III und IV; und in Zusammenhang gebracht mit anderen Texten von Rudolf Schwarz, die ihn als einen der wichtigsten Denker unter den Architekten unseres Jahrhunderts ausweisen.

Friedr. Vieweg & Sohn Verlagsgesellschaft mbH · Braunschweig/Wiesbaden

Bei Fragen zur Produktsicherheit wenden Sie sich bitte an:
If you have any questions regarding product safety,
please contact:

Birkhäuser Verlag GmbH
Im Westfeld 8
4055 Basel, Schweiz
productsafety@degruyterbrill.com